世界哲學家叢書

# 僧 肇

李潤生——著

傅偉勳、韋政通——主編

東大圖書公司

國家圖書館出版品預行編目資料

僧肇 / 李潤生著. －－二版二刷. －－臺北市: 東大,
2019
面; 公分. －－(世界哲學家叢書)

ISBN 978–957–19–3054–1 （平裝）

1.(晉)釋僧肇 2.學術思想 3.佛教教理

220.9203                                   100013767

## ©僧　肇

| | |
|---|---|
| 著 作 人 | 李潤生 |
| 發 行 人 | 劉仲傑 |
| 著作財產權人 | 東大圖書股份有限公司 |
| 發 行 所 | 東大圖書股份有限公司 |
| | 地址　臺北市復興北路386號 |
| | 電話　(02)25006600 |
| | 郵撥帳號　0107175–0 |
| 門 市 部 | (復北店) 臺北市復興北路386號 |
| | (重南店) 臺北市重慶南路一段61號 |
| 出版日期 | 初版一刷　1989年6月 |
| | 初版二刷　2001年2月 |
| | 二版一刷　2011年8月 |
| | 二版二刷　2019年5月 |
| 編　　號 | E 120560 |

行政院新聞局登記證局版臺業字第〇一九七號

有著作權‧不准侵害

ISBN　978–957–19–3054–1　（平裝）

# 《世界哲學家叢書》總序

　　本叢書的出版計劃原先出於三民書局董事長劉振強先生多年來的構想，曾先向政通提出，並希望我們兩人共同負責主編工作。一九八四年二月底，偉勳應邀訪問香港中文大學哲學系，三月中旬順道來臺，即與政通拜訪劉先生，在三民書局二樓辦公室商談有關叢書出版的初步計劃。我們十分贊同劉先生的構想，認為此套叢書（預計百冊以上）如能順利完成，當是學術文化出版事業的一大創舉與突破，也就當場答應劉先生的誠懇邀請，共同擔任叢書主編。兩人私下也為叢書的計劃討論多次，擬定了「撰稿細則」，以求各書可循的統一規格，尤其在內容上特別要求各書必須包括(1)原哲學思想家的生平；(2)時代背景與社會環境；(3)思想傳承與改造；(4)思想特徵及其獨創性；(5)歷史地位；(6)對後世的影響（包括歷代對他的評價），以及(7)思想的現代意義。

　　作為叢書主編，我們都了解到，以目前極有限的財源、人力與時間，要去完成多達三、四百冊的大規模而齊全的叢書，根本是不可能的事。光就人力一點來說，少數教授學者由於個人的某些困難（如筆債太多之類），不克參加；因此我們曾對較有餘力的簽約作者，暗示過繼續邀請他們多撰一兩本書的可能性。遺憾的是，此刻在政治上整個中國仍然處於「一分為二」的艱苦狀態，

加上馬列教條的種種限制，我們不可能邀請大陸學者參與撰寫工作。不過到目前為止，我們已經獲得八十位以上海內外的學者精英全力支持，包括臺灣、香港、新加坡、澳洲、美國、西德與加拿大七個地區；難得的是，更包括了日本與大韓民國好多位名流學者加入叢書作者的陣容，增加不少叢書的國際光彩。韓國的國際退溪學會也在定期月刊《退溪學界消息》鄭重推薦叢書兩次，我們藉此機會表示謝意。

　　原則上，本叢書應該包括古今中外所有著名的哲學思想家，但是除了財源問題之外也有人才不足的實際困難。就西方哲學來說，一大半作者的專長與興趣都集中在現代哲學部門，反映著我們在近代哲學的專門人才不太充足。再就東方哲學而言，印度哲學部門很難找到適當的專家與作者；至於貫穿整個亞洲思想文化的佛教部門，在中、韓兩國的佛教思想家方面雖有十位左右的作者參加，日本佛教與印度佛教方面卻仍近乎空白。人才與作者最多的是在儒家思想家這個部門，包括中、韓、日三國的儒學發展在內，最能令人滿意。總之，我們尋找叢書作者所遭遇到的這些困難，對於我們有一學術研究的重要啟示（或不如說是警號）：我們在印度思想、日本佛教以及西方哲學方面至今仍無高度的研究成果，我們必須早日設法彌補這些方面的人才缺失，以便提高我們的學術水平。相比之下，鄰邦日本一百多年來已造就了東西方哲學幾乎每一部門的專家學者，足資借鏡，有待我們迎頭趕上。

　　以儒、道、佛三家為主的中國哲學，可以說是傳統中國思想與文化的本有根基，有待我們經過一番批判的繼承與創造的發展，重新提高它在世界哲學應有的地位。為了解決此一時代課題，我們實有必要重新比較中國哲學與（包括西方與日、韓、印等東方

國家在內的）外國哲學的優劣長短，從中設法開闢一條合乎未來中國所需求的哲學理路。我們衷心盼望，本叢書將有助於讀者對此時代課題的深切關注與反思，且有助於中外哲學之間更進一步的交流與會通。

最後，我們應該強調，中國目前雖仍處於「一分為二」的政治局面，但是海峽兩岸的每一知識份子都應具有「文化中國」的共識共認，為了祖國傳統思想與文化的繼往開來承擔一份責任，這也是我們主編《世界哲學家叢書》的一大旨趣。

傅偉勳　韋政通

一九八六年五月四日

# 自　序

　　在中國佛學思想家當中，僧肇的一般知名度，非但不如玄奘，不如惠能，甚或不如天台的智顗、華嚴的法藏。不過，在中外的學術論壇上，僧肇是極受學者所推崇的。他的作品，在中國，歷朝都有名家的注疏；在外國，也有日譯本與英譯本的面世。明代大德智旭法師，編《閱藏知津》一書，把《肇論》編錄在「此土大乘宗經論部」的篇首，並且在這部劃時代的巨著的凡例中說：「此土述作，唯肇公及南嶽、天台二師，醇乎其醇，真不愧馬鳴、龍樹、無著、天親，故特收入大乘宗論。其餘講師，或未免大醇小疵，僅可入雜藏中。」那麼，在智旭的心目中，僧肇著作的價值，不特超越唯識的玄奘、南禪的惠能及華嚴的法藏，僅天台的慧思與智顗可以媲美；若況諸印土，則與馬鳴、龍樹、無著、天親這四位大師等量齊觀。這雖或許是溢美之辭，或許是宗派之見；不過，僧肇以般若學的精醇，融化於中國文化大流之中，無論在學理上或中國佛學發展史上，都有崇高的地位，這確是無可諍論的事實。

　　僧肇生長在魏晉玄學與般若學流行的時代，在他的學術生命的歷程中，需要面對和解決下面三個主要困難：一者、在魏晉玄學與般若學的交涉當中，對基本觀念的混淆（如有與無、名與實、

動與靜、本與末、有為與無為、有相與無相、有生與無生等等，不一而足)，如何澄清？二者、時賢對接受外來般若思想所產生的各種誤解(如「六家七宗」的各種穿鑿附會，或執色無心有，或執心無色有，或執色心俱無，如是皆有所偏，不得正解)，如何矯正？三者、《道行》、《放光》等所出舊本般若諸經，汗漫難理，格義的處理方法，顛頂而失真，適逢鳩摩羅什東來，在重出般若的同時，還把龍樹、提婆「中觀學派」的思想，透過《中論》、《百論》、《大智度論》、《十二門論》傳來中土，則如何運用中觀「緣生性空」的思想，給予般若之學一個更清晰、更明確、更具條理的觀念？僧肇住世，不過春秋三十，終於把上述三大困難，一一加以解決，並且注入了中國固有文化的血脈，使中觀般若思想在中國得到新的發展而構成「肇論體系」，這是難能可貴的成就。所以乃師鳩摩羅什不但讚許他說：「秦人解空第一者，僧肇其人也。」而且當僧肇完成了〈般若無知論〉的時候，也不禁讚歎說：「吾解不謝子，辭當相挹。」眼見弟子成就所引發的喜悅，其實跟孔子在子貢面前稱譽顏淵「弗如也，吾與汝，弗如也」的心態是絕無差異的。

　　有關論述僧肇如何面對上述三大困難而一一加以解決，本書將分成五章來加以處理。首次兩章用以處理僧肇的生平和著作。因為《高僧傳》所記述僧肇的生平，疑點實在太多，作者不擬輕率從事，所以逐一予以提出，好使讀者了解問題發生之所在；至於僧肇著作的真偽，近人湯用彤先生做了很多的考據，提出了不少意見，於是掀起中外學者對此等問題的研究興趣，因而石峻、橫超慧日、Liebenthal 等各有所見，結果眾說紛紜，無法達致共識，因此不能不多費一點筆墨來作交待。第三章則就僧肇所處時代的

政治背景及學術背景用筆，使讀者較能清晰地了解時人的意識形態及學術發展的客觀情況，對僧肇思想的承先的一面，對僧肇所要面對的問題，所要解決的問題，都能獲致較明確的理解。

第四章是全書所佔篇幅最多、分量最重的一章，目的在介紹僧肇的整個思想體系。於僧肇著作中，以《肇論》為主要的資料依據，其他著作，如《維摩經注》等，只能作為輔助資料，發揮其旁證的功能，因為這些資料比較零碎，大體不能超越《肇論》的思想境界。《肇論》主要由僧肇的四篇名作所組成，依編者的排列次第是〈物不遷論〉、〈不真空論〉、〈般若無知論〉與〈涅槃無名論〉；作者則依僧肇的創作次第，建立僧肇思想的四種學說；即依〈般若無知論〉建立「般若無知說」，依〈不真空論〉建立「不真空說」，依〈物不遷論〉建立「物不遷說」，依〈涅槃無名論〉建立「涅槃無名說」。而對每一學說的建立，在行文上都清楚分成三個部分，即「立說的緣起」、「理論的建立」和「思想的分析」。作者希望透過本章的分析與論述，可使讀者認識到僧肇思想的精神面貌，以及如何面對及解決上述的三大困難。

最後一章，則總論僧肇思想內容的特質，他的思想表達所運用的特殊技巧，以及他對中國佛學發展的貢獻與影響。換句話說，本章的目標，一方面對僧肇的思想內容與思想形式，作出較深刻的探討，一方面把僧肇思想如何承先、如何啟後作出較有系統的交待，以為全書的歸結。

於此需要一提的是：由於本人的日文水準不高，為免在解理上出現太大的偏差，在翻成漢文時對讀者產生誤導，所以在完成第二章時便把有關日本學者橫超慧日對〈涅槃無名論〉真偽的看法的那一節稿件，連同橫超慧日的日文原文，一起送給我的同事

葉植興先生和香港大學日語講師陳湛頤先生審閱。他們給我寶貴
意見，並矯正了我不少的錯謬。我得於此表達深切的謝意。

李 潤 生

一九八九年四月三十日香港山齋

# 僧 肇

## 目次

# 第一章

# 生　平

# 一、《高僧傳》中的僧肇

中華民族是一個非常重視歷史的民族。其中對人物的記載尤為著重。所以上從《尚書》開始，下迄《明史》，其骨幹都以紀傳為主。這種紀傳體的歷史紀錄，推而廣之，更把方外的名僧也載諸史冊。此類史冊名之曰「僧傳」，以別於二十四史中的「釋老志」而自成一獨立的體系。今《大藏經》收錄高僧傳記的著述主要有：

a.《高僧傳》　　　梁·慧皎撰

b.《續高僧傳》　　唐·道宣撰

c.《宋高僧傳》　　宋·贊寧撰

d.《大明高僧傳》　明·如惺撰 ❶

僧肇的生平事跡，正收錄在梁·慧皎的《高僧傳》裏 ❷。其重點如下：

## 籍　貫

慧皎說釋僧肇，京兆人。慧皎本身是南北朝時代的人，所以當時他所說的「京兆」就是長安，即今日陝西省的西安市。

## 家　境

僧肇的俗家姓氏，慧皎並沒有記載，但湯用彤在《漢魏兩晉

---

❶　《大正新修大藏經》(簡稱《大正藏》，下同)，第五十冊、編目 2059、2060、2061、2062。

❷　《高僧傳》，卷六，《大正藏》，五十，365–366。

南北朝佛教史》中，依據宋曉月的〈注肇論序〉，說他姓張❸。至於他的俗家名字，則無可稽考了，也許就以「肇」為名吧。僧肇家貧，自幼「以傭書為業」。因為當時印刷術還未發明，一切書籍都要有賴手抄流傳；僧肇未出家時，便替富有人家抄寫書卷來養活自己。

## 學　養

　　老子所說的「禍兮福之所倚，福兮禍之所伏」，在僧肇果然得到了徵信。由於他替人繕寫書卷的緣故，於是便能夠讀到了各種各類的書籍。慧皎說他「歷觀經史，備盡墳籍」，他便因此打好了學問的基礎。不過當時並不以經史為顯學，而以《周易》、《老子》、《莊子》這「三玄」為清談的對象。僧肇自然也習染了這種風氣，因此捨棄經史，「志好玄微，每以莊、老為心要」了。同時那個時代，正值佛教東來，般若之學與玄學混淆不清之際，僧肇對老子《道德經》雖然不勝歎賞，但終不能作安身立命的依據，所以歎息說：「美則美矣。然期棲神冥累之方，猶未盡善。」後來他接觸到吳・支謙所譯的《佛說維摩詰經》❹，便「歡喜頂受，披尋玩味，乃言始知所歸矣」。

---

❸　湯用彤《漢魏兩晉南北朝佛教史》，頁 328。

❹　按《維摩經》有三譯本：
　　(a)《佛說維摩詰經》吳・支謙 223–233 譯出。
　　(b)《維摩詰所說經》姚秦・羅什 406 譯出。
　　(c)《說無垢稱經》唐・玄奘 650 譯出。
　　時羅什還未東來，所以慧皎所說的「後見舊《維摩經》」必然是吳・支謙所譯的《佛說維摩詰經》無疑。

## 出　家

僧肇終於找到了他的思想方向，亦即找到了他的人生歸宿
——他便出家為僧，研習佛法。漢魏兩晉之時，北方流行禪數之
學，那就是小乘坐禪的方法；南方則流行般若之學，那就是《道
行般若》、《放光般若》、《維摩經》等那一系的大乘學說，亦名之
為「方等之學」。僧肇既服膺於《維摩經》，所以出家後所研習的
自然以方等為主；不過他聰敏過人，於短短數年之間，不特「學
善方等」，而且「兼通三藏」。

## 抗　辯

到了及冠之年，僧肇已經名振京兆一帶。由於他英年早達，
難免招致各方僧俗的猜妒；競響之徒，竟有千里負糧，來到長安
跟他抗辯。不過由於僧肇學識淵博，加以才思敏捷，又善辭辯，
所以都能「承機挫銳，曾不流滯」。因此，當時不論京中的耆宿，
或外來的英彥，都無法對抗他敏銳的機鋒，落敗而去。於是僧肇
聲名大噪。

## 師　承

及後天竺高僧鳩摩羅什（漢譯佛典有兩大譯家，前是羅什，
後為玄奘）到了姑臧（在今甘肅境內）❺，後來僧肇聽聞這個消

---

❺　有關鳩摩羅什，除梁‧慧皎《高僧傳》，卷二（《大正藏》，五十，
　　330–333）外，《祐錄》十四及《晉書‧藝術傳》均有傳，其他於諸
　　經序、論記（如〈十住經序〉、〈大智度論記〉等），均有所載。茲述
　　其生平如下，對僧肇的理解，或有所資益：

息，連忙從長安出發，經過漫長的旅途，來到姑臧師事鳩摩羅什❻，深獲羅什的歡迎和器重。到了秦王姚興迎羅什到長安，僧肇也追隨老師回來。

## 助　譯

　　鳩摩羅什住在長安逍遙園，展開翻譯經論的工作。時僧肇承秦王姚興的命令，跟僧叡、僧融、道生等，同進逍遙園，協助乃師羅什詳定經論的工作。

## 著　述

343 或 344：生於龜茲。（本天竺人，家世國相，什祖父達多，倜儻不群，名重於國。父鳩摩羅炎，棄相位出家，東度蔥嶺，投止龜茲。王有妹名耆婆，王逼以妻焉。既而懷什。）

350：隨母出家，習《毘曇》（小乘說一切有部之學）。

352：至罽賓（即迦濕彌羅），習《中阿含》、《長阿含》、《增一阿含》（原始佛教的典籍）。又從佛陀耶舍學《十誦律》。後至莎車（今新疆莎車地），師事利耶蘇摩學《中論》、《百論》（皆大乘空宗龍樹之學）。回龜茲，讀《放光般若》。數年之間，廣誦大乘經論。

383：符堅遣呂光征龜茲，欲迎羅什東來。光破龜茲，劫取羅什，逼羅什娶龜茲王女為妻。符堅淝水戰敗，呂光留涼州自王（後涼），都姑臧（今甘肅境）。羅什居姑臧十七年。

401：姚興為後秦天子，迎羅什至長安，待以國師之禮。入住逍遙園。譯出眾經論，凡三十五部，二百九十四卷。助譯者有僧肇、僧融、僧叡、道生等。

409：（或云413）寂於長安大寺，時年七十（按：依卒於413年而算）。

❻ 依吉藏《百論疏》，說「什至京師，肇從請業」。湯用彤則依《高僧傳》記，認為不確。見湯著《漢魏兩晉南北朝佛教史》，頁328。

　　僧肇既能追隨一代宗師的鳩摩羅什,一方面稟承般若之學,一方面能夠執經問難,於是解悟更多,學問大進。他常常感覺到離釋迦為時愈遠,所出經論的文義愈趨舛雜,而前人所解的般若學理,時有乖謬,所以當他幫助羅什譯出《大品般若》之後,僧肇便運用自己的文字,著成了一篇凡二千多言的大作〈般若無知論〉,呈上羅什以求斧正。羅什讀了這篇作品,大為稱善,讚賞僧肇說:「吾解不謝子,辭當相揖。」(意思是:我對般若的理解,沒有比你差,可是在修辭遣句的表達方面,則確有不如之處。)當時廬山隱士劉遺民讀到這篇作品❼,激賞不已,說道:「不意方袍,復有平叔。」(按:袈裟謂之方袍,指出家人;平叔是著《論語集解》的何晏,何晏字平叔。劉遺民以之比況僧肇這年輕的出家人,說其著述的成就,竟不亞於何晏等高士。)因此,便把〈般若無知論〉轉呈慧遠;慧遠讀了,不禁拍案稱奇,驚歎為「未嘗有也」。繼而彼此披尋玩味,劉遺民更致書諮難,僧肇也懇懃示覆,一一疏解疑團,使論旨更趣明徹。此後僧肇還著〈不真空論〉、〈物不遷論〉等篇,並注《維摩經》❽,又寫了不少的經序(如〈維摩經序〉)及論序(如〈百論序〉)。到了乃師羅什去世之後,「追悼永往,翹思彌厲」,最後還著了〈涅槃無名論〉❾,把它呈於秦王

---

❼　按梁・慧皎的《高僧傳》中,附有劉遺民致僧肇書,其中有言:「去年夏末,始見生上人(按:指竺道生)示〈無知論〉。」所以湯用彤有「約在弘始十年 (408) 夏末,竺道生南歸,以此論示廬山隱士劉遺民」語。見《漢魏兩晉南北朝佛教史》,頁 329。

❽　僧肇所注的《維摩經》是羅什於 406 年所出的《維摩詰所說經》;僧肇也是助譯者之一。見《注維摩詰經》的序文。《大正藏》,三十八,327。

❾　本論的真偽,近人頗多爭論,其詳見諸後文。

姚興：「興答旨慇懃，備加讚述，即勅令繕寫，班諸子姪。其為時所重如此。」

## 去　世

在東晉義熙十年，即公元 414 年，是鳩摩羅什死後的第五年（按：若羅什死於 409 年）或第二年（按：若羅什死於 413 年），這位天才橫溢的佛家奇才，在長安去世了；這時，他的年紀還只不過三十一歲，多令人歎息呢。

# 二、〈僧肇傳〉所引發的疑竇

梁‧慧皎《高僧傳‧僧肇傳》，記載了僧肇去世的年代及積閏的多寡，但未載出生的年代，有待我們去加推算。這也不難，問題卻在於只說他「春秋三十一」，與傳記中有關僧肇的行事很有齟齬之處，頗為引起近代學者的懷疑與關注：

## 生卒年考

《高僧傳》記僧肇卒於東晉義熙十年，那就是甲子算法的「甲寅年」，即西紀公元 414 年，北魏拓跋神瑞元年。《高僧傳》又載僧肇卒於長安，而「春秋三十一矣」，這當然是中國通俗的虛齡計算；若依實足年歲來算，僧肇只不過活了三十年罷了。卒時既在公元 414 年；生年便應倒數三十年，即公元 384 年了（東晉孝武帝太元九年，亦即甲申年）。

## 疑點一

《高僧傳》載:「及在冠年,而名振關輔(京兆長安)。」❿依中國禮制男子二十而冠,當然這亦以虛齡來算;那末僧肇及冠之年應在公元 403 年 (384+19=403)。《高僧傳》又載:「時競譽之徒,莫不猜其早達。或千里負糧,入關抗辯。肇既才思幽玄,又善談說,承機挫銳,曾不流滯。時京兆宿儒,及關外英彥,莫不挹其鋒辯,負氣摧衄。後羅什至姑臧,肇自遠從之。」⓫從這段紀錄,我們可以得出若干重點:

　⑴僧肇在 403 年還在長安。

　⑵僧肇在 403 年及以後若干年內最突出的表現是屢敗關內關外前來抗辯之徒。

　⑶僧肇在長安與英彥抗辯在先,而前赴姑臧師事鳩摩羅什在後。

現在讓我們再讀《高僧傳‧鳩摩羅什傳》,慧皎有這樣一段記載:「興弘始三年三月,有樹連理生於廟庭,逍遙園蔥變為荶,以為美瑞,謂至人應入。至五月,興遣隴西公碩德西伐呂隆。隆軍大破。至九月,隆上表歸降。方得入關。以其年十二月二十日至於長安,興待以國師之禮。」⓬這段話把秦王姚興恭迎鳩摩羅什到長安的原因、經過、年月日交待得清楚不過。其中我們最關注的,就是:

　⑷羅什到長安在弘始三年十二月二十日,即公元 401 年。而

---

❿　《高僧傳》,卷六,《大正藏》,五十,365。

⓫　同❿。

⓬　《高僧傳》,卷二,《大正藏》,五十,332。

〈僧肇傳〉又謂：「及什適長安，肇亦隨入。」❸這是指：

(5)在公元 401 年之前，僧肇已前赴姑臧，師事羅什，至 401 年才再回長安。

從上述所歸納出的重點(1)至(5)，我們便很容易發現到一些矛盾：

其一： 依(1)及(2)，僧肇在公元 403 年仍在長安與英彥抗辯。依(3)僧肇遠赴姑臧，師事羅什是 403 年後之事。但依(4)則羅什在公元 401 年早已給姚興迎來長安為國師。那末，在公元 401 年羅什已抵長安，僧肇怎可以在 403 年之後，始赴姑臧而師事之？

其二： 假若當「羅什至姑臧」，僧肇果真有「自遠從之」而「及什適長安，肇亦隨入」之事，則必不在 403 年之後，因為依(5)「肇亦隨入」在 401 年；那時僧肇只不過虛齡十八，怎可以稱為「及在冠年」呢？

如是僧肇在 403 年仍在長安，故於此後遠赴姑臧而師事羅什，於歷史上證明實不可能；既然沒有赴姑臧，則「及什適長安，肇亦隨入」自然亦無可能。若僧肇果有至姑臧，果有隨入，則必不在 403 年之後。從上述推論，《高僧傳》的紀錄，若不在僧肇行跡上出錯（如依吉藏的《百論疏》，則「什至京師，肇從請業」❹，而並無「遠赴姑臧」的記載），則必在年代上出錯。

## 疑點二

僧肇何年遠赴姑臧，師事鳩摩羅什，《高僧傳》只說在「及冠」之後，而沒有正確清晰地說明其年代。若僧肇果真有赴姑臧，而

---

❸　同 ❿。

❹　吉藏〈百論疏序〉，《大正藏》，四十二，232。

「隨入長安」已確證在 401 年，則他赴姑臧必在 401 年之前，則僧肇年紀應不長於十八歲（虛齡）；未及「冠年」，則與關外關內的宿儒英彥的抗辯究在何時，真耐人尋味！依日人間野潛龍所編的〈東晉思想史年表〉❶ 所載，僧肇赴姑臧在 398 年。依此推算，僧肇當年只不過十五歲，與及冠之後（二十歲）不符。

## 疑點三

　　《高僧傳》載：僧肇「名振關輔」之先，「志好玄微；每以莊、老為心要。嘗讀《老子道德章》，乃歎曰：『美則美矣。然期棲神冥累之方，猶未盡善。』後見舊《維摩經》歡喜頂受，披尋玩味，乃言始知所歸矣。因此出家，學善方等，兼通三藏」❶。若依此往後推溯，「學善方等，兼通三藏」，需多少年，然後可以「名振關輔」與宿儒英彥以相抗辯？設需三年，則那時僧肇才十二歲（虛齡）。未見《舊維摩經》已「志好玄微，以莊、老為心要」，再往上推，他更「歷觀經史，備盡墳籍」，亦當在十二歲之前全部完成。若此屬實，那末僧肇「天縱之聖」，使人難以置信。「及在冠年，名振關輔」與「羅什至姑臧，肇自遠從之」之間的年代矛盾，尚可以依吉藏《百論疏》之說，謂僧肇並沒有到姑臧，只當「什至京師，肇從請業」，這樣來作解決；至於此間十二歲前，「歷觀經史」、「備盡墳籍」以至十五歲前，即「學善方等，兼通三藏」之疑，則無從解決了。

---

❶　見《肇論研究》，法藏館版。

❶　同 ❶。

# 三、塚本氏的觀點

　　探討僧肇生平有著上述的疑難，莫能解決，故中國學人，多暫從梁・慧皎《高僧傳》的紀錄——吉藏雖有「什至京師，肇從請業」之說，但就時代而言，慧皎是南朝梁人，而吉藏則是隋人，故吉藏生在慧皎之後，又無資料證據以支持他的主張，只不過在〈百論疏序〉中隨便說一兩句，所以我們不能就憑這寥寥兩語，而否定僧肇自長安遠赴姑臧師事羅什那段「歷史」。所以湯用彤在《漢魏兩晉南北朝佛教史》中，寫〈僧肇傳略〉時，仍從梁・慧皎《高僧傳》之說。其餘學者，雖有懷疑，但無確證，亦多不下斷語❶。但近代日本的學人，對僧肇的生卒年考極感興趣，其中有塚本善隆，竟作大膽的假設，以圖解決上述一連串的疑難。

　　塚本善隆寫了一篇長文〈佛教史上における肇論の意義〉❶，假定梁・慧皎《高僧傳》中，記僧肇卒年三十一，可以寫成「卅一」，而「卅一」不過是歷代抄寫上的錯誤，其實原文是寫作「卌一」。「卅一」與「卌一」是字形上一豎之差，因而引起後代諸多誤會❶。

　　若原文果是「晉義熙十年卒於長安，春秋卌一矣」，那末僧肇卒年便是四十一歲，而其生平事跡的年代可以改寫如下：

　　⑴出生：公元 374 年，甲戌年，東晉孝武帝寧康二年。

---

❶　除呂澂用塚氏說外（見呂著《中國佛學源流略講》），餘多用舊說。

❶　輯於塚本善隆所編的《肇論研究》一書中，法藏館版。

❶　《肇論研究》，頁 121。

⑵名振關輔：公元 393–398 年，僧肇年二十至二十五。

⑶遠赴姑臧：公元 398 年，時年二十五。

⑷隨羅什回長安：公元 401 年，時年二十八。

⑸輔助羅什譯經及自行著述：公元 402 年至 413 年，時年二十九至四十❷。

⑹逝世：公元 414 年，時年四十一歲。

至於僧肇歷觀經史，備盡墳籍，當在出家之前；即使在出家前，他對佛典也未嘗沒有接觸，否則怎會「後見舊《維摩經》歡喜頂受，披尋玩味，乃言始知所歸矣」？不過出家之後對佛學更為精進，對方等乃至三藏打下了基礎，及師事羅什，「所悟更多」罷了。如果推論不差，則歷觀經史、備盡墳籍、讀《維摩經》、出家、學善方等及兼通三藏等等，都是僧肇二十歲冠年之前的成就，而上節「疑點三」中的各種問題，便可迎刃而解。

　　塚本善隆那個假定，如果獲得充分證據的支持，確實是了不起的發現，大致解決了《高僧傳》中有關僧肇生平事跡的各種疑難。可惜直到今天，學者還沒有找到任何資料以作內證或作外證。何況《高僧傳》很清晰地寫著「春秋三十有一矣」，而不是「春秋卅一矣」。如果寫的是「春秋卅一矣」，可能是「卅一矣」之誤，但「春秋三十有一矣」寫得那麼顯明，音節那麼清晰和諧，哪會是「卅一」之誤呢？何況晉人短壽而聰穎早達，非獨僧肇為然；魏晉鼎鼎大名的玄學王弼，也只活到二十四歲 (226–249)❷，而寫

❷　日人，間野潛龍編〈東晉思想史年表〉，載僧肇著〈般若無知論〉在公元 405 前後。輯於法藏館的《肇論研究》。

❷　《三國志・魏書》中的〈鍾會傳〉引言：「弼好論儒道，辭才逸辯，注《易》及《老子》；為尚書郎，年二十餘卒。」

成了《周易注》、《周易略例》、《老子注》等等影響深遠的名作。何況僧肇〈答劉遺民書〉中也說自己「勞疾每不佳」❷，所以英年早逝，也不是沒有可能。因此日本學者，如間野潛龍等，雖多從其說❷，至於中國學人，亦有呂澂著《中國佛學源流略講》，談到僧肇的生卒，也折衷於塚本，其餘或存而不論，或簡直不取此說❷。因此僧肇生於公元 374 年，卒年四十一之說，至今仍未能成為定論。由此而對於《高僧傳》中，所載僧肇事跡之間的彼此矛盾，亦只有留待今後學人來研究和解決罷了。

# 四、禪家的傳說

　　僧肇對中國佛學發展的貢獻，不特把印度的中觀思想，運用中國傳統的表達方法，以流暢綺麗的語言文字，傳介給中國的學

---

❷　同❷。

❷　間野潛龍編〈東晉思想史年表〉，有關僧肇的卒年，是從塚本善隆之說。輯於法藏館的《肇論研究》。

❷　呂澂《中國佛學源流略講》，頁 100 說：「他（僧肇）的生卒年代，一般認為是公元 384-414 年，只活了三十一歲。近年日人塚本善隆對此有所訂正，說他的年齡應是四十一歲。……他的卒年是確定的，生年提前十年，應該是公元 374-414 年。」
其他學人，如黃懺華著《中國佛教史》沒有註明僧肇的生卒年代，勞思光著《中國哲學史》（卷二）亦然。
侯外盧主編《中國思想通史》則全依梁·慧皎《高僧傳》的舊說。
方立天撰〈僧肇〉一文，仍依舊說，見《中國古代著名哲學家評傳》，第二卷，頁 385。

術界，因而「三論宗」把他推許為「三論之祖」，如吉藏在〈百論疏序〉中所說：「若肇公名肇，可謂玄宗（三論宗）之始。」❷❺此可為證。而且，也許僧肇注《維摩經》，闡釋「默然無言」的思想境界❷❻，與禪宗的「教外別傳，不立文字，直指人心，見性成佛」極為契合，所以禪宗大德，對僧肇其人，也極為推崇。因此之故，宋·道原撰《傳燈錄》❷❼，也把僧肇的事跡，加以敘錄。其中最為突出而使人震驚的，莫如說僧肇是給秦王姚興所殺❷❽；這與《高僧傳》所載，說僧肇如何完成〈涅槃無名論〉，如何上表秦王，姚興如何懇懃答旨，備加讚述，並「勅令繕寫，班諸子姪」，其為秦主所禮重如此，真是大異其趣❷❾。《傳燈錄》還錄了僧肇於臨刑時所說偈言：

> 四大元無主，五陰本來空。
>
> 將頭臨白刃，猶似斬春風。

此種禪家的傳說，湯用彤在《漢魏兩晉南北朝佛教史》中，早已加以駁斥。他說：「《傳燈錄》第二十七卷，謂僧肇為秦主所殺，臨刑時說偈四句。按唐以前似無此說。偈語亦甚鄙俚，必不確

---

❷❺　同 ❶❹。

❷❻　僧肇注《維摩詰經》，對維摩以「默言無言」來詮表「不二法門」有這樣的注釋：「有言於無言，未若以無言於無言，所以默然無言也。上諸菩薩措言於法相，文殊有言於無言，淨名（維摩）無言於無言——此三明宗雖同，而迹有深淺，所以言後於無言，知後於無知，信矣。」見《大正藏》，三十八，399。

❷❼　《景德傳燈錄》，簡稱《傳燈錄》，見《大正藏》，五十一，196–468。

❷❽　同 ❷❼，頁 435。

❷❾　同 ❶❺。

也。」❸⓿

　　湯氏否定禪家此種傳說，所持的理由主要有二，茲推廣其義
如下：

　　一者：僧肇是東晉時人，最早的傳記是南朝梁・慧皎所撰，
　　　　　繼而陳有慧達之《肇論疏》，隋有吉藏之《百論疏》、
　　　　　《中論疏》等著作，乃至唐有元康《肇論疏》等等，
　　　　　它們在篇章述作中，對僧肇事跡總有所載錄，但卻
　　　　　未見有「僧肇法師遭秦主難，臨就刑說偈」之事❸❶。
　　　　　而時至趙宋・道原撰《景德傳燈錄》，去東晉的僧肇
　　　　　近六百年，反得其詳，述其偈言，於理怎說得過去？

　　二者：人的軀體由地、水、火、風「四大」元素所成，這
　　　　　是物質現象，佛家說為「色蘊」(舊譯「色陰」)；人
　　　　　的精神現象，佛家分析為受、想、行、識等「四蘊」。
　　　　　合前的「色蘊」而成「五蘊」(舊譯為「五陰」)。所
　　　　　以偈文「四大元無主，五陰本來空」的意思，是說
　　　　　人的生命並不是一個永恆而獨存的主體，佛家名之
　　　　　曰「人空」。偈文末二句「將頭臨白刃，猶似斬春風」，
　　　　　涵蘊著視死如歸的英雄氣概。但文字膚淺，全無餘
　　　　　韻，與《肇論》行文的深沉渾厚，絕不相類，故湯
　　　　　氏說它「鄙俚而必不確也」。

　　除上述的論證外，我們還可以從本偈的內容與形式來個批判：
　　從內容來看，本偈只強調「空」的一面，但僧肇是三論之祖，
深得中觀思想的精粹。中觀不但否定「有」，而且還要否定「空」，

❸⓿　同❸，頁 329。
❸❶　同❸❼。

所以說「非空非不空」（即：「非有非空」、「非有非無」）。而僧肇著〈不真空論〉，亦分別從「真俗二諦」、「緣起、緣生」等角度來論證「有非真有」、「無非真無」——「不真故空」義（其理後詳）。偈文的思想內容，只說「五陰本空」一面，不說「不空」的一面，與僧肇思想不符，故不足信。

　　再從形式來看，利用詩偈來抒發內心的感受，在僧肇的時代，即使是僧人，也是很平常的事，在《高僧傳》的紀錄中，也有可援的先例，比如大名鼎鼎的國師鳩摩羅什，也寫了：

　　　　深山育明德，流薰萬由延。
　　　　哀鸞孤桐上，清音徹九天❷。

來表達自己心裏曲高和寡的哀愁。可是羅什的作品跟傳說中的「僧肇臨刑偈」（以後簡稱「刑偈」），在平仄的格律上卻有很大的差別。現在就讓我們作個分析比較吧，先分析羅什詩：

　　　　深山育明德——平平仄平仄
　　　　流薰萬由延——平平仄平平（韻）
　　　　哀鸞孤桐上——平平平平仄
　　　　清音徹九天——平平仄仄平（韻）

至於僧肇的「刑偈」，亦分析如下：

　　　　四大元無主——仄仄平平仄
　　　　五陰本來空——仄仄仄平平（韻）
　　　　將頭臨白刃——平平平仄仄
　　　　猶似斬春風——平仄仄平平（韻）

羅什詩與僧肇的「刑偈」雖然在首聯的平仄都不諧協，兩聯之間

---

❷　同⓬。

也粘不好；但羅什詩句完全不離晉魏短詩的風格，「深山」、「流薰」、「哀鸞」、「清音」，皆用平聲，而「哀鸞孤桐」甚至連用四平，亦不為迕，其古樸之處，正與當時的詩風相應。至於僧肇的「刑偈」，雖在整篇結構上未完全符合唐代絕詩要求，可是偈中的每一句，在平仄上都符合近體詩的句法，尤其是「將頭臨白刃，猶似斬春風」這對尾聯，其格式是「平平平仄仄，平仄仄平平」，根本就是後來唐詩的寫法，今竟提早了兩百年而出現，那怎可能呢？從上述種種論證，「僧肇臨刑偈」必是偽作，而僧肇為秦主所害之說也大有可疑，不可為信。

# 第二章

# 著　述

# 一、流傳中的僧肇著作

　　佛教自從東漢傳入中國，經、律、論的翻譯，主要是依賴胡僧以承擔這神聖而艱巨的工作。傳說中「永平求法」事，記述有胡僧迦葉摩騰與竺法蘭隨蔡愔來華，在洛陽白馬寺譯出中土第一本佛經──《四十二章經》❶，由於真假諍論未判❷，暫且不論。至於漢末三國以來，迄於唐初玄奘三藏，其間凡四百餘年，偉大的翻譯家，如安世高、支讖、康僧會、竺法護、佛圖澄、鳩摩羅什、佛馱跋陀羅、求耶跋摩、求耶跋陀羅、曇無讖、菩提流支、佛陀扇多，乃至真諦等，若非來自西域，便是來自天竺（印度），漢人主持譯經事業，真是絕無僅有。其中漢族名僧足與抗衡的，恐怕只有法顯一人罷了❸。至於經、論的注釋方面，在僧肇之前，

---

❶　「永平求法」事，分別見諸牟子的〈理惑論〉（今載於《弘明集》中，《大正藏》，五十二，1–6）、〈四十二章經序〉（《大正藏》，五十五，42）等。

❷　梁啟超著〈佛教之初輸入〉，論斷「漢明求法事全屬虛構。其源蓋起於晉後釋道鬥爭，道家捏造謠言，欲證成佛教之晚出；釋家旋采彼說，展轉附會，謀張吾軍……」（見梁啟超著《佛學研究十八篇》，臺灣中華書局版）。湯用彤著《漢魏兩晉南北朝佛教史》，持不同見解，以為「求法故事，雖有疑問……吾人不可執其疑點，以根本否認其故事之全體也」（見湯著《漢魏兩晉南北朝佛教史》，上冊，頁24）。

❸　據梁・僧祐《出三藏記集・法顯傳》載，法顯廣遊西土，留學天竺（印度），攜經而返，與胡僧佛馱跋陀羅譯經百餘萬言。其中《佛說大般泥洹經》（六卷），今《大正藏》亦題是「東晉・法顯譯」，見《大正藏》，十二，853–899。

漢人當中，恐怕也只得道安一人❹。若論著述之多，僧肇不足與
道安相比❺，但一方面參與譯經，一方面撰著經解，再加上個人
的真知灼見，直書胸臆，寫出曠世無雙的論著，不特成一家之言，
且為中國佛學奠下不朽的基業，其著作翻成英、日等國文字，成

---

❹　依任繼愈主編的《中國佛教史》第二卷所歸納（頁 167–168），道安
　　的解經、注經的作品，可以羅列如後：

　　《道行經集異注》一卷（《祐錄》卷五）

　　《道行指歸》（載《祐錄》卷十二）

　　《放光般若折疑准》一卷

　　《放光般若折疑略》二卷

　　《放光般若起盡解》一卷

　　《光贊般若折中解》一卷

　　《光贊般若抄解》一卷（上載《祐錄》卷五）

　　《大十二門經注》二卷

　　《小十二門經注》一卷

　　《人本欲生經注攝解》一卷

　　《安般守意經解》一卷

　　《陰持入經注》二卷

　　《大道地經注》一卷（上載《祐錄》卷五，原經皆安世高譯）

　　《了本生死經注》一卷（《祐錄》卷五，原經支謙譯）

　　《密迹、持心二經甄解》（《祐錄》卷五，原經皆竺法護譯）。

❺　道安除經注、經解外，還寫了大量的經序，如：

　　〈安般注序〉

　　〈陰持入經序〉

　　〈人本欲生經序〉

　　〈了本生死經序〉

　　〈十二門經序〉

　　〈六十二門經序〉（俱載於《祐錄》卷六）

　　等，連上述各種著述，合共四十餘種。其詳見前註。

為古今中外的研究對象而歷千百年不衰者，則在這一方面，道安又不能與僧肇爭一日之長短了。現在就讓我們把僧肇的著述，按僧肇生平的先後羅列出來。

我們不妨把僧肇的一生，分成四期：一者、早歲涉獵期，二者、冠年長安期，三者、師事羅什期，四者、體系建立期。然後依各期的背景，列舉其著作的名稱品類，最後再依其類別，列成簡表，附以年代，為本章來作一總結。

## 第一、早歲涉獵期

這指僧肇弱冠以前的年代，依梁‧慧皎《高僧傳》所載來推論，當在公元 384–403 年，若依日人塚本善隆的臆測，當在公元 374–393 年。在這段期間，如上章所述，僧肇早年受儒家思想的影響最深，他因「以傭書為業，遂因繕寫，乃歷觀經史，備盡墳籍」❻。稍壯，對老子、莊子的思想日趨心醉，所以〈僧肇傳〉說他這時「志好玄微，每以莊、老為心要」❼。不過僧肇的思想卻沒有停滯下來，更沒有安於老莊的思想境界而感到滿足，所以當他讀老子《道德經》的時候，雖然讚歎不已，可是由於內心中要追求一種更高的境界，所以不禁有「美則美矣，然期棲神冥累之方，猶未盡善」的感慨❽。後來機緣成熟，終於接觸到屬於佛家般若系統的舊《維摩經》，因而歡喜雀躍，恭敬頂受，披尋玩味，從內心中生起了「始知所歸」的興奮❾。由於這種殊勝因緣的觸

---

❻ 見梁‧慧皎的《高僧傳》，卷六，《大正藏》，五十，365。

❼ 同上。

❽ 同上。

❾ 同上。

發，僧肇終於尋找到自己的人生方向，因此出了家，一方面專心
大乘經典的研尋，一方面又旁及佛家的三藏著作❿。於此可見僧
肇在這段時期，雖然沒有著述問世，可是他對儒、釋、道三家的
思想，都已有很清晰的認知，很深刻的理解，而其歷程是由儒入
道，由道入佛的。也由於這個影響，使僧肇後來的著作，全部偏
於佛家方面，而他的寫作風格，又能左右逢源，博引旁徵，不拘
於一家之言，儒、道兩家的學養，也成了他行文引例的好資料，
構成了佛典漢化的一大特色。此外，僧肇在這「早歲涉獵期」，有
緣接觸到舊《維摩經》而深許「始知所歸」，也為他後期為新《維
摩經》（按：即僧肇協助鳩摩羅什所出的《維摩詰所說經》）作注
解，播下了碩大的種子。

## 第二、冠年長安期

　　僧肇本是長安人，但在弱冠之年，他曾到姑臧師事鳩摩羅什，
後羅什來長安，他又隨師而返。冠年長安期是指僧肇弱冠之後，
仍留長安而還未遠赴姑臧的那一段短短的時期。不過這段時期卻
不易考證，因為《高僧傳》只說：「後羅什至姑臧，肇自遠從之。」⓫
卻沒有提及年代。如依《僧傳》，我們僅知 403-? 年，這是不合理
的推算，原因是 403 年已是僧肇從姑臧回來的第三年了⓬。若依
塚本善隆的假設，則應該是 374–398 年這一段時間⓭。在前述「早

---

❿　《高僧傳》說他「學善方等，兼通三藏。」出處同❻。

⓫　同❻。

⓬　依慧皎《高僧傳・羅什傳》，羅什於弘始三年（公元 401 年）到長安
　　（僧肇隨入）。《大正藏》，五十，332。

⓭　塚本善隆著〈肇論在佛教史上的意義〉，推斷僧肇的生卒在公元 374

歲涉獵期」，僧肇在學問上雖然已奠定了很穩固的基礎，可是直到本期，還沒有著述的記載。這可能是由於僧肇把時間都花費在幽玄的論辯方面去，如慧皎的《高僧傳》所載：「及在冠年，而名振關輔。時競譽之徒，莫不猜其早達。或千里負糧，入關抗辯。肇既才思幽玄，又善談說，承機挫銳，曾不流滯。時京兆宿儒，及關外英彥，莫不挹其鋒辯，負氣摧衄。」❶僧肇在這段時期，雖仍未有作品發表，不過後期所著四論（按：即是〈物不遷論〉、〈不真空論〉、〈般若無知論〉及〈涅槃無名論〉，後人總合四篇，名之為《肇論》，這是真確地能夠代表僧肇思想的傳世之作），都是有立有破的論辯文章，作者苟無論辯的實踐經驗，是不容易寫得好的。所以在這段時間，僧肇能有機會與京兆宿儒及關外英彥彼此抗辯，其實對加速僧肇思想的成熟，及對論辯文章之表達技巧的訓練上，都必然有很大的幫助。

## 第三、師事羅什期

本期應指僧肇從長安出發，遠赴姑臧（涼州重鎮，地在今日的甘肅武威），受業於鳩摩羅什始，一直到鳩摩羅什去世止的這一段時間。不過這時期的起迄年代卻不容易弄得清楚，原因是梁・慧皎的《高僧傳》雖然有「羅什至姑臧，肇自遠從之。什嗟賞無極」的記載，但卻沒有年分的紀錄，所以本期的開始年代無從稽考。至於羅什的去世，雖有年代紀錄，可是眾說紛紜，莫衷一是，就以慧皎《高僧傳》的〈鳩摩羅什傳〉為例，前面記道：「偽秦弘始十一年八月二十日，羅什卒於長安。」❶弘始十一年，即公元 409

年至 414 年。見前引《肇論研究》。

❶　同❻。

年，但在同一傳中，卻又載道：「然什死年月，諸記不同，或云弘始七年（公元 405 年），或云八年（公元 406 年），或云十一年（公元 409 年）❻，尋七與十一，字或訛誤……」其間文雖閃爍，但依慧皎的意趣，仍是以「弘始十一年」之說為正宗的。那麼，若依《高僧傳》，本期年代，可算為：?–409 年；若依日人塚本善隆的推算，則為 398–409 年❼。

鳩摩羅什本天竺人，約生於公元 344 年❽，母為龜茲國的王妹。七歲隨母出家，先學小乘說一切有部的學說。九歲隨母至罽賓，學《中阿含》及《長阿含》經典。後至沙勒，學《增一阿含經》及《六足》❾等論。此外又從律藏名師習《十誦律》❿。除

---

❺　見《大正藏》，五十，333。

❻　不特《高僧傳》所載有異，即不同史錄，所述亦異，如：

　　(a)梁・僧祐《出三藏記集》說羅什死於晉義熙中（公元 405 年至 419 年），未有確實年代。

　　(b)僧肇所撰的〈鳩摩羅什法師誄〉則說他死於「癸丑之年」（公元 413 年）（見《廣弘明集》，卷二十三）。陳垣《釋氏疑年錄》亦採此說。

　　(c)《晉書・羅什傳》亦只言死於長安，未詳年月。

　　(d)日人塚本善隆則仍依《高僧傳》的初說（即弘始十一年，公元 409 年之說）。（見《肇論研究》，頁 113。）

　　（呂澂《中國佛學源流略講》從之，見該書頁 87。）

❼　見前注。

❽　僧肇〈鳩摩羅什法師誄〉說羅什卒於「癸丑之年」（公元 413 年），而「年七十」，故生年約為公元 344 年。《大正藏》，五十二，264。其他事跡，分見《高僧傳》，卷二，及《出三藏記集》，卷十四，〈鳩摩羅什傳〉。

❾　《六足》指說一切有部的六論，即：《集異門足論》、《法蘊足論》、《施設足論》、《識身足論》、《品類足論》及《異身足論》，都是解釋

此並遍習外道典籍及五明諸論❷。在莎車，羅什巧遇大乘般若學者須耶利蘇摩，得聞大乘「陰界諸入，皆空無相」的玄旨，與前所習小乘教理大異其趣，於是眼界大開，由此師事須耶利蘇摩，得誦《中論》、《百論》及《十二門論》❷這些闡釋大乘般若學說的名著。再回龜茲，年二十受戒於王宮❷。披讀《放光般若》❷。兩年之中，「廣誦大乘經論，洞其秘奧」。於是名振西域，遠播東土，所以建元十九年（公元 383 年），苻堅遣呂光將兵伐龜茲，求羅什以迎送長安。光破龜茲，劫取羅什，東歸途中，聞說苻堅已為姚萇所殺。呂光便稱王於涼州，於是羅什亦只得留在涼州（指姑臧），凡十七年❷。就在這段時間，僧肇在長安聽到了那個大喜訊息，便「自遠從之」。依日本學者的推測，這可能是在公元 398年的事。又東晉太元十一年（公元 386 年）姚萇自渭北攻入長安，

---

《發智論》這本說一切有部的基本要典，所以名之為「足論」。

❷　見慧皎《高僧傳》，卷二，《大正藏》，五十，331。

❷　五明：泛指醫方、工巧、聲明（語言學）、因明（思想方法）及內明（宗教哲學）等五類學問的總稱。

❷　《中論》和《十二門論》都是空宗大師龍樹的名著；《百論》則是龍樹弟子提婆所造。二論都是運用雙遮雙遣、不著二邊的方法，闡釋大乘般若學的「緣生無性」之理（一切現象的存在都不是由自己來決定的，而是由各種條件制約所決的）。

❷　此依梁《高僧傳》所載，本傳並謂羅什於此從卑摩羅叉習《十誦律》，但梁‧僧祐《出三藏記集》則說先「從佛陀耶舍學《十誦律》」，後習大乘般若之後，於理較勝，故本節從僧祐之說，不從慧皎。（《出三藏記集》，見《大正藏》，五十五，100。）

❷　見慧皎《高僧傳》，卷二，《大正藏》，五十，331。

❷　依湯用彤說，羅什留姑臧凡十七年，即自東晉太元十年至弘始三年（公元 385 年至 401 年）。見湯著《漢魏兩晉南北朝佛教史》，頁 290。

即帝位，國號大秦。到了皇初元年（公元 394 年），姚興繼位。弘始三年（公元 401 年）三月，長安「有樹連理生於廟庭，逍遙園蔥變為茝」，時人以為是祥瑞的徵兆。於是姚興「遣隴西公碩德西伐呂隆」（按：呂光於涼州自立，到承康元年，即公元 399 年，光死，子呂紹繼位，為呂纂所弒，咸寧三年，纂又為呂超所弒，由呂超之兄呂隆繼位，改元神鼎元年，即公元 401 年），結果大敗呂隆，至九月，呂隆上表歸降。藉此殊勝的因緣，方得迎接鳩摩羅什入關，「肇亦隨入」。到了那年的十二月二十日，羅什與僧肇等來到長安，入住逍遙園。姚興對羅什「待以國師之禮，甚見優寵，晤言相對，則淹留終日，研微造盡，則窮年忘倦」❷❻。

　　據慧皎《高僧傳》中的〈羅什傳〉所載，佛法東來，始於漢明帝的時代，其間經歷魏晉兩朝，所譯出的經論日漸增多，可惜支讖、竺法護等譯家所出的般若經籍，如《道行》、《光讚》，多滯文格義❷❼，於是秦主姚興便恭請鳩摩羅什進入西明閣及逍遙園，譯出眾經。當時的譯場規模相當，譯經極為嚴格。事前先使沙門

---

❷❻　本節內容，分別取自梁・僧祐的《出三藏記集》中的〈羅什傳〉（《大正藏》，五十五，100–102）及梁・慧皎的《高僧傳》中之〈羅什傳〉（《大正藏》，五十，330–333）。此外亦參考《晉書》中的〈鳩摩羅什傳〉、〈符堅傳〉、〈呂纂載記〉等篇。又參考郭朋所撰的〈鳩摩羅什〉（輯於《中國古代著名哲學家評傳》，續編第二卷，頁 301–342）。

❷❼　按湯用彤所考，「格義之法，創於竺法雅（與釋道安同學於佛圖澄）」。「格，量也。蓋以中國思想，比擬配合，以使人易於了解佛書之方法也。」見湯著《漢魏兩晉南北朝佛教史》上冊，頁 234–235。按：所謂「格義」方法，就是不惜穿鑿附會，以中國的傳統概念（多來自《周易》、《莊子》、《老子》），來講解或闡釋印度佛學的思想名相（術語）。

僧叡、僧肇等八百餘人，諮受什旨，然後動筆。就以翻譯《大品》為例 ❷，「(鳩摩羅)什(手)持梵本，(姚)興(手)執舊本，以相讎校」，經譯好了，羅什再到長安大寺，講說新經。其認真與重視如此。其後羅什續出《小品》❷、《金剛般若》、《十住》、《法華》、《維摩》、《思益》、《首楞嚴》，乃至《彌勒下生經》、《十誦律》、《十誦戒本》、《菩薩戒本》、《成實論》、《中論》、《百論》、《十二門論》等三百餘卷 ❸。

　　在中國佛教史上，羅什的譯經，無論在規模的宏偉，過程的嚴格，態度的認真，卷帙的繁博，影響的深遠，乃至輔翼人材的鼎盛，都可說是前無古人的。其實況從僧叡的〈大品經序〉 ❸、梁・慧皎的《高僧傳》中的〈羅什傳〉 ❸、《後秦傳譯佛經錄・沙門鳩摩羅什譯經錄》 ❸ 等等資料中可見一斑。至於人材方面，在僧祐的〈羅什傳〉裏記錄最為詳盡，所謂：「四方義學沙門不遠萬

❷　《大品》，全名為《摩訶般若波羅蜜經》，共二十七卷，舊譯則名為《放光般若經》，西晉無羅又所譯。

❷　全名為《小品般若波羅蜜經》，共十卷，舊譯則名為《道行般若經》，後漢支婁迦讖所譯。

❸　羅什譯經卷數，史傳所記，各有不同，如：

　(a)僧祐《出三藏記集》載：三十五部，二百九十四卷。

　(b)梁・寶唱的《名僧傳》載：三十八部，二百九十四卷。(按：彼書已佚，今依日僧宗性《名僧傳抄》轉錄。)

　(c)隋・費長房《歷代三寶記》載：九十八部，四百二十五卷。

　(d)呂澂《中國佛學源流略講》載：現存只有三十九部，三百十三卷。

　(頁87-88)

❸　見僧祐的《出三藏記集》，卷八，《大正藏》，五十五，52。

❸　《大正藏》，五十，331。

❸　見唐・道宣的《大唐內典錄》，卷三，《大正藏》，五十五，251-254。

里，名德秀拔者，才、暢二公；乃至道恆、僧標、僧叡、僧敦、僧弼、僧肇等三千餘僧，稟受精研，務窮幽旨。」**❸❹** 在上述的三千餘僧當中，雖然未必人人執筆助譯，且在僧叡的〈大品經序〉裏，於詳述審文的名僧之中，僧肇的名字且不列榜上（按：部分學人，認為未有提及僧肇，可能是僧叡把僧肇視為「晚生後輩」而非「宿舊」之故**❸❺**），但在可靠的正史當中，我們可以肯定晚輩的僧肇，確實是羅什譯場裏主筆之一。如魏收所撰的《魏書·釋老志》，便有這樣的紀錄：「羅什之撰譯，僧肇常執筆，定諸辭義，注《維摩經》，又著數論，皆有妙旨，學者宗之。」**❸❻** 慧皎的《高僧傳·僧肇傳》也清楚指出「姚興命肇與僧叡等，入逍遙園，助詳定經論」**❸❼**。因此僧肇的參與鳩摩羅什的譯場，成為羅什的主要助譯，則是無可諍論的事實——研究哪些經論是由僧肇執筆，那就無法完全稽考了。

由於僧肇是羅什的助譯，所以僧肇的著作，直接或間接都受羅什所出的經論，有或大或小的影響。如公元 403 年，羅什譯出《大品般若》（按：即《摩訶般若波羅蜜經》）之後，僧肇便著〈般若無知論〉，凡二千餘言，竟以呈什。羅什讀了，讚歎不已，乃謂肇曰：「吾解不謝子，辭當相挹。」**❸❽**

公元 406 年，羅什譯出新《維摩經》（按：即《維摩詰所說經》），

---

**❸❹** 見《出三藏記集》，卷十四，《大正藏》，五十五，101。

**❸❺** 見郭朋所撰的〈鳩摩羅什〉，《中國古代著名哲學家評傳》，頁 314。齊魯版。

**❸❻** 見中華版，頁 3031。

**❸❼** 見《大正藏》，五十二，365。

**❸❽** 見慧皎《高僧傳》，同上。

明年僧肇便完成了很負盛名的《維摩經注》，並為羅什的新《維摩經》作序。

　　此外，羅什譯出《金剛般若波羅蜜經》，（傳說）僧肇便為之作《金剛經注》。羅什譯出《百論》，僧肇便為之作〈百論序〉。羅什譯出《梵網經》，僧肇作〈梵網經序〉。至於般若體系經籍的翻譯中，除《大智度論》外，最晚出的是《十二門論》和《中論》，僧肇雖未為之作注，但由於受到這些典籍的啟迪，對般若思想，尤其是龍樹一系雙遣雙離的思想，別有契會，於是著〈不真空論〉及〈物不遷論〉，以糾正時人對般若學的誤解。不過此二論的完成年分必在《中論》之後，故還是編入僧肇後一期著作之列為宜❸。

　　在這期中，廬山隱士劉遺民讀到僧肇的〈般若無知論〉，讚賞不已，歎曰：「不意方袍，復有平叔。」❹因此把作品呈示慧遠；慧遠看了，也撫几歎曰：「未嘗有也。」因共披尋玩味，更存往復，還致書僧肇，切磋文義。由此之故，在僧肇的著作中，有〈答劉

---

❸　羅什所出《中論》，在公元409年面世，而僧肇所著的〈不真空論〉與〈物不遷論〉，曾多處引用《中論》文義（雖然文字與《中論》微有出入，這是僧肇引文的獨特風格）。如〈物不遷論〉引《中觀》云：「觀方知彼去，去者不至方。」這是《中論・觀去來品》的文義。又如〈不真空論〉引《中觀》云：「物從因緣故不有，緣起故不無。」這是《中論・觀四諦品》的文義。由此可以推斷：僧肇所著〈不真空論〉與〈物不遷論〉必然在羅什譯出《中論》之後，亦即在公元409年之後然後完成。按日人間野潛龍考，二論皆出於公元410年，故宜列入僧肇後一期的著作中。

❹　「方袍」是指袈裟，此是修辭上的借代法，借「方袍」以代僧肇。《僧寶傳》有「多年塵事漫騰騰，雖著方袍未是僧」句，可以為證。「平叔」是何晏的別字；何晏著《論語集解》，使《論語》的思想顯明於世。僧肇著〈般若無知論〉，亦使般若真義得以顯明於中土。

遺民書〉一篇，寫於公元 409 年 **㊶**。

## 第四、體系建立期

　　本期年代，較少諍論，應始於公元 410 年，終於公元 414 年，亦即從羅什的圓寂（依梁·慧皎《高僧傳》說），直至僧肇的去世的那一段時間；雖然僧肇死於英年，但從年期的劃分上說，那也可說是僧肇生命的晚期了。羅什弟子，其俊秀者，後人稱譽為四聖、八俊、十哲等目 **㊷**。他們各有所長，各自成家，如竺道生為涅槃之聖，僧導、僧嵩為成實宗之始，而僧肇則被譽為三論之祖。其實僧肇非特通般若與三論之學 **㊸**，並且能以流暢的漢語，優美的文字，獨特的風格，發表了個人自我體會所得的著作。這些著作合起來成為僧肇思想的完整體系。這個體系的建立，早在「師事羅什期」經已開始。如《高僧傳》所載：「肇以去聖久遠，（般若學之）文義舛雜，先舊所解，時有乖謬。及見什諮稟，所悟更多。因（羅什）出《大品》（般若經）之後，肇便著〈般若無知論〉，凡二千餘言……」 **㊹** 〈般若無知論〉便是僧肇思想體系的第一部專著，這是上一期的著述。若論整個體系的完成，則有俟本期才能得全竟功。因僧肇的第二部和第三部的專著——即〈不真空論〉

---

**㊶**　劉遺民與僧肇書函的往還，其事與書俱載於慧皎《高僧傳·僧肇傳》中，見《大正藏》，五十二，365。

**㊷**　「四聖」謂竺道生、僧肇、僧融、僧叡。「八俊」乃指「四聖」外，另加道憑、曇影、慧嚴、慧觀。「十哲」則於「八俊」之外，另加道恆與道標。其詳可參考湯用彤的《漢魏兩晉南北朝佛教史》，頁 323–326。

**㊸**　「三論」是指羅什所譯的《中論》、《百論》和《十二門論》。

**㊹**　同 **㊳**。

與〈物不遷論〉——都曾徵引《中論》的文義；而《中論》是羅什所出經論中的最後一部（公元 409 年），譯完了《中論》，羅什不久也圓寂了，僧肇的「師事羅什期」也告終結❹。所以僧肇思想體系的建立，必待晚期然後可以完成。

何況在僧肇的專著中，傳說還有〈涅槃無名論〉這一部也是在羅什圓寂後，才得完成的。據慧皎《高僧傳‧僧肇傳》所載，有下面的一般故事可資參考：

> 及什之亡後，追悼永往，翹思彌屬，乃著〈涅槃無名論〉。……論成之後，上表於姚興曰：「……肇以人微，猥蒙國恩，得閑居學肆。在什公門下十有餘年，雖眾經殊趣，勝致非一。然涅槃一義，常以聽習為先。但肇才識闇短，雖屢蒙誨諭，猶懷漠漠，為竭愚不已，亦如似有解，然未經高勝先唱，不敢自決。不幸什公去世，諮參無所，以為永恨。而陛下聖德不孤，獨與什公神契。目擊道存，快其方寸。故能振彼玄風，以啟末俗。一日遇蒙答安成侯嵩問無為宗極，頗涉涅槃無名之義。今輒作〈涅槃無名論〉，有十演九折，（按：『十演九折』就是〈涅槃無名論〉的內容，『九折』者，即假設敵論者分九種責難，『十演』者，即本論師分成十段，一一加以敷衍解釋，以證成『涅槃』非語言所行境界。）博採眾經，託證成喻，以仰述陛下無名之致。豈曰關詣神心，窮究遠當。聊以擬議玄門，班諭學徒耳。若少參聖旨，願勅存記。如其有差，伏承旨授。」興答旨慇懃，備加讚述，即勅令繕寫，班諸子姪。其為時所重如此❹。

---

❹　有關〈不真空論〉及〈物不遷論〉的時代問題，可參考❸。

依上述所載，若僧肇真正造了〈涅槃無名論〉，它必定完成於羅什去世之後，不過年分無從考證罷了。至此則僧肇四大專論都已完成，僧肇的思想體系，便得建立。今試表解於後：

僧肇這四篇的專論，包括了真、俗二諦之說，境與智之談，因與果之談，則般若大義，可無遺漏，所以後人輯此四論，冠以〈宗本義〉於篇首，便成為照耀千古的《肇論》。其詳當於下節言之。

　　僧肇的著作，還有〈長阿含經序〉、〈上秦王表〉、〈鳩摩羅什法師誄〉等，都是本期的著作。至於〈丈六即真論〉與〈寶藏論〉兩篇專論，一般都說出自僧肇，真偽如何，後當再加分辨。

　　今試依傳統的說法，把僧肇的著作，分成「專論」、「經注」、「經序」、「論序」與「雜著」五類，表列如下：

| 類　　別 | 著述名稱 | 年　　分 |
|---|---|---|
| 甲、專論 | (1)〈般若無知論〉 | 公元 405 年前後 |
| | (2)〈不真空論〉 | 公元 409 年之後（約在 410 年） |
| | (3)〈物不遷論〉 | 同上 |
| | (4)〈涅槃無名論〉 | 公元 409 年之後（約在 413 年） |
| | (5)〈宗本義〉 | 不詳 |
| | (6)《丈六即真論》 | 不詳（見陸澄目錄，已佚） |

---

❹ 見《大正藏》，五十二，366。

| | (7)《寶藏論》 | 不詳 |
|---|---|---|
| 乙、經注 | (1)《金剛經注》 | 不詳 |
| | (2)《維摩經注》 | 公元 407 年前後 |
| 丙、經序 | (1)〈維摩經序〉 | 公元 407 年前後 |
| | (2)〈長阿含經序〉 | 公元 413 年 |
| | (3)〈梵網經序〉 | 公元 406 年 |
| 丁、論序 | 〈百論序〉 | 公元 404 年 |
| 戊、雜著 | (1)〈答劉遺民書〉 | 公元 409 年 |
| | (2)〈上秦王表〉 | 公元 413 年 |
| | (3)〈鳩摩羅什法師誄〉 | 公元 409 年之後 |

# 二、《肇論》的編纂

　　在僧肇一生之中，依傳統的說法，他的著作有十五、六種之多，而品類也非常豐富，每一篇的著述，在中國佛教發展史上，也能發揮它的應有功能。不過，真正能代表僧肇的思想而足以自成體系的，則只有〈般若無知論〉、〈不真空論〉、〈物不遷論〉及引起後人諍論的〈涅槃無名論〉。一如我們在上一節所記述，後人把這四論輯在一起，加上〈宗本義〉冠於篇首，並在〈般若無知論〉的終結處，另附以〈劉遺民書〉及〈答劉遺民書〉，又在〈涅槃無名論〉之前，附以〈上秦王表〉，便成為現在《肇論》的定本❹。不過四論排列的次序，則與在《高僧傳》所出現的先後頗有差異。現行本列〈物不遷論〉為第一，〈不真空論〉次之，〈般若無知論〉

❹　今《大藏經》所收的《肇論》，便是如此編排，見《大正藏》，諸宗部二，四十五，150-161。

又次之，〈涅槃無名論〉殿後。

　　《肇論》究竟在什麼時代輯成專書，無從作出確實的結論，但它的輯錄過程，卻仍有線索可尋。大概自東晉以至於梁，僧肇的四論可能以單行本形式流行於當世。在這方面，我們可以從劉宋・陸澄所編的《法論》得到一點啟示。宋明帝（公元 466–473 年）命中書侍郎陸澄（公元 425–494 年）編纂《法論》共十六帙一百三卷。而僧肇的著作就有八篇被收進《法論》中去，日人塚本善隆把它們羅列如下：

1. 〈不真空論〉　　　　　第一帙〈法性集〉
2. 〈百論序〉　　　　　　同上
3. 〈涅槃無名論〉　　　　第二帙〈覺性集〉
4. 〈般若無名（知）論〉　第三帙〈般若集〉
　　（劉遺民難、肇答）
5. 〈維摩經註序〉　　　　同上
6. 〈丈六即真論〉　　　　第四帙〈法身集〉
7. 〈長阿含經序〉　　　　第六帙〈教門集〉
8. 〈物不遷論〉　　　　　第十三帙〈物理集〉　❹

從陸澄《法論》所錄，可見到了劉宋之世，僧肇的四論還沒有被選輯出來，別成專書，而只是依不同的性質，各別歸類到不同的集子去；但四論的名字，除了把〈般若無知論〉誤植為〈般若無名論〉外，其餘都能清晰明確地列舉出來❹。

　　到了齊代（公元 479–502 年）有關僧肇著作的資料不多見。

---

❹　見塚本善隆所編的《肇論研究》，頁 149–150，日本法藏館出版。

❹　呂澂著《中國佛學源流略講》，在頁 101 中說：「僧肇⋯⋯這些文章，從劉宋・陸澄的《法論》起，就開始分別地記錄了，後更各別單行。」

再過便是梁代（公元 502–557 年），僧傳的始創者慧皎出現於世了，在他的《高僧傳・僧肇傳》裏，詳盡地記述〈般若無知論〉與〈涅槃無名論〉的創作因緣，而〈不真空論〉及〈物不遷論〉則僅述其篇目，但比諸其他著作的隻字不提，已經顯出此二論的重要性了。不過傳中還沒有用《肇論》這名字，可見在當時，僧肇的四論，還沒有被輯成書，而仍是以單行本以見於世。

真正把僧肇的著作（以〈般若無知論〉等四論為主）輯成專書的，始見於陳代（公元 557–589 年）慧達的《肇論疏》❺，但其目次與今本《肇論》有很大差異，茲羅列如下：

卷　上

〈涅槃無名論義記〉上

〈表上秦主姚興〉

| 〈演開宗第一〉 | 〈折竅體第一〉 |
|---|---|
| 〈演位體第二〉 | 〈折徵出第二〉 |
| 〈演超境第三〉 | 〈折幾玄第三〉 |
| 〈演妙存第四〉 | 〈折難差第四〉 |
| 〈演辨差第五〉 | 〈折責異第五〉 |
| 〈演會異第六〉 | 〈折詰漸第六〉 |
| 〈演明漸第七〉 | 〈折幾動第七〉 |
| 〈演動寂第八〉 | 〈折窮源第八〉 |

❺　慧達是陳建業（今之南京）小招提寺的僧人，除撰《肇論疏》外，並作〈肇論疏序〉，《大正藏》所輯的《肇論》中，仍以此序為前言，至於《肇論疏》則《大正藏》沒有收錄，且本疏亦有殘缺，其科文（姑蘇堯峰閣若沙門遵式所排定）及上卷則今收在日本《卍續藏經》第一百五十冊內。

〈演通古第九〉　　〈折考得第九〉

〈演玄得第十〉

〈不真空論〉

卷中（下）❺

〈般若無知論義私記〉下

〈辯體相第一〉　　〈般若翻不翻第二〉

〈般若無知第三〉　　〈釋文第四〉有九問答

〈隱士劉遺民書問無知論〉

〈肇法師答劉隱士書〉

〈物不遷論〉

陳・慧達《肇論疏》的目次（主要就僧肇四論來說），固然與現存的《肇論》不同，且亦與梁・慧皎《高僧傳・僧肇傳》所述著作的撰著先後有異，今試分列如下：

| 《高僧傳》 | 慧達疏 | 現存本 |
|---|---|---|
| (1)〈般若無知論〉 | (1)〈涅槃無名論〉 | (1)〈物不遷論〉 |
| (2)〈不真空論〉 | (2)〈不真空論〉 | (2)〈不真空論〉 |
| (3)〈物不遷論〉 | (3)〈般若無知論〉 | (3)〈般若無知論〉 |
| (4)〈涅槃無名論〉 | (4)〈物不遷論〉 | (4)〈涅槃無名論〉 |

《高僧傳》所引述的僧肇四論，是從著作撰寫的因緣著眼，所以依僧肇生平年代為序，但自劉宋・陸澄《法論》開始，時人已經留意到四論的內容主旨，因其性質，歸到不同的範疇，如〈不真空論〉歸到〈法性集〉，〈般若無名（知）論〉歸到〈般若集〉，〈涅

❺　「卷中」應是「卷下」之誤，因為在「卷中」目錄之後，便有「《肇論疏》目次終」的按語，跟著便是「《肇論疏》卷上」的開始。可見「卷中」之後並沒有「卷下」。「卷中」即「卷下」的誤植。

槃無名論〉歸到〈覺性集〉，而〈物不遷論〉則歸到〈物理集〉去了。因此陳‧慧達撰《肇論疏》，其次序的處理，必順應作品性質而重新作出安排，而「涅槃」是果，是佛教修行的宗趣所在，其餘是因，是修行的方法或境界而已，故把〈涅槃無名論〉放在篇首，這也是未嘗無理的。至於現存的《肇論》則先境後智，先因後果，故以〈物不遷論〉居首，以〈涅槃無名論〉終篇，亦有其意義所在❷。言非一端，二各有當，思之可得。

　　此間有一點不可不提及的，那就是在慧達的《肇論疏》中，並沒有輯入〈宗本義〉，前述陸澄《法論》目錄所收的僧肇的八論也沒有收進〈宗本義〉。梁‧慧皎的《高僧傳‧僧肇傳》及僧祐的《出三藏記集》都沒有提及此篇的名目。可是在慧達的〈肇論序〉裏，開端即有「慧達率愚，通序長安釋僧肇法師所作〈宗本〉、〈物不遷〉等四論」這句話。理應反映出當時所流行的《肇論》可能包括〈宗本義〉的。可是，慧達既說「通序……〈宗本〉、〈物不遷〉等四論」，何以在他的「疏文」中及「疏文目錄」中均不見〈宗本義〉的影蹤，難道「宗本」即「四論」，離「四論」根本沒有「宗本」？此等問題，還是懸而未決的。

　　《肇論》一詞，除見諸陳‧慧達的〈肇論序〉之後，各宗大德，漸多所引用，如隋代（公元 581–618 年）三論開山之祖吉藏

---

❷　質言之，〈物不遷論〉從俗諦談「境」，〈不真空論〉從真諦談「境」，先俗後真，由近而及遠，此〈物不遷論〉所以先於〈不真空論〉。〈般若無知論〉分別從二諦以談「智」，先境後智，故又次前二論而居第三位。前三論所說，主要是修行因位的所行境界，然〈涅槃無名論〉本不可說（「無名」就是不可名狀，不可言說），是佛教修行宗趣所在，先因後果，故得為《肇論》壓軸之作。其四論的關係，可參考上節的表解。

在《中觀論疏》中，嘗引《肇論》文字，如謂：「即化者如肇公（即僧肇）云：『道遠乎哉，觸事即（而）真，聖遠乎哉，體之即神。』」❸又嘗言及僧肇四論，如於《百論序疏》云：「肇公是京兆郡人⋯⋯著〈不真空〉等四論⋯⋯。」❹雖云「四論」，但仍未明確地指出《肇論》的名字。可是到了天台二祖的灌頂（也是隋人），在他所撰《大般涅槃經玄義》裏，卻正式明確地用了《肇論》這本書名，如謂：「真諦涅槃，俱無名無相；名相所不及，言語道斷，心行處滅，引《肇論》『江河競注而不流，日月歷天而不周』，豈有名於其間哉？」❺及《隋書・經籍志》，則把《肇論》說成「晉姚萇沙門釋僧肇集一卷」列入目中。

自唐代（公元 618–907 年）以後，為《肇論》作疏的日多，其中以唐・元康所撰的《肇論疏》最為有名，它的目次有異慧達疏，茲簡述如下：

1. 〈序〉
2. 〈宗本義〉
3. 〈物不遷論〉
4. 〈不真空論〉
5. 〈般若無知論〉
6. 〈隱士劉遺民書問〉
7. 〈答劉隱士書〉
8. 〈涅槃無名論並表上秦主姚興〉❻

❸　吉藏所引的是僧肇〈不真空論〉的文字。見《大正藏》，四十二，3。

❹　《大正藏》，四十二，232。

❺　所引是〈物不遷論〉文。《大正藏》，三十八，4。

❻　見《大正藏》，四十五，161–200。

就內容而言，元康《肇論疏》一方面給慧達的《肇論疏》作了簡單的注釋❺，一方面給冠於篇首的〈宗本義〉也作了疏釋❺。若就安排次序而言，於四論中，以〈物不遷論〉居首，以〈涅槃無名論〉殿後，首末適與慧達疏相反，而中間的〈不真空論〉與〈般若無知論〉則彼此相同。元康這種内容與安排次第，完全與今本《肇論》彼此一致。即使是以後元代（公元 1271–1368 年）的文才所撰的《肇論新疏》及明代（公元 1368–1644 年）憨山大師（德清）所撰的《肇論略注》，也跟元康所撰者相類。

有關《肇論》的編纂，據上述資料所得，我們可以作出一些結論：

其一、僧肇的四論，雖然完成於東晉（約於公元 413 年以前），其間經劉宋·陸澄把它們入目（但與其他四篇著作一併列入，並非突出〈般若無知〉等四論），如是乃至梁代（公元 502–557 年）慧皎作《高僧傳》，雖已突出四論的名目及創作因由，但仍未有把它們輯成專集的記載。可見在這一百五十年間，《肇論》還未編纂成專書，而只能各自單行流傳於當世。

其二、到了陳代（公元 557–589 年），慧達竟為僧肇四論造〈肇論疏序〉及《肇論疏》，這顯示出《肇論》這本反映僧肇思想而成完整體系的專集，經已於梁·慧皎與陳·慧達之間的年代編纂成書而流行於世。

其三、陳·慧達前所流行的《肇論》與唐（公元 618–907 年）元康疏以後所流行的《肇論》，無論在内容及編列次第方面都或有

❺　見元康《肇論疏》的〈序文〉。
❺　慧達《肇論疏》根本沒有〈宗本義〉這篇作品，疏文自然也缺了——雖然於〈肇論疏序〉中有所提及。

差異。前者以〈涅槃無名論〉為首，以〈物不遷論〉殿後；後者則反是，而以〈物不遷論〉居首，以〈涅槃無名論〉結篇。由於慧達所作的《肇論疏》，略去〈宗本義〉，也許當時所流行的《肇論》根本並沒有附上〈宗本義〉，而以〈宗本義〉冠於篇首的《肇論》，很可能纂成於陳・慧達與唐・元康間的那一個時代❺。

# 三、僧肇著述真偽的諍論

僧肇的著述，雖有十五、六種之多（按：可參考本章第一節所列出僧肇著作的分類表），其中出處各有不同，此間真偽亦多有諍論，我們不得不於本節略為伸述。茲先把出處列出，然後再詳其真偽：

| 類　別 | 著述名稱 | 出　處 |
|---|---|---|
| 甲、專論 | (1)〈般若無知論〉 | 見《高僧傳》、《祐錄》及陸澄《法論目錄》等。 |
| | (2)〈不真空論〉 | 同上。 |
| | (3)〈物不遷論〉 | 同上。 |
| | (4)〈涅槃無名論〉 | 陸澄《法論目錄》雖載〈無名論〉，但未言及〈上秦王表〉。 |
| | (5)〈宗本義〉 | 見慧達〈肇論疏序〉。 |

---

❺　一般傳統的說法：陳・慧達所依以作疏的《肇論》，經已把〈宗本義〉加進去了，如呂澂的《中國佛學源流略講》說：「到了南朝陳代，這些論文（僧肇的四論）被編成一部，其次第為：〈物不遷論〉、〈不真空論〉、〈般若無知論〉、〈涅槃無名論〉，在四論之前又加上了〈宗本義〉，總名《肇論》。」（頁101）余以為此間尚有不少疑竇，故未敢苟從。

| | | |
|---|---|---|
| | (6)《丈六即真論》 | 見陸澄《法論目錄》，他處未嘗言及。 |
| | (7)《寶藏論》 | 《大正藏》，四十五收，《大正藏勘同目錄》謂原見《明本》。 |
| 乙、經注 | (1)《維摩經注》 | 見《高僧傳》。現存經注是揉合什、肇、生、叡、融諸人之注而成。 |
| | (2)《金剛經注》 | 見隋・智顗所撰《金剛般若經疏》中的引文❻。<br>今《卍續藏經》亦刊有此篇❻。 |
| 丙、經序 | (1)〈維摩經序〉 | 見《祐錄》❻。 |
| | (2)〈長阿含經序〉 | 同上。 |
| | (3)〈梵網經序〉 | 見道宣《大唐內典錄》錄《梵網經》中的附言❻。 |
| 丁、論序 | 〈百論序〉 | 載《祐錄》。 |
| 戊、雜著 | (1)〈答劉遺民書〉 | 見《高僧傳》，又見《祐錄》子註❻。 |
| | (2)〈上秦王表〉 | 見《高僧傳》，又陸澄《法論目錄》 |

❻　天台智者大師撰《金剛般若經疏》，其中引言：「肇師注云：五種般若，此說（指《金剛般若經》）最初。」依此言，則僧肇當撰《金剛經注》。

❻　今《卍續藏經》刊有《僧肇注金剛經》二卷，編號 379，並附有日僧釋敬雄序（作於寶曆十二年，相當於清乾隆三十七年，即公元 1772 年）云：「是慈覺大師，釋圓珍（於承和中）入唐，賣來（相當於唐文宗開成年中——公元 836 年至 840 年）。」

❻　此即《維摩經注》的序文。

❻　唐・道宣《大唐內典錄》卷三，錄有《梵網經》三卷，並云：「（羅什）弘始八年（公元 406 年）於草堂寺，三千學士最後出此一品，梵本一十二卷六十一品。譯訖，融、影等三百人一時受菩薩十戒，見經前序，肇筆受。」《大正藏》，五十五，252。

❻　梁・僧祐《出三藏記集》卷十二中，有〈雜錄〉轉載《宋明帝勅中書侍郎陸澄撰法論目錄》，有〈般若無名論〉一目（「無名」乃「無知」之誤），註言是釋僧肇撰，又言：「劉遺民難，肇答。」所謂「肇

| | | 有〈涅槃無名論〉，但未有言及〈上泰王表〉事，此與〈答劉遺民書〉所處理手法有異。 |
|---|---|---|
| | (3)〈鳩摩羅什法師誄〉 | 文載唐・道宣所撰的《廣弘明集》❻ 。 |

上述表中所載僧肇著作凡十六種，而每篇皆已明其出處，但由於各方面所得資料或有出入，而若干篇的思想內容，與僧肇的其他作品不大一致，因此對某些撰作的真實性，引起學者種種的疑猜；而他們的意見亦不統一，因而難免對僧肇著作的真偽，產生種種的諍論。在僧肇十六篇作品中，一致被許為信而有徵的，有下列五類九目：

　　甲、專論三：

　　　　⑴〈般若無知論〉

　　　　⑵〈不真空論〉

　　　　⑶〈物不遷論〉

　　乙、經注一：

　　　　《維摩經注》

　　丙、經序二：

　　　　⑴〈維摩經序〉

　　　　⑵〈長阿含經序〉

　　丁、論序一：

　　　　〈百論序〉

　　戊、雜著二：

------

　　答」者，即《高僧傳》所載〈答劉遺民書〉無異。

❻ 見《大正藏》，五十二，264。

(1)〈答劉遺民書〉

(2)〈鳩摩羅什法師誄〉

除此以外，便是可疑的著作，它們就是〈宗本義〉、〈涅槃無名論〉、《丈六即真論》、《寶藏論》、《金剛經注》、〈梵網經序〉與〈上秦王表〉等七篇。讓我們把它們重新排列過來，分別在下文加以論述。

### ㈠《丈六即真論》

「真」指佛的「法身」，「丈六」指的是「色身」（有丈六高）；是佛的色身與法身不一不二的意義；如《注維摩經》中竺道生說：「大佛身者，丈六體也（按：此指佛的物質性的軀體言），從法身出（指佛無形無相的非物質性的所依本體）。以從出名之，故曰（丈六色身）即（真）法身也。」❻❻ 這是《丈六即真論》的旨趣。本論見《陸澄目錄》❻❼ 的〈法身集〉，今已佚。此外隋・法經的《眾經總錄》亦有收錄❻❽。但他處卻未嘗言及。因此《丈六即真論》是否出自僧肇的手筆，便難確定了。

### ㈡《寶藏論》

本論共分三品：第一是〈應照空有品〉，所謂：「智鑑寬通，慧日圓照，包含物理，虛洞萬靈。」第二品是〈離微體淨品〉，所謂：「性該真理，究竟玄源，實際沖虛，本淨非染。」第三是〈本際虛玄品〉，所謂：「天真妙理，體瑩非修，性本虛通，含收萬物。」

---

❻❻ 見《大正藏》，三十五，343。

❻❼ 即劉宋・陸澄所撰《法論》的目錄之簡稱，猶我們說梁・僧祐撰《出三藏記集》的目錄為《僧祐錄》。

❻❽ 題曰：「《丈六即真論》一卷，釋僧肇。」見《大正藏》，五十五，148。

然後作出總結:「是故合前三品,一義該收,出用無窮,總名寶藏。是以闡森羅之義府,論識物之根由,虛洞太清,陰符妙理,圓之者體合真一,了之者密悟玄通,故明法界之如如,顯大道之要者也。」❻ 可見「寶藏」者,就是指虛洞太清的本體,能演成宇宙萬有無窮的大用。因此本篇徹頭徹尾是道家、道教的「本體論」,從內容思想言,與僧肇「非有非空」的般若之學可說是風馬牛不相及。

　　再從目錄學的觀點來看,《寶藏論》於《祐錄》、《長房錄》❼、《內典錄》❶、《隋書·經籍志》,乃至《舊唐書》、《新唐書》的〈經籍志〉均未見收錄。六朝期間的佛教著作亦未有提及。直至趙宋(公元 960-1279 年)鄭樵撰《通志·藝文略》始述其名字,《宋史·藝文志》然後入目。這是極不合理的現象,此無怪乎湯用彤撰《漢魏兩晉南北朝佛教史》以整頁的篇幅,論述《寶藏論》的疑偽❷。

## ㈢《金剛經注》

　　雖於天台智者大師所撰《金剛般若經疏》,曾引及僧肇《金剛經注》的文義❸,而今日本《卍續藏經》又刊其作品,日僧釋敬雄更為之作序❹,可是梁·慧皎《高僧傳》清楚說明僧肇為《維摩經》作序作注,卻沒有提及有注《金剛》之事。且《陸澄目錄》

---

❻　見《大正藏》,四十五,143-150。

❼　《長房錄》是隋·費長房所編的《歷史三寶紀》的簡稱。

❶　《內典錄》是唐·道宣《大唐內典錄》的簡稱。

❷　請參湯氏《漢魏兩晉南北期佛教史》,頁 332-333。

❸　同 ❻。

❹　同 ❶。

中，收僧肇著作八篇，然不及於《金剛經注》。其餘的眾經錄裏，亦無所載❼❺。考其文字（指《卍續藏經》本），十之七八與天台智顗的《金剛經疏》有相同處，只較《天台疏》（即上述智顗的《金剛經疏》）在篇幅上略少三分之一而已❼❻。不知是台賢（智顗）仿僧肇作品而加以引伸，抑此書已佚，今本已非本來面目？且趙宋・楊圭所編《金剛經十七家注》中，有僧肇說十餘則，其內容又不與《卍續藏經》本相同，豈宋世又別有偽《肇注》行於世耶？

## (四)〈梵網經序〉

只見於唐・道宣《大唐內典錄》所載《梵網經》的注文中，《祐錄》等眾經目都無所提及，《高僧傳》亦無所載，真偽難分，於此可見。再加以《梵網經》是不是羅什所譯，早已引起湯用彤的懷疑。當湯氏討論到〈什公之譯經〉一節，有這樣的一句按語：「其《梵網》、《仁王》二經，均有可疑，故未列入。」❼❼若《梵網經》非由羅什譯出，則為羅什的助譯的僧肇，有沒有為《梵網經》撰序，便大有可疑了❼❽。惜迄今為資料所限，徵證無從。

---

❼❺　此包括《祐錄》、法經的《眾經目錄》、《長房錄》、《大唐內典錄》及唐・智昇的《開元釋教錄》。

❼❻　見周叔迦〈最上雲音室讀書記〉，刊於《法音》，1985 年版，第三期。

❼❼　湯用彤《漢魏兩晉南北朝佛教史》，頁 304。

❼❽　羅什所出經籍，很多均由其高弟作序，如僧肇造〈維摩經序〉，造〈百論序〉，僧叡造〈中論序〉、〈十二門論序〉。但僧肇也曾為非羅什所譯經典作序，如〈長阿含經序〉便是；不過此序見《祐錄》，而〈梵網經序〉卻未嘗入目，此不同，故有可疑。又《長阿含經》是由在姚秦弘始十四年至十五年（公元 412-413 年）由罽賓沙門佛陀耶舍誦出，涼州沙門竺佛念譯為漢文。依《高僧傳・佛陀耶舍傳》所載，

## ㈤〈宗本義〉

本論未見《高僧傳》有所提及，《陸澄目錄》之所不載，慧達〈肇論疏序〉提其名而不疏其文，其他經錄亦皆不收，唯自唐·元康的《肇論疏》然後得其面貌。（固然，元康作疏所本的《肇論》的流行本，當於四論之外，已加進此篇，只未知始於何時罷了。）依此之故，湯用彤首先對〈宗本義〉表示懷疑❼❾。繼而他的學生石峻，於 1944 年發表了〈讀慧達《肇論疏》述所見〉一文，分別從目錄學與思想內容，論證〈宗本義〉非僧肇作❽⓿。就目錄方面言，石峻承乃師的說法，認為現行《肇論》，開卷冠有〈宗本義〉一篇，但舊錄僅載四論，而〈宗本義〉未著錄，殊可致疑。今讀慧達《肇論疏》，亦闕此一篇，因而論斷〈宗本義〉或為後人纂入，非僧肇所作。石氏繼從該篇的思想體系審察，發現〈宗本義〉不過揉合各家之談，於名相之辨實不精到，如云：「本無、實相、法性、性空、緣會一義耳。」此與僧肇的〈不真空論〉呵斥三家，而「本無」、「緣會」理應屬連類，為在呵斥之列，今則不再抨議彼「本無」、「緣會」二家，反把各宗空義，調合一起，肇公遣辭無

佛陀耶舍時在姑臧，由羅什請姚興迎來長安，譯出《四分律》及《長阿含》等典籍。故《長阿含經》的面世，適與僧肇同時，而譯者更是乃師的摯友同道，故不能以僧肇之曾為外人作序（指《長阿含經》非羅什所出），而例〈梵網經序〉也。

❼❾　湯用彤評論：「《肇論》……冠以〈宗本義〉，不知始於何時。舊錄僅載四論，而〈宗本義〉未著錄，殊可致疑。」見湯氏《漢魏兩晉南北朝佛教史》，頁 330–331。

❽⓿　見 1944 年國立北平圖書館《圖書季刊》，新第五卷，第一期，頁 23–32。

章，怎會至於此耶？至於其他的論證，恐累從略，最後石氏作出總結：「由此言之，〈宗本義〉決非僧肇之學，蓋其立說均著眼於無相，攝末歸本，明萬有為本無之所無（出?）。慧達《肇論疏·不真空論章》破三家說，引有慧遠本無義，其立說頗相似，則〈宗本義〉之思想，肇公或以為異執，豈可如後學之妄解其『首標一義，作四論宗本』者歟？」**❽1** 按：〈宗本義〉非僧肇所撰，可無疑義；大抵「肇論編者」，杜撰〈宗本義〉以冠篇首，一心以為可以統攝〈物不遷〉等四論的大義，怎知彼仍未能徹底掌握肇公深意，以致露出尾巴，弄巧而反拙。

## ㈥〈上秦王表〉

在現存的《肇論》中，〈上秦王表〉根本就是〈涅槃無名論〉的前言，把〈涅槃無名論〉的撰作緣起交待清楚——即是說〈涅槃無名論〉本來是依據秦王姚興和姚嵩問答涅槃所說的話加以發揮而成的。呂澂認為論文中也有糾正姚興所說的地方，不過因為是對待帝王，措辭委婉罷了 **❽2**。上表之事與〈上秦王表〉的內容，都明確地載於慧皎《高僧傳·僧肇傳》中。不過，先於慧皎的劉宋人陸澄，撰《法論》，於目錄中收僧肇的著作八篇，其中〈般若無知論〉下並附錄與劉遺民的問答 **❽3**，但於〈涅槃無名論〉下，卻並沒有附〈上秦王表〉**❽4**。由是前後體例極不一致，因此湯用

---

**❽1** 見上註所提《圖書季刊》，頁 24–25。

**❽2** 見呂澂著《中國佛學源流略講》，頁 108。

**❽3** 見《祐錄》轉載《陸澄目錄》，於第三帙〈般若集〉中，列〈般若無名（知）論〉，子注有「釋僧肇（著），（附）劉遺民難（及僧）肇答」之言。《大正藏》，五十五，83。

彤認為〈上秦王表〉的真實性值得懷疑❽。（固然，湯氏對〈涅槃無名論〉亦斷為偽作，下文當長言之。）及石峻著〈讀慧達《肇論疏》述所見〉一文，附錄〈說〈涅槃無名論〉之可疑〉，篇中把〈涅槃無名論〉與〈上秦王表〉一起否定其為僧肇的著作。有關〈上秦王表〉的否定，他除引湯用彤所提出的理由外，並從表中的內容加以論證。〈上秦王表〉有曰：

> （肇）在什公門下，十有餘載，雖眾經殊致（趣），勝趣（致）非一，然涅槃一義，常以聽習為先。

石按：什公學宗般若，……而僧肇又為中土三論學之祖，什公且嘗許之為「解空第一」。……（而僧肇）所作〈鳩摩羅什法師誄〉（亦）歎其師云：

> 方隆「般若」，以應天北。

前後宗趣，迥然而異，難以接受。上文是石峻否定〈上秦王表〉的主要論證，其餘恐繁不贅，讀者可參考原作，而睹其全豹❻。

不過其他學人，如呂澂、侯外廬、日人橫超慧日等，對湯、石師弟的看法，卻或有補留，或持不同見解，茲待論討〈涅槃無名論〉的真偽時，才一起與讀者交待。

---

❽ 同❸，於第一帙〈法性集〉〈涅槃無名論〉條之下，只注「釋僧肇」三字。

❽ 湯氏《漢魏兩晉南北朝佛教史》，頁330云：「《陸澄目錄》載有〈無名論〉，而未言及〈上秦王表〉……但關於此論，頗有疑點，當於後另論之。」

❻ 同❽，頁31。

## (七)〈涅槃無名論〉

這是僧肇作品中，引起最大紛諍的一篇。若依《高僧傳》、《祐錄》轉載《陸澄目錄》、《大唐內典錄》如是乃至各本《肇論疏》——如陳代的慧達、唐代的元康、元代的文才、明代的憨山等諸大家，如是自陳以來，凡有經籍可資徵信者，都沒有人懷疑〈涅槃無名論〉的真實性。唯自公元 1938 年，湯用彤發表了他的名作《漢魏兩晉南北朝佛教史》，憑著他的深沉的考證，敏銳的目光，發現前人著述很多疑謬，提出了很多前人所未提及的問題，其中對僧肇造〈涅槃無名論〉的懷疑與否定，便是突出的一例。湯氏此說，姑且不要理會他是否受民初「疑古學風」的影響，但他的立說卻立即引起中外學者的注意，因而對這問題進行更為深入的探討，其中包括湯氏的高弟石峻，日本學者塚本善隆、橫超慧日，以及奧學者 W. Liebenthal 等，五花八門，各放異彩。因此，不得不把這段諍論，分別簡述如下：

### 一者、湯用彤之說

湯氏在他的《漢魏兩晉南北朝佛教史》(或簡言《湯氏佛教史》)凡三次指出〈涅槃無名論〉疑非僧肇所撰：首在頁三三〇先指出〈涅槃無名論〉的前言部分(即〈上秦王表〉)頗有疑點，其詳已見上文。次在頁六五一至六五七。在此數頁，本論支道林的「頓悟義」。支道林認為修行者到了「第七地」雖功行未滿(十地始得完滿，成就法身)，但已神慧具足，能知一切，而悟理的全分，故可有「頓悟」了，頓悟有「諸結(煩惱別名)頓斷義」，有「不新義」(萬行皆備，再無新行)，有「不二義」(即悟其全分)，史稱之為「小頓悟」，與竺道生的主張頓悟在「第十地後」異，史稱道

生的頓悟為「大頓悟」。（按：大頓悟者：「深探實相之本源，明至理不可分」；「悟」是「極照」，「極照」者，冥符至理，理即不可分，則悟自不可有階段」──則「小頓悟」於「第七地」，還未究竟，尚有第八、九、十諸地修持，於是便有階段之分了。）湯氏認為頓悟之說，亦出於體（真如實性）用（證入真如實性的智慧）之辨。必須至佛金剛心後，成就法身，始有頓悟之極慧。而支道林以為七地結（煩惱）盡始見無生，乃謂頓悟在於七地。而究竟證體仍須進三位（即八、九、十地）。夫既須進修，則還未見理（究竟真如實性），怎可以名之為「悟」？又既須進修，則理便可分；理既可分，則慧可有二，支氏之說，實犯了自語相違的過失。（按：支氏「小頓悟」有「不二義」、「不新義」，即「不可分」、「不再修新行」故，見前說。）湯氏認為僧肇的〈涅槃無名論〉之談「頓悟」，是採支道林的「小頓悟說」，因此湯氏加以批判說：「支道之所言甚為支離，……因未徹底了然體用之不相離，乃拘執經文，以立頓說。……〈涅槃無名論〉持說與支公（道林）同。僧肇於體用問題徹底了然，似不應仍有此說，故此論疑非肇公所作也。」❽

　　至於第三次否定〈涅槃無名論〉是僧肇所造，則在《湯氏佛教史》第六七〇頁。湯用彤的論據有五。第一是此論文筆力與〈不真空論〉等不相似，這是從形式來懷疑〈涅槃無名論〉的真實性。第二是依據諸本《肇論疏》，謂本論嘗引及《涅槃經》。但僧肇死於公元 414 年，而《大般涅槃經》則譯出於公元 421 年，即法顯本六卷《佛說大般泥洹經》最早也要在公元 417–418 年才得問世。時代顛倒，此從外證以見〈涅槃無名論〉的可疑。第三是僧肇在什公逝後一年而亡❾，而其〈上秦王表〉中，引及姚興與安成侯

---

❽　結語，見《湯氏佛教史》，頁 657。

書。按彼書中所言，似什公去世已久。此從前後所反映的時間差異以見〈涅槃無名論〉的可疑。第四是本論「十演」所反駁之頓悟，顯為竺道生說。而「九折」中所斥之漸說，則為支道林的「七住（即『七地』）頓悟說」，也就是作者所贊成的「小頓悟」，而呵彈的，卻是竺道生的「大頓悟」。據湯氏所考，竺道生以前無持「大頓悟」者。生公立說在江南，且亦在肇死之後。此從思想內容出現的時代差異，以見〈涅槃無名論〉的可疑。第五是《大唐內典錄》有下列一條：

> 涅槃無名九折十演論，無名子，
>
> （今有其論，云是肇作，然詞力浮薄，寄名烏有。）

湯氏認為僧肇的〈涅槃無名論〉，其撰作方式是託「有名」與「無名」二子之爭辨而成的。故《內典錄》所言的「無名子」即指本論。若然，則前人評曰：「云是肇作，然詞力浮薄……」是疑惑之詞了。此從前人的微言，以證〈涅槃無名論〉的可疑。湯氏進而依本論〈難差〉以下等六章述主頓、主漸之辯，了無精義，與其他主漸悟諸家（如王弘、慧觀等）的作品相比，則證知《內典錄》所評本論「詞力浮薄」之不謬，故得出「似非僧肇所作」與「〈涅槃無名論〉，雖非出肇公手筆，然要亦（劉）宋初頓漸爭論時所作」的結論❽⑨。

---

❽⑧ 湯氏所用是僧肇〈鳩摩羅什法師誄〉之說，即羅什死於公元 413 年，而僧肇則卒於公元 414 年，故有「肇在什公逝後一年而亡」這句話。但若依慧皎《高僧傳》所載，則羅什卒於公元 409 年，離僧肇的去世便不是一年了。

❽⑨ 其文主要見《湯氏佛教史》，頁 670。

### 二者、石峻之說

石峻主要依據其師的立論與資料，來說明〈涅槃無名論〉的可疑。首先從文筆、體裁言，〈涅槃無名論〉採「十演九折」方法，不類肇公其他的三論。其二、在本論的前言裏（即〈上秦王表〉），謂：「在什門下，於涅槃一義，常以聽習為先。」此與史實不符，因無論什公或僧肇，主要以弘揚般若及龍樹三論為主流，與涅槃無關。其三、依〈上秦王表〉所述，〈涅槃無名論〉是應姚興答姚嵩書而作，依理則僧肇之學應與其相契，今從資料所得，則不見其契合。其四、若〈涅槃無名論〉為僧肇所作，則「十演」的思想當即肇公之學，但本論〈演開宗第一〉云：

> 五陰永滅，則萬累都捐，……
> 抱一湛然，故神而無功。……

而〈演位體第三〉又云：

> 然則聖人之在天下也，寂寞虛無。……
> 其為治也，故應而不為，因而不施。……

又曰：

> 心非我生，故日用而不動，紜紜自彼，於我何為？

〈演超境第五〉有曰：

> 六境之內，非涅槃之宅，
> 故借出以袪之。

是故就思想體系而言，則上述〈涅槃無名論〉中「十演」的內容，

多與肇公〈般若無知論〉等思想不合。至於第六點的論證，與湯氏雷同，今不贅錄❾⓿。

上述湯用彤與石峻師弟二人，分別從本論的體裁、文筆、史實、思想等等不同角度，論證〈涅槃無名論〉非僧肇所作；不過若干外國學者，對此卻持有不同的意見，茲繼續分述如下：

### 三者、W. Liebenthal 之說

奧國學者 W. Liebenthal 氏，醉心於《肇論》之學，於 1948 年以英文譯出《肇論》一書 (*Chao Lun, The Treatises of Seng-Chao*, a translation with Introduction, Notes and Appendices)，從書中的標目，已可見本書內容極為豐富，非僅是《肇論》的英譯本這麼簡單，其實就是 W. Liebenthal 氏對《肇論》研究的總集，也是西方學者對《肇論》研究的第一本總集❾❶。有關〈涅槃無名論〉的真偽問題，W. Liebenthal 氏首先把當時學者懷疑〈涅槃無名論〉非僧肇所造的主要論據，歸納成三個重點：

其一、姚興與姚嵩的對話，似言羅什逝世已久，但史載羅什不過先僧肇一年去世而已，本論與史實不符。

其二、疏者謂〈涅槃無名論〉嘗多處引用《大般涅槃經》，或法顯於公元 418–420 年所出的六卷《佛說般泥洹經》，而僧肇於公元 414 年已經去世。故此無可能。

其三、有關「漸悟」與「頓悟」的靜論，〈涅槃無名論〉中，

---

❾⓿　其詳見❽⓿，第 31–32 頁為本段文字的主要依據。

❾❶　見 Walter Liebenthal 的 *Chao Lun, The Treatises of Seng-Chao* 的〈初版前言〉(Preface of the First Edition)，裏面寫道："The Book of Chao has never yet been studied by Western scholars. Our study of Chinese Buddhism is still in its infancy."

有部分從慧觀的〈漸悟論〉(公元 438 年面世) 鈔來，可見此節的作者對慧觀的作品甚為熟習，於年分相校，必非出僧肇之手 (按：僧肇已於公元 414 年去世了)。

不過看問題不宜單從正面資料來看，也不宜只從反面資料來看，(按：如說「羅什先僧肇一年逝世」，這只是單從〈鳩摩羅什法師誄〉這份資料推演而來，若依《高僧傳》載，則羅什死後五年僧肇才逝世，那麼，是久是暫，便很難說了。) W. Liebenthal 氏卻懂得從正反兩面來看問題，所以作出了比較折衷的看法，他的結論可以分析如下❷：

第一、如僧肇果如《高僧傳》所載，其〈上秦王表〉是真實非訛的話，那麼，肇公嘗著〈涅槃無名論〉，但其第十四章以後，即有關「漸頓問題」(因與其他資料產生較大的矛盾)，則或為後人所竄改，或為後人所增益。

第二、竄改〈涅槃無名論〉的人，必非慧觀 (按：慧觀作〈漸悟論〉，而〈涅槃無名論〉在這漸悟的觀點上，與之相似)，因為慧觀已發表了自己的作品 (指〈漸悟論〉)，何必再借別人之名而作無謂的杜撰之事？

第三、第九及第十三節，曾先後把下列問題，作出不必要的重複解答：

> 若涅槃一也，則不應有三 (三乘不同的涅槃境界)，如其有三，則非究竟。究竟之道，而有升降之殊 (七地之後，初獲無生忍，還需進修八、九、十地等三位)，眾經異說，何以取中❸？

---

❷ 以下的評議，主要見於 *Chao Lun* 的 Appendix II, pp. 150–152.

以善文理的僧肇，怎會渾噩如此。故〈涅槃無名論〉中的第八至十三節，必經後人竄改。

　　第四、由於長安被毀於公元 430 年，〈涅槃無名論〉可能只餘若干殘簡，故現存本的〈涅槃無名論〉就是由原作的殘簡，以及自慧觀〈漸悟論〉中抄襲若干理論，因而揉雜而成——但真相是否確實如此，仍有待學人作進一步的研究。

　　四者、橫超慧日之說

　　對僧肇〈涅槃無名論〉的諍議，如果用「佛教」的術語來說，湯用彤與石峻以「破」為主，奧學者 Walter Liebenthal 氏則以破

---

❸　這問題出於〈難差第八〉：「有名曰：『而放光云：三乘之道，皆因無為（不同的涅槃境界，「無為」於此，是「涅槃」義）而有差別。佛言：我昔為菩薩時，名曰儒童，於然燈佛所，已入涅槃。儒童菩薩，時於七住（即第七地），初獲無生忍，進修三位。若涅槃一也，則不應有三，如其有三，則非究竟。究竟之道，而有升降之殊，眾經異說，何以取中耶？』」

針對上述問題，〈涅槃無名論〉中的〈辯差第九〉答言：「無名曰：『然究竟之道，理無差（別）也。《法華經》云：第一大道，無有兩正，吾以方便……於一乘道，分別說三。……而難云：三乘之道，皆因無為（涅槃）而有差別。此以人（有）三（種淺深不同之智），（以）三（種智以了證）於無為（涅槃），非無為（涅槃）有三也。故放光云：涅槃有差別耶？答曰：無差別，但以如來結習（煩惱種子）都盡，聲聞結習不盡耳。』」

於〈辯差第九〉答已，〈涅槃無名論〉不厭其煩，再於〈明漸第十三〉（按：W. Liebenthal 氏誤作第十四章，見該書頁 152。）重複答言：「無名曰：『無為（涅槃）無二，則已然矣。結是重惑，可謂（如來於一時）頓盡……三獸渡河，中渡無異，而有淺深之殊者，為力（智）不同故也。』」

立兼施的折衷融會為主，而日人橫超慧日則以「救」為主。橫超慧日著長文〈涅槃無名論とその背景〉❾❹，內容極為豐富，目次計有：

一、序說

二、本書製作的由來

三、涅槃無名說的先驅

四、三乘十地的課題

五、本書的大要

六、〈涅槃無名論〉的作者

由於橫超慧日把一個問題擴展成一篇長篇的專著來處理，所以我們由於篇幅所限，也不宜把它的全部內容一字一句地如實譯出，而只能撮取重點，就與課題有關的地方作簡略報導與闡釋而已：

其一、僧肇之作〈涅槃無名論〉有其特殊的背景，與撰〈物不遷〉等論截然不同。甲、從姚興與姚嵩的答問，反證僧肇作本論確有其客觀的因緣。乙、〈涅槃無名論〉本自姚興，而僧肇不過敷衍其說（按：一如呂澂所言，肇公本亦有糾正姚興所說的地方，不過措辭委婉罷了）。丙、〈涅槃無名論〉雖出於《大般涅槃經》之前，但「涅槃」的概念早已東傳，或翻為「泥洹」，或翻為「泥曰」，或翻為「涅槃」❾❺，又當時所出大乘經，有關「涅槃」的概念，亦只分「有餘」、「無餘」兩類。（按：《金剛經》亦只說：「我皆令入無餘涅槃而滅度之。」「自性涅槃」和「不住生死涅槃」還未譯出，所以僧肇仍說二種涅槃是合理的，故無從發揮涅槃的積

---

❾❹　文本輯於塚本善隆主編的《肇論研究》中，列第二篇，即頁 167–199。

❾❺　見道安〈陰持入經序〉、〈比丘大戒序〉等，見《祐錄》，卷六，《大正藏》，五十五，44, 80。

極意義，一如竺道生依《大涅槃經》所作出的貢獻。）丁、〈涅槃無名論〉亦從「三乘」、「十地」等思想發展而來，（按：「三乘」、「十地」與「涅槃」的關係，支道林、釋道安等已有討論，而「七地」為「頓悟無生法忍」的階位，早已是共許之事。）故僧肇本論對支道林之說實有所發展。（按：從「涅槃無相」發展到「涅槃無名」，而非同於支道林因而預知其說將會與竺道生對立的。）戊、〈涅槃無名論〉中的「無」或「無名」的觀念，也不是僧肇個人所單獨創製的。因為「無」、「不可說」、「無名」等術語正是魏晉學者名士之所常談，如釋道安在〈道行經序〉裏便有「……遊法性，冥然無名」之說❾⑥。

由此可見僧肇的〈涅槃無名論〉，無論在撰著緣由，命題立意，思想背景，皆有所本，均與時代思潮相應。下面是針對湯、石等說，一一提出不同的論調，以見〈涅槃無名論〉由僧肇所造，非無可能。

其二、對湯氏所評〈涅槃無名論〉之作，由於時代的差距，實不可能引及〈涅槃經〉的文字這一責難，橫超氏認為「引《涅槃經》」之言，是注疏家之己見，譬如「五陰永盡，譬如燈滅」等，

---

❾⑥ 序云：「執道御有，卑高有差，此有為之域耳，非據真如遊法性，冥然無名也。」（「遊法性」，便是「涅槃」義。）見《祐錄》，卷六，《大正藏》，五十五，47。

他如《三國志》，卷二十八，〈鍾會傳〉裴松之注，曾引王弼說：「聖人體無，無又不可以訓，故不可說。」

又《列子・仲尼篇》張湛注，引夏侯玄曰：「天地以自然運，聖人以自然用。自然者道也。道本無名。」

又《莊子・齊物論》郭象注云：「夫物有自然，理有至極，循而直往，則冥然自合，非所言也。故言之者孟浪，而聞之者聽熒。」

諸經常見，不能說是引自《涅槃經》第九卷。同理，所言「入於涅槃而不般涅槃」文，與《維摩經・問疾品》所言「住於涅槃不永滅度」的意義相契，不能妄斷其出自《新涅槃經》而非議之。且〈涅槃無名論〉不曾舉出《涅槃經》的名字，而所謂「經曰」者，亦不是徵引《涅槃經》文，而是指「諸經之大況耳」，《元康疏》亦間有明言之者❼。至於他處元康把「經曰」解說為引自《涅槃經》者，其緣由有二：一者，他忽略了僧肇之世，《大涅槃經》還未譯出；二者，他把〈玄得第十九〉演論中「且談論之作，必先定其本」的「本」字，誤疏作「本宗」義、「涅槃宗」義（以《涅槃經》為本的宗派），於是先入為主，還把不一定引用《涅槃經》的地方，亦強定之為出自《涅槃經》。其後各家注釋〈涅槃無名論〉者，多未深察，陳陳相因，於是多把「經曰」的引文，都說出自《涅槃經》了。若僧肇的〈涅槃無名論〉，果徵引後出的《大涅槃經》文，則其是否真為僧肇所作，便大可懷疑。但今本論原文，並沒有徵引《大涅槃經》的原文，而只有注疏家穿鑿之說，那麼，〈涅槃無名論〉是否為僧肇所作這點懷疑，就引文為論據，是不能成立的。

　　其三、羅什、僧肇的貢獻，雖主要在傳入三論的思想，矯正時人對般若觀念的錯謬，但未嘗對「涅槃」一義，無所重視。就如僧肇在《注維摩經》中，曾多處引及「涅槃義」：

　　　　〈弟子品迦葉章〉云：「涅槃無生死、寒暑、飢渴之患，其道平等，豈容分別。」〈弟子品迦旃延章〉亦云：「小乘以三界熾然，故滅之以求無為（涅槃）……大乘觀法本自不然，

今何所減？不然，不滅乃真寂滅（真涅槃）。」

此亦與「涅槃無名」的思想若合符節，雖是一鱗半爪，但見微知著，則〈上秦王表〉中所謂「涅槃一義，常以聽習為先」之言，亦不應視作空談，全無事實的依據，全無思想線索可尋了。況僧叡於〈喻疑〉中亦有所云：

> 什公時，雖未有大般泥洹（涅槃）文，已有《法身經》，明佛法身即是泥洹（涅槃），與今所出，若合符契。此公若得聞此佛有真我，一切眾生皆有佛性，便當應如白日朗衿，甘露潤其四體，無所疑也。

如是「涅槃」一義，羅什師弟，當無所忽略了。

其四、湯氏疑羅什死後一年，僧肇便卒，何以姚興與姚嵩書函中，使人有「什公去世已久」的感覺？此乃由於所依資料不同之故。若依〈鳩摩羅什法師誄〉，則羅什卒於公元 413 年，早僧肇一年而已；但若依《高僧傳》，則羅什之死有多說，或謂弘始七年（405 年）、八年（406 年）、十一年（409 年）等。如取弘始十一年說，則羅什之死與僧肇作〈涅槃無名論〉時，已相去五年，「已久」的感覺，當亦不會產生太大的疑猜吧。

其五、至於「大頓悟」與「小頓悟」之辨，亦是注疏家為了解說上的方便，把後期發展的分類思想，套用在早期的思想上，因而產生了錯誤，而並非僧肇有意在思想上與竺道生對立。（按：僧肇僅從修行階位而說「漸」，因而與支道的「小頓悟」相似而已，而不能說即「小頓悟」的思想，因為僧肇說「漸」不過是早期的思想罷了 ❾❽。）

其六、據《大唐內典錄》說〈無名論〉者，無名子作，其意
在寄名烏有，但〈涅槃無名論〉兼取有名無名，其意義何在，則
無所解說，據此以疑〈涅槃無名論〉非僧肇之作，實不應理。又
以「詞力浮薄」來品隲〈涅槃無名論〉，為註文者是否具此學養能
力，橫超慧日表示頗成疑問。（按：《大唐內典錄》在餘處正文中，
皆說本論是僧肇所作❾，故本條的可靠性也值得懷疑。）

此外，諸家又謂〈涅槃無名論〉的文章筆力，使人有不如〈不
真空〉等論的感覺，甚至與後期主張漸悟的王弘等相比，也有所
不如，因疑本論非僧肇所作。其實此乃對客觀原由，有所忽略所
致。因為〈不真空論〉等篇，是僧肇自發之作（故其勢雄，其力
厚），至於〈涅槃無名論〉，則是敷演姚興之說而成篇（故其勢浮，
其力薄），至於王弘等所陳的漸悟說，是作者親身投入諍論之作，
其措辭自然強烈，而僧肇並無參與頓漸之爭，僅假託「有名」、「無
名」之辯而施設為文，則筆力自有不同，於斯可解。

從上述的七個角度來作反省，橫超慧日認為〈涅槃無名論〉
是僧肇作品，殆無疑義。然而中國的其他學人，卻未能把他的論

❾ 有關「漸悟」之說，後人作疏，以為是〈涅槃無名論〉援引慧觀的
　〈漸悟論〉所成，而沒有作出反省：慧觀亦有可能受〈涅槃無名論〉
　的影響，而後作出〈漸悟論〉來。

❾ 其實唐・道宣撰《大唐內典錄》，曾多處提及僧肇的著作，除上文外，
　還於
　(a)卷三：「沙門釋僧肇，四部四卷論。」（《大正藏》，五十五，252）
　(b)同卷：「般若無知論，不真空論，物不遷論，涅槃無名論，右四部
　　　四卷，晉安帝世，京兆沙門釋僧肇作。……」（《大正藏》，五十五，
　　　254）
　可見《內典錄》根本是肯定〈涅槃無名論〉是僧肇所作無疑。

斷完全接受過來，不過亦或多或少影響著他們的撰作取向，茲略述如下。

### 五者、其他學者的觀點

現代學者呂澂認為《肇論》中〈涅槃無名論〉一篇，其體裁、文筆，都和前幾篇不大同，現代的人對它發生懷疑，以為非僧肇所作。呂氏然後引述諸家的說法，不過對文獻上的證明，卻提出不同的意見。如道宣《大唐內典錄》中說：「涅槃無名九折十演論，無名子，今有其論，云是肇作，然詞力浮薄，寄名烏有。」但呂氏認為《內典錄》原文「無名子」以下一段，是批評另外名為《無名子》的一書，與〈涅槃無名論〉無關，舊刻本（宋本）就一直把前後兩書分列的。因而此論是否僧肇所作，還可以研究。由此之故，呂氏在討論《肇論》時，是四論兼備，並沒有把〈涅槃無名論〉提取出來而不把它論述的❿。

另一位研究《肇論》的學人方立天，嘗試把各方面的諍論作個評鑑，他說：「對這篇（〈涅槃無名論〉）論文的真偽，中外有關學者的看法分歧頗大。湯用彤和石峻從論文的體裁、文筆、史實和思想幾方面提出根據，論證該文非僧肇作。日本學者橫超慧日撰寫〈涅槃無名論及其背景〉一文，提出相反論據，肯定〈涅槃無名論〉確係僧肇所作。該文對於辨別、確定〈涅槃無名論〉的作者，提出了不少有益的論據，但是對於〈涅槃無名論〉在思想內容上和〈不真空論〉、〈般若無知論〉的某些差異，以及〈上秦王表〉中僧肇自言：『在什公門下十有餘載，雖眾經殊致，勝趣非一，然涅槃一義，常以聽習為先。』顯然與僧肇學習般若學的學歷有大相逕庭的地方，仍缺乏圓滿的說明。」因此他在討論僧肇的思

❿　見呂澂著《中國佛學源流略講》，頁 101 及頁 108。

想時，便把〈涅槃無名論〉剔除，他的解釋是「在目前情況下，暫且不把〈涅槃無名論〉和其他三論結合起來闡述僧肇的佛教哲學思想，似乎更有助於揭示其思想的本質特徵」**⑩**。

　　至於研究中國思想史的學者，早期有馮友蘭著《中國哲學史》，但他對〈涅槃無名論〉的真偽問題都沒有論及**⑩**。即當代學人勞思光撰《中國哲學史》，於第二卷中論及僧肇思想，但對〈涅槃無名論〉竟無所提及**⑩**。至於《肇論》的英譯本，除奧學者 W. Liebenthal 的作品外，國人徐梵澄亦翻了一部，名曰 *Three Theses of Seng-Zhao*（即漢語《僧肇三論》）。它之所以名為「三論」者，正因為徐氏把〈涅槃無名論〉刪掉了去。他在〈序言〉裏解釋說：「〈涅槃無名論〉由於原本殘缺，可能經後人篡改……所以僧肇四論之中，祇好把其中三論，譯為英語了。」**⑩**

　　真想不到有關〈涅槃無名論〉的真偽問題，花費中外學者偌大的力氣，還不能清晰明確地找出一個各方面均可以接納的客觀論斷來。愚按：就史料來論證，自六朝以來，一切經目，皆已明載〈涅槃無名論〉是僧肇所作，其中間有疑難（如《大唐內典錄》有關「詞力浮薄」的問題），橫超慧日與呂澂都已把它解決了，就本論的思想內容說，其主要部分，如〈開宗第一〉所陳述的：

---

**⑩**　見方立天所撰《僧肇》，輯於《中國古代著名哲學家評傳》，第二卷，頁 389–390。

**⑩**　見民國十九年出版的《中國哲學史》，頁 676 至頁 684，〈涅槃無名論〉全沒提及。至於 1986 年出版的《中國哲學史新編》，第四冊，雖談本論思想，但沒有辨其真偽。

**⑩**　見勞思光《中國哲學史》，卷二，頁 262–266。

**⑩**　見徐梵澄譯注《肇論》(*Three Theses of Seng-Zhao*)，頁 8。

　　涅槃無相，故是無名。

均與僧肇的般若思想相契合。而所引經論，如《放光》、《道行》、
《中論》等，亦可以導出此結論；就以《中論‧觀涅槃品》為例，
引文說：

　　涅槃非有，亦復非無，
　　言語道斷，心行處滅❿。

《中論》的引文，正可以支持本論「涅槃無相，故是無名」的旨
趣，而加以補充的解釋。

　　至於「十演九折」之中，何者是有所增益，何者是與僧肇的
其餘三論不相協調，那便需要我們把「十演九折」加以逐點分析，
然後與其餘三論的思想逐點比較，庶幾可以找出一些頭緒來。

---

❿　《中論》的原文，本分很多首頌來迫出「涅槃非語言文字所行境界」，
　　而僧肇引文，多只取其意義的梗概，而非依文逐一徵引，故文字與
　　《中論》原文頗有出入。

# 第三章

# 背　景

# 一、政治背景

　　無可否認，僧肇是一位會通華梵、促進中印文化交流而又對後世有深遠影響的思想家。他的成就，一半由他的天分稟賦，獨特喜好，以及個人的努力所培養出來，一半卻由於客觀環境——包括政治的背景和思想文化背景——影響，分別從精神及物質方面，左右了他的發展方向。所以在我們還沒有深入探討僧肇的思想學說之前，試讓我們把他的政治背景和文化背景，作個鳥瞰式的探索。

　　即如前兩章所述僧肇的生卒年代是公元 384 年至 414 年（或云 374 年至 414 年），而他的四大專論（即〈般若無知論〉等四論——他的思想體系的反映，亦即我們研究僧肇學說的主要依據），大約寫成於公元 405 年至 413 年之間。要對僧肇所處的時代有個較清晰的理解，我們不妨把漢末到姚秦覆滅的這段歷史來個簡單的回顧。為了述說上的方便，我們把它劃分四節來處理：

## 甲、異族的入侵與移民

　　從東漢桓靈之世（公元 147 年至 189 年）始，黃河流域的關中（即陝西省西安市一帶）地域，由於戰亂頻仍，加以年年的饑饉，漢人便逐漸向東南移徙，而關中地帶的空缺，正給予以游牧為主的異族（包括：匈奴、鮮卑、氐、羌、羯等五大族）一個黃金機會，漸漸侵入而加以填補。而他們的生活方式，也慢慢改為農

耕，日漸受漢人的同化，不過他們仍保持著游牧民族的強悍個性。

　　一者、匈奴——於東漢移居西河郡（今山西地）。改為劉姓。到了西晉，其族已擴展到數十萬之眾。

　　二者、鮮卑——曹魏時代，諸部大族中，宇文氏、慕容氏、拓跋氏相繼而起。宇文氏居遼東塞外。後慕容氏擊敗宇文氏而入居遼西郡（今河北至遼寧地）。至於拓跋氏本居并州（今山西地）的塞外〔曹魏時，曾派大將鄧艾收容鮮卑人數萬於隴西(甘肅地)〕；到了西晉末年，他們卻進入了并州居住。

　　三者、氐族——魏晉年代，已散居扶風（陝西）、京兆（西安）等地。其酋長苻洪之孫苻堅，後繼位而逐漸擴張土地，統治黃河流域一帶，並重視中原漢族文化，對儒學和佛學，都予以積極的提倡❶。

　　四者、羌族——他們向來居住於中國的西部。漢末則散居關中（陝西的西安一帶），與漢人雜處，於是關中人口增至百萬，與鮮卑各半。

　　五者、羯族——他們是具有匈奴血統的民族，居上黨郡（山西地）。


## 乙、東晉與外族的對峙


　　司馬炎於公元 265 年篡魏而有天下，建立大晉王朝，（在位 25 年，為晉武帝。）二傳至惠帝，在位 17 年，便發生「八王之亂」。三傳至懷帝，在位六年，前趙劉曜（匈奴人）與石勒（羯人，後

---

❶　迎取鳩摩羅什東來長安，最初是苻堅所決定的，並派呂光加以處理其事。

建立「後趙」）陷洛陽，懷帝被擄遇害，時為公元 313 年。四傳至愍帝，在位四年，劉曜再陷長安，被擄而亡，時為公元 316 年，西晉遂為兩胡所滅。元帝司馬睿渡長江，建都於建業（今南京），建立東晉（公元 317 年），便成漢胡南北對峙之局。及後氐人苻堅（前秦）坐大，統治黃河流域一帶，並南下以圖吞晉，幸公元 383 年淝水一役，苻堅挫敗，而南北對峙之勢，便得以繼續保持。

淝水一役之前，北方外族，相繼立國，戰事頻仍，終於公元 365 年前後，由前秦苻堅敗滅前燕、前涼諸國，因而統一黃河一帶，與東晉南北相對。及淝水戰敗，為姚萇所殺，但東晉無力北伐，江北仍是胡人的天下。

## 丙、漢族之遷徙與南北的溝通

西晉由於實施「九品中正」的官制，門第之風極盛。八王亂後，名門望族已開始南徙。西晉滅後，大族（如王導、謝安）於江表扶持晉室，與北方外族對峙。故《世說新語》有「新亭對泣」的感人記載❷。

至於中下級的士族，不為西晉所倚重，反而在江北與外族安居共處，並扶助外族立國，以與晉室抗衡（如羯人石勒之國——後趙，就是由於獲得漢人張賓等謀士的協助，把西晉首相王衍等高級的士族重臣幾乎全部殺盡，後來並把懷帝擄去）。但是平民百

---

❷ 劉義慶《世說新語・言語第二》云：「過江諸人每至美日，輒邀新亭，藉卉飲宴。周侯中坐而歎曰：『風景不殊，正自有山河之異。』皆相視流淚。唯王丞相愀然變色曰：『當共戮力王室，克復神州，何至作楚囚相對？』」

姓，由於備受異族的壓迫，對晉室仍是引領思望的——所以當宋武帝劉裕北伐，至關中，百姓真正裏糧相逢，《孟子》所謂「簞食壺漿，以迎王師」，在歷史上是得過見證的。

漢胡兩個（或多個）政權於南北對峙之勢，江北與江南的民眾（以漢人為主）的往還仍屬通行無阻的。如竺道生經常往還於京兆與廬山、建業之間；羅什、僧肇與慧遠、劉遺民書信往來不絕❸。正由於南北溝通無阻，所以後來羅什所出經論，如《金剛經》、《彌陀經》、《法華經》、《中論》、《百論》、《十二門論》、《大智度論》、《維摩經》等，不久即可以流通於大江南北，依此等經論，更成立了「三論宗」、「淨土宗」、「天台宗」等中國化的佛教宗派。同時第一位為《肇論》作注疏的，並不是北朝的大德，而卻是南朝陳代的慧達，可見南北的溝通無阻，正是南北文化得以交流的主要因素。

# 丁、長安的治亂興衰

依《高僧傳》所載，僧肇是京兆長安人，故長安的一治一亂，對僧肇思想的成長，與後期在文化史上的成就是有決定性的影響的，所以我們不能不對長安在這時代的治亂興衰加以一番考察。

公元 311 年

前趙劉曜攻陷長安（先陷洛陽，擄害懷帝，後陷長安，晉室危殆），關中饑荒連年。早在晉惠帝時（公元 291 年至 306 年）以

---

❸　羅什所著《大乘大義章》（亦名《鳩摩羅什法師大義》），就是由廬山慧遠問，長安羅什答的一篇作品。見《大正藏》，四十五，122–142。又劉遺民與僧肇問答「般若無知義」，已見上章，今不重贅。

屢遭戰禍，人民早已大量流亡。今所餘者，更是屍骨遍地，生存
的不足百分之十二。

公元 312 年

晉軍反擊，劉曜擄關中遺民八萬，棄長安。晉軍立愍帝嗣位。

公元 316 年

劉曜再陷長安，愍帝降，被殺。

公元 319 年

劉曜正式建都長安，國號趙。（史稱「前趙」，以別於石勒的
「後趙」，因是時羯人石勒，稱趙王，都襄國，即今河北邢臺。）
自此劉曜與石勒交戰不休。

公元 328 年

石勒與劉曜戰於金墉（今洛陽之東），擒殺之。

公元 329 年

石勒使石虎入關，執太子劉熙，前趙遂亡。

公元 352 年

後趙享國二十多年卒為前燕慕容恪所滅，但鮮卑人慕容恪卻
不都長安，改都於鄴（今河南地）。（後於 370 年為前秦苻堅破鄴
所滅。）

同年氐人苻健據關中，都長安，即為前秦。

公元 354 年

東晉殷浩北伐失敗，免官，桓溫率師四萬攻秦。桓溫軍分數
路，漢族男女夾道相迎，大敗秦太子苻萇五萬大軍，苻健率老弱
殘兵六千守長安。惜桓溫至灞水（長安市東），即停止前進。苻健
派使東晉，請受官爵。桓溫被迫退兵。

公元 355 年

　　苻健死，苻堅立。勵精圖治，國勢日盛。370 年出兵消滅前燕慕容氏，把王公百官及鮮卑四萬戶自鄴遷到長安，又遷關東豪強及諸夷十五萬戶到關中。373 年，再取蜀，滅前涼，佔黃河流域及長江上游廣大幅員的土地。於是江北一帶，盡入前秦的版圖。

## 公元 383 年

　　苻堅大舉侵晉，但淝水一役，大敗而回師洛陽；百萬人往，十萬人歸，軍心已為之動搖。敗軍再回長安，於是強大統一的前秦，再分裂為燕、秦、涼及其他眾多的小國，而彼此又互相攻奪。

## 公元 385 年

　　姚萇殺苻堅，取長安，自稱秦帝（史稱「後秦」）。

## 公元 393 年

　　姚萇死，姚興立，簡省法令，謹慎斷獄，獎勵清廉，大興儒學(長安儒生過萬)。繼而自姑臧延請羅什到長安（在公元 401 年），出諸經論（長安和尚五千人）。文治武功，一時鼎盛（按：武功方面，於公元 400 年降西秦，403 年滅後涼……）。於是使近百年戰亂不休的長安，一時興盛起來，成為江北的政治、經濟、文化的中心，回復過去的光明璀璨的面貌。如是在位二十餘年，造就難得一見的昇平盛世。

## 公元 416 年

　　姚興死，子姚泓立（按：當時羅什已去世七年，而僧肇去世則僅二年而已）。

## 公元 417 年

　　東晉劉裕（時還未篡晉），揮軍北伐，自彭城西進，直搗長安，民心大快。破城之後，留子劉義真守長安，自回建業。後於公元 420 年篡晉而有天下（即為南朝的第一個王朝──劉宋）。

## 公元 418 年

劉裕所留長安的將師（如沈田子、王鎮惡、王修等）竟自相殘殺。鷸蚌相爭，結果自是漁人得利。劉裕之子劉義真卒為外族赫連勃勃所追殺，長安居民及劉軍損傷慘重。自是長安兵燹不休，永無寧日了。

中國古都長安，自東漢末年以來，幾乎與饑荒戰亂結了不解之緣。僧肇就在這個漢胡南北對峙的大時代裏，於各民族雜居的長安古城出世，成長，完成自己的譯經與著作的文化使命。還幸在僧肇的短短三十多年的生命歷程中，他還能在那長期動亂中的一段短暫的昇平日子裏，去成就他那份影響深遠的文化事業。正如上文所述，如果僧肇在公元 384 年出世（依《高僧傳》載），則那是淝水戰後的一年，翌年苻堅被殺，在姚秦統治下，過著三十年和平的生活以完成他的事業。如果僧肇生於公元 374 年（如日人塚本善隆所假設者），則淝水之戰在他九歲時爆發，但戰場卻在南方，對僧肇這個孩童時的生活應不會產生太大的影響。其後苻堅既歿，又可回復平靜的學術生活。

同時，僧肇所處身的長安，是數百年來最安靜、最興旺的長安。因為當苻堅在公元 355 年繼位之初曾勵精圖治，在武功方面，敗滅慕容氏，鞏固長安的政治地位；在經濟方面，遷慕容氏的王公百官及鮮卑四萬戶到長安，又徙關東豪強及諸吏十五萬戶至關中，以鞏固長安的經濟地位；在文化方面，又對儒學佛學加以提倡，以鞏固長安的文化地位，如延請釋道安到長安，除講演經論外，還負責組織譯經工作，在曇摩難提等胡僧努力之下，譯出《中阿含經》、《增一阿含經》、《三法度論》等❹。可見在苻堅在位的

❹ 見巨贊所撰〈道安〉一文，收於《中國佛教》㈡，頁 20–26。「曇摩

時候，長安逐漸恢復往昔繁華興盛的氣象。及至苻堅淝水失敗，姚萇繼位；萇死，姚興繼位。此後二十餘年在姚興的悉心統治下，無論文治、武功、經濟、文化都有出色的表現，羅什的三百多卷的經論，就在這樣一個文化中心翻譯出來的。只有在這二十多年的安定、和平、繁榮的長安城裏，一個以備書為業的貧民，才得以備盡墳籍，遊心於莊老，頂受《維摩》，兼通三藏，師事羅什，助譯執筆，撰著經注、經序，最後完成其〈般若無知〉等四部偉大的論著。所以，僧肇的獨特思想體系得以在這個短暫的昇平日子裏完成，其實正是僧肇的福氣。因為就在他死後的第二年（公元 416 年）姚興旋即駕崩，再過一年（公元 417 年）長安再陷入戰爭的泥塗炭火之中。如果他遲生十年，僧肇能否完成其偉大的《肇論》便成疑問。即使他的最後著作〈涅槃無名論〉，亦由於死後長安遭逢動亂而有所散佚，因而引起上述這麼多的問題來。

## 二、思想背景

　　政治背景，只足以提供物質環境來發展學人的文化生活與學術創作。而文化生活與學術創作自有其思想源流和時代風氣，此種源流與風氣，都足以直接地或間接地影響著學人天才稟賦的發揮與學術創作的表現。僧肇學術上的成就，自然也不能擺脫此種思想背景的左右。

難提」在《大正藏》卷一譯為「瞿曇僧伽提婆」，恐同名而異譯。此外由鳩摩羅跋提翻出《毘曇心論》、《四阿鋡暮抄》，曇摩鞞翻出《摩訶鉢羅蜜經抄》、耶舍翻出《鼻奈耶》等。

# 甲、魏晉玄學

　　僧肇生於東晉之世，自然也受著當時流行的魏晉玄學的影響。

　　魏晉玄學的流行，是與儒家學說式微互為表裏。自漢武帝罷黜百家，獨尊儒術，設置五經博士，固然可以鼓勵學人，從考據訓詁方面以探究儒家經傳的真義。不過漢人對儒家卻太過側重文字訓詁，而對儒家思想真義不但無所發揮，反而把它曲解了與誤導了。如主張「窮天人之際，通古今之變」的董仲舒，著《春秋繁露》，竟然不談《春秋》的微言大義，而大大宣揚「五行」、「陰陽」、「災異」之說，與孔子所力申「不語怪、力、亂、神」的思想根本就背道而馳，如董氏所謂：「刑罰不中，則生邪氣。邪氣積於下，願惡畜於上，上下不和，則陰陽繆戾而妖孽生矣。此災異所緣而起也。」❺原來「天人合一」就是這樣的一回事，多可惜呢。

　　延及東漢，讖緯之學極其流行。「讖」者，詭為隱語，預決吉凶；「緯」者，經之支流，衍及旁義，如「河圖洛書」是也❻。跟著便是「象數之學」的流行。其源出於《易傳》，所謂：「易有聖人之道者四焉：以言者尚其辭，動者尚其變，制器者尚其象，卜筮者尚其占。」❼〈繫辭〉傳是孔子所作〈十翼〉之一，依近代學人所考，一致認為是兩漢杜撰之作罷了。所以兩漢談《易》，根本無法離開象數而發揮「易學」的本義，所以逮及魏晉，有王弼注《易》，提出「得意忘象」的主張，雖然以《老》說《易》，「尚無

---

❺　《前漢書》，卷五十六，〈董仲舒傳〉。

❻　見《隋書・經籍志》，《隋書》，卷三十二。

❼　見《周易・繫辭傳》。

賤有」，有乖《易》的本意；但漢人治《易》，已入於邪途，使孔孟的義理盡失，而王弼之出，正得其時，惜只能撥亂，卻未能反正耳。

爰及魏晉，兩漢讖緯、災祥、象數之學再不能束縛時人的思想，加上當時門第制度的推廣，結果弄成「上品無寒門，下品無世族」的局面❽。於是名門望族之士，過著「用之無節」❾的放誕生活，於是從清談詰辯，辭喻取勝。比如鍾會、裴頠、王敦、謝玄等都是個中能手，至於何晏、王弼、向秀、郭象，更是青出於藍了──後人所謂「何晏能清言」、「王弼通辯能言」、「向秀最有清辭遒旨」、「郭象言類懸河」當足以反映其實況吧！

清談高手，除了名流士族之外，亦有避世之士，明哲保身者，嵇康就是最典型的一位了。

魏晉世尚清談，但清談也有所談的風尚。那麼「三玄」──《周易》、《老子》、《莊子》就是當時的顯學了。王弼注《周易》，注《老子》，並撰《周易略例》，向秀、郭象注《莊子》❿。他們以合儒道為名，而實把「易學」都歸為道家的一支。

魏晉玄學，由清談的主題不同，也有派別可分：一者是「才

---

❽　用衛瓘反對「九品中正」制度的話。

❾　用范寧反對「九品中正」語。

❿　《世說新語‧文學第四》有這樣的一段記載：「先是注《莊子》者數十家，莫能究其旨統。向秀於舊注外，而為解義，妙演奇致，大暢玄風，惟〈秋水〉、〈至樂〉二篇未竟，而秀卒。秀子幼，其義零落，然頗有別本遷流。(郭)象為人行薄，以秀義不傳於世，遂竊以為己注。乃自注〈秋水〉、〈至樂〉二篇。又易(改注)〈馬蹄〉一篇。其餘眾篇，或點定文句而已。其後秀義別出，故今有向、郭二《莊》，其義一也。」此可見今本《莊子向郭注》的撰述因由。

性派」，二者是「名理派」**⓫** 。

## 才性派

「才是才質」，「性是天賦」。天賦的才性便是「才性」**⓬** 。勞思光先生用三分法以論「人之性」：

```
        ┌─ 心性 ── 對應於「德性我」
人之性 ──┼─ 物性 ── 對應於「認知我」
        └─ 才性 ── 對應於「情意我」⓭
```

故「才性派」的玄學只能作「情意性」的觀賞。如對人物的品評便是。如三國魏人劉劭便是「才性派」的創始人。他說：「凡人之質量，中和最貴矣。中和之質，必平淡無味。故能調成五材（五行），變化應節。是故觀人察質，必先察其平淡，而後求其聰明。」**⓮**

此外，劉劭還著《人物志》，把人物分為十二家：清節家、法家、術家、國體、器能、臧否、伎倆、智意、文章、儒學、口辨、雄傑等。此由人性天賦的「體別」進而作「流業」之分，即順其內在之體別，復進而順其才質情性之能盡何種理而區分**⓯** 。由此

---

**⓫** 「才性派」發展在前，「名理派」發展在後，故牟宗三先生著《才性與玄理》一書，以之泛論「魏晉玄學」。讀者披尋，自可明其終始。

**⓬** 牟宗三先生認為：「魏晉之玄學，其前一階段為才性。……『才性』者自然生命之事也。此一系之來源是由先秦人性論問題而開出。但不屬於正宗儒家如《孟子》與〈中庸〉之系統，而是順『生之謂性』之『氣性』一路而開出。」見《才性與玄理》的序文。

**⓭** 此表是從勞思光先生的《中國哲學史》，第二卷，頁 154-155 所論，概列而成。

**⓮** 劉劭，於《三國志・魏書》中有傳。引文出自所著〈九微篇〉。

**⓯** 其詳，見《才性與玄理》的第二章。

故知「後天的進德」，只可以發揮「其才質的極限」，而不能改造才質者。

「才性派」的第二個代表人物應是鍾會，他著了《四本論》，論述才性的同、異、離、合等問題。今以篇幅所限，只好從略❶。

## 名理派

本派託《易》、《老》以討論「形而上學」問題，故名「名理派」。蓋孔子基於人的「職分」而談「正名」，此屬道德性；老子以「符號的指謂」為「名」，此屬邏輯性。但此是先秦的旨趣，到了魏晉，則「名」者唯就「形而上學」而言之；而「理」者則指「事物性質及規律」。故「名理之學」就是探討「形上規律」的一門學問了❶。

「玄理派」可說是「魏晉玄學」的主流，其代表人物包括何晏、王弼、向秀、郭象等名士，可謂一時之彥，而所談論的課題，也是千門萬戶，繁富之處，使人目不暇給，今亦無法一一加以論述，只好就「無」及「自然」這兩個最為重要的觀念，加以說明罷了。

有關「無」的觀念，何晏說了一段頗為重要的話：「有之為有，恃無以生；事之為事，由無以成。夫道之無語，名而無名，視之而無形，聽之而無聲，則道之全焉。」❶固然，此根本就是《老子》學說的變貌。前半從宇宙論立，依《老子》「天下萬物生於有，有生於無」之說❶，闡明宇宙萬事萬物之「有」，依「無」而成。後

---

❶　《三國志・魏書》中，有〈鍾會傳〉。

❶　此間的定義，取自勞思光先生《中國哲學史》，第二卷，頁 156–157。

❶　《列子・天瑞篇》何晏注。

半從本體論立，依《老子》「道常無名」及「視之不見名曰夷，聽之不聞名曰希，搏之不得名曰微」之說❷⓪，以闡述「有所恃以生，事所恃而成」的「無」不是什麼，而是視而不見、聽而不聞、超一切形相的全宇宙的本體；由超一切形相而非語言文字所能描述，故說之「無名」、說之「無語」。

有關「無」的觀念，到了王弼著《老子注》，解說更為清晰，就如上文所引《老子》「天下萬物生於有，有生於無」一節，王弼注云：

> 天下之物，皆以有為生。有之所始，以無為本。將欲全有，必反於無也❷①。

王弼不但依《老子》以析「無」與「無為」之旨（按：這些概念直接影響早期的「般若學」），還把《周易》有關宇宙論部分，也以「無」來作解釋，如〈復卦注〉云：

> 天地雖大，富有萬物，雷動風行，運化萬變，寂然至「無」是其（萬物）本矣❷②。

這就是王弼的「以無為本，以有為末」的主張。「無」與「有」是「體」與「用」的關係，「離有不足以顯無」，「離無不足以知有」❷③。

---

❶⑨　《老子》，第四十章。

❷⓪　《老子》，第三十二章及第十四章。

❷①　王弼《老子注》，第四十章。

❷②　王弼《周易・復卦注》。見《王弼集校釋》，頁 337。

❷③　如韓康伯注王弼《周易・繫辭注》云：「夫無不可以無明，必因（依也）於有；故常於有物之極，而必明其所由之宗（本體的『無』）也。」其意是說：若要體驗「無」的存在，必須於「有」得之；若求徹底

一方面，王弼把儒家的「易學」也「道家化」了。一方面，王弼除了把「無」與「有」作「能生」與「所生」解外，還發揮了它們「體不離用，用不離體」，以及「即用以顯體，即體以明用」的關係。這是王弼超越前人的地方❷。

　　有關「自然」的觀念，何晏也有他的一種看法，他說：「自然者，道也。道本無名，故老氏曰：『強為之名。』」❷其思想淵源亦來自《老子》，一方面《老子》說：「人法地，地法天，天法道，道法自然。」❷（按：「法」者，依王弼注有「法則」義，即「不違也」，「人不違地，乃得全安……」❷。如是「人」與「地」為二，「地」與「天」亦為二……但「道法自然」，則「道」與「自然」是一是二？牟宗三先生認為：「（道）法自然者」，即「道」以「自然」為性，非「道」以上，復有一層曰「自然」❷。）所以到了王弼，便清楚指出「自然」者是「無稱」之言、「窮極」之辭❷。

---

　　　了解萬象的自身，必須理解萬象所依的「無」這宇宙的本體。

❷　上文引何晏以《老子》的思想去注釋《列子》，此已離兩漢陰陽、五行的「樸素宇宙論」而單談形而上的觀念，顯示出「玄談之士」較兩漢的「偽儒」為進步，但仍不能超越老子的思想範疇。但王弼談「無」與「有」的本末關係，「無在有中」、「有在無內」、「即無以明有」、「即有以顯無」等等創意，都能發前人之所未發，此是王弼超越前人之處，也是引致初期「般若」不獲正解的誘因。

❷　同❶。

❷　《老子》，第二十五章。

❷　王弼《老子注》，第二十五章。

❷　見《才性與玄理》，頁153。由此而牟先生主張王弼所理解的「道」除具有「先在性」、「獨立性」、「遍在性」、「實在性」外，其本身更具有「自然義」的。見同書，頁143–164。

❷　同❷。

若以體、相、性、用來分析，「道」仍是體，「自然」是體之性耳。一方面又依《老子》「有物混成，先天地生，寂兮寥兮，獨立而不改，周行而不殆，可以為天下母。吾不知其名，字之曰道，強為之名曰大」❸而成其說。至於「自然」與「道」在何晏的觀念上是等同起來的。「道本無名」，「強為之名」，則「自然」亦當是「無名」、亦當是「強為之名」而已。何以要加「強」字？因為「道」無所限定（「自然」若等同於「道」，則「自然」亦當無所限定），而「名」必有其內涵與外延，故必有所限定；「無所限定」而以「有所限定」之「名」來限定之，所以要加「強」義，是勉強而言之、勉強而名之義也。

到了王弼，把「自然」作「道」的特性來解，認為是「無稱之言」、「窮極之辭」，這仍以「道」為本體，「自然」為「體」中「無稱」、「窮極」的特性，跟何晏之說，便顯然有異。

至於郭象，則反對「有生於無」及「貴無賤有」的主張。即如《莊子・知北遊》注所謂：

> 誰得先物者乎哉？吾以陰陽為先之，而陰陽者，即所謂物耳。誰又先陰陽者乎？吾以「自然」為先之，而「自然」即物之自爾耳。吾以至道為先之矣，而至道乃至無也，既以無矣，又奚為先❸？

一般魏晉玄學家所以「貴無賤有」者，以「無為本」、「有為末」、「有恃無生」、「有生於無」。今郭象卻斬釘截鐵地指出「道乃至無」，「既以無矣，又奚為先？」（按：此間之所謂「先」是指「有物混

---

❸　《老子》，第二十五章。

❸　《莊子・知北遊》郭象注，下冊，頁76，金楓出版社。

成，先天地生，……可以為天下母」❸的「先」，這個「先」有「生」
義，有「為天下母」義；但郭象之所謂「無」是指「虛無」之「無」，
而非指無名無相不可名狀的「無」──宇宙本體、「道」的強立訊
號。）依郭象看「無既不能生有」，「有亦不能反無」❸。（按：依
王弼的《老子注》，「有」是可以反無的，如云：「天下之物，以有
為生，有之所始，以無為本；將欲全有，必反於無也。」❸）

依郭象的說「無既不能生有」，「有亦不能反無」，則宇宙萬象
的存在，則無須依恃「無」這個「道」作為本體的。所以他說「自
然」即「物之自爾」❸，非離物別有所謂自然。又於他處，郭象
說得更為明確，如：

(1)……物（有）皆自然，無（他存有者可）使物然也❸。

(2)夫《莊》、《老》之所以屢稱無者，何者？明生物者無物，
而物自生耳❸。

(3)若責（尋也）其所待，而尋其所由，則尋責無極而至於
無待，而獨化之理明矣❸。

---

❸　同❸。

❸　郭象注《莊子・知北遊》云：「非唯無不能化而為有也，有亦不得化
而為無矣。是以夫有之為物千變萬化，而不得一為無也。」按：王弼
的思想，一為本，多為末，一為體，多為用，一可以攝多，故郭象
反其意而曰「不得一為無也」。

❸　王弼《老子注》，第四十章。

❸　參考❸所引那段文字。

❸　《莊子・齊物論》郭象注。

❸　《莊子・在宥》郭象注。

❸　同❸。

由此步步追尋現象（「有」）之所以存在的條件，則成一無窮系列，而不能不有一「無待」者以為始點，因而名之為「獨化」❸。依郭象的見解，宇宙萬物的出現，非自「無」生，而是「獨化」，因而立「自然」之名，而《老子》、《莊子》之所以常言「無者」，亦非謂「無能生有」，而只是賴「無」以「（說）明生物者無物，而物自生耳」，這就是「自然」，這就是「獨化」了。

從上述何晏、王弼與郭象三人的著述，可見得「自然」在魏晉玄學中的觀念是在不斷地轉變的：

⑴何晏所指的「自然」，就是宇宙本體的「道」，二者同物而異名。

⑵王弼所指的「自然」，只不過是宇宙本體的「道」的一種特性。一種窮極而不可稱道的特性。

⑶郭象則直接認定「自然」是「物」的「獨化」，物的活動的本身，因而否定有能生起萬物的「道」的存在。

上述所簡略介紹的魏晉玄學的若干概念，如「無」、如「有」、如「無為」、如「本末」、如「有名」、「無名」、「物」、「道」、「生」、「化」、「自然」等等，一一皆影響著漢人對印度「般若」觀念的解釋，也影響著僧肇會通梵華，而建立其獨特的思想體系之思路。下面各章，當逐一加以陳述。

---

❸ 從「無待」的修養，依郭象所說，可通往「逍遙」的境界。如《莊子・逍遙遊》郭象注云：「……故乘天地之正者，即是順萬物之性也。……所遇斯乘，又將惡乎待哉？此乃至德之人，玄同彼我者之逍遙也。」

# 乙、早期的般若思想

印度「般若思想」談「無為」、談「無所取」、「無能取」、談「空」、談「自然」……與「魏晉玄學」，在本質上彼此同屬於「形而上學」的範疇。所以「般若經典」一出，便即為魏晉學者名士所接受，與「魏晉玄學」同為當時的顯學了。

所謂「早期的般若思想」是指魏晉時所翻出「般若經典」的思想及國人以「格義」方法所理解的般若思想。從時間劃分，可自支婁迦讖出《道行經》（在公元 179 年）至鳩摩羅什出《大品般若》（在公元 403 年）止的那一段時期的「般若思想」。所依的經典可以下列四種為主：

　　⑴《道行般若經》（十卷）支婁迦讖譯

　　　　（出於公元 179 年，同於《小品般若》）

　　⑵《大明道經》（六卷）支謙譯

　　　　（出於公元 223–253 年，同於《小品般若》）

　　⑶《光讚經》（十卷）竺法護譯

　　　　（出於公元 286 年，同於《大品般若》）

　　⑷《放光般若經》（二十卷）無羅叉譯

　　　　（出於公元 290 年，同於《大品般若》）

「般若」梵文作 prajñā，是「智慧」義，但異於一般的智慧，茲分數點以明之：

## ㈠般若的特質

從「般若」的本源言，般若無有所本，所謂「本無」即是，

無所從來，亦無所去，即任運「自然」便是，如經云：

(1)行般若波羅蜜者❹，不壞色無常視，不壞痛癢、思想、生死、識無常視（即「色、受、想、行、識」的六境皆空）。何以故？「本無」故❹。

(2)怛薩阿竭教（般若正徧知的教法），是為「本無」，本無亦「無所從來」，亦「無所從去」……一本無等無本無，「無有作者」，一切皆本無，亦復「無本無」❹。

(3)般若波羅蜜無所有，若人於中有所求，謂有所有，是即為大非。何以故？人無所生，般若波羅蜜與人俱皆「自然」❹。

「般若」既是一種特殊的智慧，它必有「能知」的一面和「所知」的一面。從「能知」言，「般若」是「廣大無所不知」的，對於一

---

❹ 「波羅蜜」梵本作 pāramitā，由煩惱的此岸到清淨的彼岸的意思，也翻作「波羅蜜多」，或翻作「度」。大乘菩薩由六種途徑，得由此岸以到彼岸，名為「六度」或「六波羅蜜多」，即：
布施波羅蜜多
忍辱波羅蜜多
持戒波羅蜜多
精進波羅蜜多
禪定波羅蜜多
般若波羅蜜多
於「六波羅蜜多」之中，以「般若波羅蜜多」最為重要，故經說是成佛之母。

❹ 見《道行般若經》，第二卷，《大正藏》，八，437。

❹ 同上經，卷五，《大正藏》，八，453。

❹ 同上經，卷三，《大正藏》，八，441。

切法能了知其「如幻」，了知其「本空」，了知「一切法悉皆平等」。如經云：

(1)般若其心廣大無所不知❹。

(2)（般若）了知一切「如幻」，佛道亦如幻❺。

(3)須菩提，般若波羅蜜「虛空」❻。

(4)無所有相，得般若波羅蜜，是所相得諸法。何以故？須菩提，諸法各各異，諸法各各「虛空」❼。

(5)一、等波羅蜜者，於諸法「悉平等」。……二、恍忽波羅蜜者，為「本空」……❽

至於從「所取」言，上文經中所引，「般若」以「一切法」為所知對象，但此所知境，在「般若」的觀照下都「如水中之影」、都如「幻化人」，「一切皆空」，而彼「影」的假象，「幻化人」的假象卻不是全無，只是「無有形」、「無所著」而已。如是「般若」所對之境，亦非等於「空白」了。如經所云：

般若波羅蜜，無有形故，譬如影現於水中。不作是念。何因影現於水中？若所有近者不念言近，若遠者亦不念言遠。何以故？影無有（可固定執取之）形故。……般若波羅蜜亦如是，亦「無所生」；亦「無所著」，……譬如「化作人」，……「化人」無有形故。般若波羅蜜亦不作是念（故）。……

❹　同上經，卷五，《大正藏》，八，447。

❺　同上經，卷二，《大正藏》，八，430。

❻　同上經，卷七，《大正藏》，八，463。

❼　同上經，卷七，《大正藏》，八，462。

❽　同上經，卷四，《大正藏》，八，444。

> 譬如造作海中大船，所以者何？作須度賈客。船亦不作是念言，我當度人，何以故？船本無念故，般若波羅蜜亦如是❹。

「般若」強而分析，亦有「能知」、亦有「所知」，但卻「無相」、「無著」、「無念」，所以離一切執取，故是「清淨」，「勝一切小乘智慧」，因為「佛智從般若出」，「一切法從般若出」。如經所云：

(1)般若甚「清淨」，於諸法無所取❺。

(2)（般若智慧，是）諸阿羅漢、辟支佛所不能及❺。

(3)其有以成佛者，若未成佛，甫當成佛，皆從般若波羅蜜……怛薩阿竭阿羅呵三耶三佛，因般若波羅蜜示現持世間❺。

由上述所引經籍，可見「般若」是無所來，無所往，任運自然，故又名曰「本無」。般若能知一切法（事物）如幻、如化、無相、無形，以無所執取故，一切平等，一切皆空，所以「般若」這種智慧，不是凡夫的一般智慧，是特殊清淨的智慧，是超過「二乘聖者」的智慧，是佛智所由出，一切法所從出的智慧。因為「般若」這種智慧具備這麼多的特性，在漢語系統中找不到一個可以相應同義的詞彙，所以只好捨意譯而採取音譯了。

## ㈡修行方法

　　般若既有如此特性，如此效能，則行者當如何修行，始可以

---

❹　同上經，卷八，《大正藏》，八，466。

❺　同上經，卷三，《大正藏》，八，442。

❺　同上經，卷一，《大正藏》，八，426。

❺　同上經，卷五，《大正藏》，八，448-449。

促使般若的生起呢？首先我們得知「般若」是大乘之學，如果依
《解心密經》的說法，佛說「般若經典」是第二時教❸，為菩薩
種姓的眾生而說，故《道行般若經・釋提桓因品第二十》載：

> 菩薩作是學（修般若波羅蜜多），為學佛，不學阿羅漢
> ……❺。

儒家在立志，佛教在發心，故修習「般若」必先有明確的目的，
目的就要成佛，所以修行「六波羅蜜多」（或名「六度」）❺，普
度一切有情，如《道行經・守行品》云❺：

> 不厭生死之苦，為天下之人，思勒苦之行，未度度之，未
> 脫脫之❺。

大乘的學佛者（菩薩）應具廣大的心量，不只求個人的解脫（從
苦惱的此岸，到清淨的彼岸），並求一切眾生的解脫，此與儒家「己
欲立而立人，己欲達而達人」及「成己成物」乃至「贊天地之化
育」的精神是相契的，由於「不厭生死之苦」，修般若行者對人對
事的態度是精進的，是無所懼的，如《道行經・怛竭優婆夷品》云：

> 遇虎狼時，不畏怖，念設有啖我者，為當布施，願我作佛

---

❸　後期「唯識宗」的經典中，有《解心密經》，它把佛的說教分為三時，
　　第一時說小乘教，第二時說大乘般若教，第三時說大乘唯識教。見
　　〈一切法相品〉，《大正藏》，十六，697。
❺　見《大正藏》，八，463。
❺　同❹。
❺　《道行般若經》，簡稱《道行經》，下同。
❺　見《大正藏》，八，465。

時，令我刹中，無有禽獸道。……在疾病中，念我終無恐
懼，正使我身死是中，令我刹無有惡歲疾疫者❸。（按：「刹」
是「淨土」義。）

這是一種何等偉大的倫理精神的表現，有了這精神，則一切無所
畏懼，這與《老子》所謂「陸行不遇兕虎，入軍不被甲兵」，有點
相似。但在無懼的精神的背後，是另有一種思想來支持著的，那
就是「無所求」的思想，如《道行經・漚惒拘舍羅勸助品》所載：

　　菩薩不當作是念，心有所求，於所求無處所……，作是勸
　　助，心亦滅，無所有見❺。

「無所有見」便是「無所執取」，不把主觀成分加進客觀存有之上，
而執是我的，是我所有的，於是無所增益，無所減損，如實的智
慧便會生起，這是「般若」智生起的必須條件。為要促使「般若」
的起現，《般若經》提出「三昧」的方法，如《道行經・怛竭優婆
夷品》又有這樣的記載：

　　向三昧門，守三昧門：一者空，二者無相，三者無願。是
　　三者有益於般若❻。

「三三昧門」又意譯為「三解脫門」。「解脫」者，即從一切執取
（主要是「人我執」及「法我執」；執取有一、常、不變的生命體，
及執取有不受條件制約而自體常存的事物）中解脫開來。途徑有

---

❸　見《大正藏》，八，457。

❺　見《大正藏》，八，437。

❻　見《大正藏》，八，457。

三: 第一名曰「空解脫門」，其實「般若」的作用就是觀一切法皆空，所以《道行經‧泥犁品》所指出: 不特「五蘊」（色、受、想、行、識）皆空非實，不可執取，「小乘四果」（須陀洹、斯陀含、阿那含、阿羅漢）亦空非實，不可執取，如是乃至辟支佛、佛道亦當如是❻。所以《道行經‧本無品》亦云:

> 不知空，離空（亦不執空），不得若般❻。

由此可見「空解脫門」對修習「般若」的重要。第二是「無相解脫門」。如前文所引《道行經》云:「無所有相，得般若波羅蜜」❻。因為「般若」足以了知一切法如幻，佛道亦如幻，空無所有，無近無遠，故無形相。第三是「無願解脫門」。如上文所言，修習「般若」當「無所求」。有所求，便有所執，有所取; 無所求，便無所執，無所取，如《道行經‧泥犁品》所云:

> 無所求，無所有，何以故? 入無所生……得成佛❻。

從上述的分析，「三解脫門」雖分為三，各有偏重，但其思想內容仍是彼此關聯著的。若沒有「無願」（即無所求義），便有所取，便有所得，有取有得，怎可以達至「空」的境界? 怎可以達至「無相」的境界? 故三者實相輔相成，互為表裏，多所修習，有助「般

---

❻　見《大正藏》，八，440–441。
　　「不信色，亦不信痛癢（受也）……不信須陀洹道，不信斯陀含、阿那含、辟支佛、佛道。……無所求，無所有。何以故? 入無所生。」
　　（按:「入無所生」，即證會「真如」本體義。）
❻　見《大正藏》，八，453。
❻　同❹。
❻　同❻。

若」的生起；「般若」生起然後可以證入「本無」（按：魏晉所譯經典，把「真如」譯作「本無」），其最終目的在成就「佛道」，「度一切眾」──不過，這是在「無所求」的心態中以達成的罷❻。

## 丙、兩晉的般若學

依上文所述，偽裝的儒學在魏晉已趨式微，代之而起的是品評人物、對人作情意性的觀賞的「才性之學」。「才性派」的玄學發展到衰微階段，則大談宇宙論及本體論的「名理派」繼軌，何晏、王弼、郭象等使形而上學在中國學壇上大放異彩，無論「賤無貴有」或「賤有貴無」，無論是談「一、多」或論「本、末」，無論是「攝末歸本」或「自然獨化」，其目的不外追求一種「應物而不累於物」的精神境界❻。與此同時，印度的「般若經典」也傳譯過來，而且還借用了一些魏晉玄學的術語（如以「本無」來翻「真如」──宇宙的絕對的實在）。「般若」表面看來是要論證現實世界是不實在的，是虛幻的，但其終極的精神，卻在破執，使我們如實地認知一切法，無所增益，無所減損，使一切法皆無可得，「有」固然是無所得，「空」亦是無所得，從宗教的方法，解脫人們內心從執取貪愛所引起的苦惱，過渡到無所得的絕對清

---

❻ 由於要達成「度一切眾」的目的，故《般若經》中，並非只有「空」、「無相」、「無形」、「無生」、「本無」這些證體修養的指引，同時也提出「方便善巧」的運用。如《道行經‧譬喻品》所說：「欲學般若，故宜學〈漚恕拘舍羅〉（意譯是『方便善巧』），有信樂、有空行、有精進。」見《大正藏》，八，451。

❻ 借用任繼愈所編《中國佛教史》的話，見該書第二卷，頁214。

淨如實的境界。這清淨之境不但自我修行在無所求的心態中得之，並且使一切眾皆透過修行而得之。故從「般若」的本義，不以證會「真諦」而自足，由於不捨眾生之故，也必定不離「俗諦」❻，所以無論《大品》、《小品》都有專章（如〈漚惒拘舍羅勸助品〉、〈譬喻品〉等），大談「方便善巧」的作用，這便是「俗諦」之事，而「般若系統」對它如此重視，反覆叮嚀，其意義實不可以輕心掉之。

般若之學既傳入中國，則清談名士（魏晉的玄學家）以其同屬形而上學的範疇，中心主題雖有差異，而立說的形式面貌則頗有相似，因此他們便吸取般若思想來豐富「三玄」的理論。而兩晉的所謂「義學高僧」，由於要克服「甚深般若」在理解及宣講上的困難，甚或迎合當時的玄學思潮以取得生存的條件❻，他們的風姿、言論、行徑、交遊，無不習染當時魏晉玄學的風氣❻。於

❻　若依二分法而言，佛家把現象的事物，都歸到「俗諦」去（或名「世俗諦」，把宇宙的本體及其證會的歷程都歸到「真諦」去（或翻為「第一義諦」）。

❻　如劉義慶《世說新語・假譎第二十七》記：「（支）愍度道人（按：當時的僧人亦名『道人』下同）始過江，與一傖道人為侶，謀曰：『用舊義往江東，恐不辦得食。』便共立心無義。既而此道人不成渡。愍度果講義積年。後有傖人來，先道人寄語云：『為我致意愍度，（心）無義那可立？治此計權救饑爾，無為遂負如來也。』」（按：吳人以中州人為「傖人」。）由此可見談「般若」者，有不依經義，而習魏晉的玄風，而投時人之所好者。

❻　其詳可參考侯外廬主編的《中國思想通史》，第三卷，第十章，第二節，頁 421–443。如：
帛法祖：才思俊徹，敏明絕倫⋯⋯研味方等（當時的「般若經」亦名「方等」）。

是牽強附會，而不能把「般若」的神髓如實解說出來，因而構成了「兩晉的般若學」，其中「六家七宗」，最堪為代表。

　　所謂「六家七宗」，就是當時解釋「般若學」的有「六家七宗」的派系分歧，這有兩個形成的主因：

　　⑴早期般若經典的傳譯，在文字與思想上遭遇困難，所以譯理未盡，義多曖昧❼。

　　⑵佛學的玄學化，使般若學說不得純粹，以格義方法，牽強附會，則學派分歧，勢所難免❼。

究竟「六家七宗」是哪六家？哪七宗？本身頗多爭論。在僧肇的〈不真空論〉裏，只談「三家」，那就是「心無家」、「即色家」和「本無家」❼。約在同時（即公元409年之後）僧叡作《毗摩羅詰堤經義疏》而為之序云：

　　　自慧風東扇，法言流詠以來，雖曰講肆，格義迂而乖本，「六家」偏而不即。性空之宗，以今驗之，最得其實❼。

───────────

　　僧伽提婆：從容機警，善於談笑。

　　竺法雅：風彩洒落，善于樞機。

　　支遁：幼有神理，聰明秀徹，初至京師，太原王濛甚重之曰：「造微之功，不減輔嗣。」（按：王弼，字輔嗣。）

　　（以上例子，俱見《高僧傳》）

❼　可參考侯外廬主編的《中國思想通史》，第二卷，頁426。

❼　可參考呂澂的《中國佛學源流略講》，頁44–45。

❼　僧肇〈不真空論〉云：「心無者，無心於萬物，萬物未嘗無。……即色者，明色不自色，故雖色而非色也。……本無者，情尚於無多，觸言以賓無。」見《大正藏》，四十五，152。

❼　可參考《湯氏佛教史》，頁230–277。僧叡序，見《大正藏》，五十五，58–59。

但卻沒有指出「六家」之名。劉宋時，曇濟撰《六家七宗論》。此論已佚，幸梁・寶唱的《續法論》中曾加引用，並列出宗名：本無、本無異（二宗合為一家──本無家）、即色、識含、幻化、心無、緣會❼。至於每宗的代表人物，可見於《慧達疏》、《元康疏》，吉藏的《中觀論疏》❼，乃至安澄的《中論疏記》等❼，所說各有差異，今依湯用彤考證所得，表列如下❼，然後，逐家逐宗，分別略而述之：

| 六　家 | 七　宗 | 代　表　人　物 |
|---|---|---|
| 本　無 | 本　無 | 道安（性空宗義） |
|  | 本無異 | 竺法琛、竺法汰（竺僧敷） |
| 即　色 | 即　色 | 支道林（郗超） |
| 識　含 | 識　含 | 于法開（于法威、何默） |
| 幻　化 | 幻　化 | 道　壹 |
| 心　無 | 心　無 | 支愍度、竺法蘊、道桓（桓玄、劉遺民） |
| 緣　會 | 緣　會 | 于道邃 |

## ㈠本無宗

「本無」一辭，本來是「真如」最初的譯名，指「般若性空」的意思──即是以「般若」智慧觀一切法，都無形相，都無所得，

---

❼ 唐・元康《肇論疏》說：「梁朝釋寶唱作《續法論》一百六十卷云：宋莊嚴寺釋曇濟作《六家七宗論》，論有六家，分成七宗。⋯⋯」《大正藏》，四十五，163。

❼ 見《大正藏》，四十三，23。
　疏中引《山門玄義》，釋六家七宗。

❼ 見《大正藏》，六十五，94。

❼ 見《漢魏兩晉南北朝佛教史》，1983 年中華版上冊，頁 276。

都無執取，故說為「無」、說為「空」。所以「本無」取自魏晉玄
學的術語，泛指「般若之學」。但道安所立的「本無宗」當有其獨
有的意義，否則亦不能成宗派之名。吉藏在《中觀論疏》❼中說：
「安公（釋道安）明本無者，一切諸法，本性空寂，故云本無。」
又曰：「安公謂無在萬化之前，空為眾形之始。夫人之所滯，滯在
末有，若託心『本無』，則異想便息。」這段話可有三重意義：

　　⑴「本無」是指宇宙一切事物雖然是森羅萬象，但以「般
　　　若」來觀照之，本性都是至常至靜、無相無形，不離性
　　　空的本質，故名「本無」。

　　⑵本質是「真諦」，形相是「俗諦」。今一切有形有相的萬
　　　事萬象，其本性（本質）既皆是空寂，故說之為「無」
　　　（「真諦」）在萬化（「俗諦」）之前，空（「真諦」）為眾
　　　形（「俗諦」）之始。此中的所謂「前」、所謂「始」當非
　　　就時間的先後言之，而應就「本質」與「形相」言之，
　　　那便不墮入「從無生有」的桎梏中。

　　⑶若能體會到「一切諸法，本性空寂」，那麼便無所執著，
　　　無所執著，異想（一切計執、煩惱）便可息除，所以「託
　　　心本無」，便是打破外境給予內心束縛的方法。

由此可見道安的「般若學」，重在證會「性空」，故亦有「性空宗」
之名❼。其義頗偏於「空無」的一面，與僧肇所主張的「即動即
靜」，「即真即俗」，不落二邊的「般若」最高的精神仍有距離，故
亦為《肇論》所破的對象。

---

❼　同❼。

❼　僧叡〈大品經序〉說：「亡師安和上……標玄指於『性空』。」故又稱
　　為「性空宗」。見《大正藏》，五十五，53。

## ㈡本無異宗

依《中觀論疏》,「無本家」,分為兩宗,一為上述道安所立的「無本義」(即「本無宗」),一為琛法師所立義,即今之「本無異宗」。《中觀論疏》引琛法師之言曰:

> 本無者,(按:即「本無異宗」的宗義)未有色法,先有於無,故從無出有,即無在有先,有在無後,故稱「本無」。

顯然而易見,道安所說的「本無」,雖有「無在萬化之前,空為眾形之始」的話,但並非如「魏晉玄學家」所言「從無生有」之義,只不過是「一切諸法,本性空寂」,都無所得的意思。而今竺法琛,則清楚明言,「從無出有」。「有」是一切森羅萬象的諸法(現象界),「無」是「無形無想」的宇宙最後的真實(與道安說法大異,道安所說的「無」是指「性空」義),「出」是「生起」的意思。那就是說,「一切現象界是由本體界所生起的。」這既不符「般若」觀萬法當體即空之旨,更違背「般若」「無生」之義,所以為《肇論》之所辯破❽。

## ㈢即色宗

《中觀論疏》謂「即色宗」,本有二家:一是「關內即色空」,

---

❽ 依安澄《中論疏記》(《大正藏》,六十五,94。)引《二諦搜玄論》說:「夫無,何也。寂然無形,而萬物由之而生者也。『有』雖有生,而『無』能生萬物。(按:此與《老子》所謂『萬物生於有,有生於無』,若合符節。)故佛答梵志,四大從空生也。」(按:可見未掌握「般若」的精神,而強為附會。)

主張「色無自性」。（按：「色」指一切物質現象。在「般若」智慧的觀照下，一切物質現象都無自己的形相，本自空寂。）此即是僧肇所呵彈的。二者是支道林的「即色是空」，同於道安「本性空寂」之說。但慧達與元康的《肇論疏》，乃至元‧文才《肇論新疏》❸均指東晉的支道林。湯用彤認為「吉藏之言實誤」❷，蓋支道林作《即色遊玄論》、《釋即色本無義》、《逍遙論》等十餘種（今佚，唯《支遁集》尚存，支道林亦名支遁）。僧肇〈不真空論〉對「即色宗」的理論，作了最簡括的敘述：

> 即色者，明色不自色，故雖色而非色也❸。

唐‧元康《肇論疏》引支道林的〈妙觀章〉說：

> 夫色之性也，不自有色，色不自有，雖色而空，故曰「色即為空」，色復異空❹。

〈妙觀章〉對「即色」的理論雖有所分析，但仍嫌其文義曖昧不明，故依呂澂的解釋來引伸其義❺。所謂「色不自色，故雖色而非色」者，那就是依認識論的角度看，所謂萬物（按：「色」是「物質現象」），並非「萬物的本身」，所以在認識上雖有「萬物」（色）的存在，但在客觀上這樣的「萬物」（色）並非一定存在著的。何

---

❸　文才的《肇論新疏》指「即色」者，即作《即色遊玄論》的東晉支道林。見《大正藏》，四十五，209。

❷　吉藏作《中觀論疏》。「吉藏言談」乃指《中觀論疏》所謂「關內即色，即僧肇所呵」之說不可取。

❸　《大正藏》，四十五，152。

❹　《大正藏》，四十五，171。

❺　見呂澂《中國佛學源流略講》，頁 50–51。

以故？「萬物」不是自己所構成的（〈妙觀章〉所謂「色不自有」），而是靠我們以名言概念加上去才成為我們所認識的萬物（即僧肇謂「待色色而後為色」的意思），所以它的本身並不是萬物（非色），只不過是假象罷了（所謂「色不自有，雖色而空」，故曰「色即為空」）。因此以名言概念加上去而被我們認知的萬物（色），與假象（「非色」、「空」）便不是同一的東西，所以〈妙觀章〉再補「色復異空」這句話來強調「色」與「空」的差異——依理推之，我們的說法不會過謬，但是否即支道林的本意，那就文獻不足徵了。

　　支道林「即色」之說可有兩種過失：其一是過分強調萬象（色）的不真實的「空」的一面，「無」的一面，未有顧及到「假有」的一面。（雖以名言概念加上去，故不真實，但其婉然有物，是不能否定的。）其二，萬物之成萬物，以其緣生故，（早期「般若」，此理不明，必待羅什譯出《中論》，其義才得理解。）所以是不真實，所以是空，與加不加上名言概念無大關係。因此之故，支道林「即色」的主張，雖對「本無說」有所補足，但與「般若」不著二邊的精神不符，所以僧肇需要加以破斥。

## ㈣識含宗

　　本宗說是于法開所立。所謂「識含」者，可能是「識含於神」的意思。晉・宗炳的《明佛論》說：「然群生之神，其極雖齊，而隨緣遷流，成麤妙之識。」❻意謂：「三界本空，然其所以不空者，乃因群生之神（按：有靈魂義）隨緣遷流，可起種種之惑識。」❼有關「識含」宗義，吉藏《中觀論疏》有所闡述：

---

❻　見《弘明集》所輯宗炳的《明佛論》，今載於《大正藏》，五十二，10。
❼　依湯用彤解，見《湯氏佛教史》，頁265。

> 三界為長夜之宅，心識為大夢之主。今之所見群生，皆於
> 夢中所見。其於大夢既覺，長夜獲曉，即倒惑識滅，三界
> 都空。是時無所從生，而靡所不生❽❽。

由「群生之神」（眾生的「靈魂」），隨緣遷流，於是生起種種的妄
識，使本來空寂的「三界」（即具有情欲的世界名「欲界」，具物
質性的世界名「色界」，不具物質的世界名「無色界」）如於長夜
裏的夢中境界，變現森羅萬象，而妄識妄情，便得迷戀於其中。
及修行「般若」，（作為靈魂之）「神」既已省覺，便知三界皆空，
而迷惑之識不起，於是「神明」（靈魂）位登十地而成佛❽❾。如是
超出「三界」，三界的幻象無所從生，但三界雖寂而非無，故說「是
時無所從生，而靡所不生」。

　　此間運用了「神識」的觀念及「三界……無所從生，而靡所
不生」這種類乎「玄學」所謂「無為而無不為」的思想，二者都
不是「般若」的正宗。

## ㈤幻化宗

　　依吉藏《中觀論疏》，「幻化宗」是壹法師所說。其理論如下：

> 壹法師云：「世諦（『俗諦』）之法，皆如幻化。」是故經（引
> 《大集經》第九卷）云：從本以來，未始有也❾⓿。

由此可見「幻化宗」認為現象界中的一切法，皆是不實在的，與

---

❽❽　見《大正藏》，四十二，29。
❽❾　依湯用彤說而改寫，見❽❼。
❾⓿　同❽❽。

幻化無異。此處但空「世間法」（亦名「俗諦」或「世俗諦」），所
以說「從本以來，未始有也。」若把問題縮小，「幻化宗」可說只
定「色法」，對「心法」的態度怎樣？安澄的《中論疏記》引《山
門玄義》云：

> 釋道壹著《神二諦》云：一切諸法，皆同幻化；同幻化故
> 名為世諦。心神猶真不空，是第一義。若神復空，教何所
> 施！誰修道？隔凡成聖？故知神不空❾❶。

此間所說「心神」當指「靈魂」一類的「心法」，並許此「心法」
是「第一義諦」，俱不空。故知「幻化宗」但「空色法」，「不空心
法」、「空俗諦」、「不空真諦」，彼認為「心神」亦空，便無人修道、
無人證果。這與「般若」教的「了知一切法如幻，佛道如幻」❾❷
這種精神太不契合了。

## ㈥心無宗

據《世說新語》有關支愍度與傖道人過江東，共立「心無義」
（即「心無宗」之所依理論），其評已見前文注❻❽。《元康疏》也說
「心無宗」是支愍度所立。僧肇〈不真空論〉只用兩句統攝宗義：

> 心無者，無心於萬物，萬物未嘗無❾❸。

「萬物未嘗無」，即不空色境，森羅萬象的現象界是實非無，是真
非幻，故《元康疏》解彼宗義云：「然物是有，不曾是無。」❾❹所

---

❾❶　《大正藏》，六十五，94。

❾❷　見《道行般若經・初品》，《大正藏》，八，430。

❾❸　《大正藏》，四十五，152。

謂「無心於萬物」者，元康說：「但於物上不起心，故言其空。」
而吉藏《中觀論疏》說得更為詳盡：「其意謂經中說諸法空者，欲
令心體虛妄不執，故言無耳。」❾ 故知「心無宗」主張「色」是有，
而虛妄的「識心」不於「色」上起虛妄的執著，目的在「不滯於
外色」以求心靈上的安頓，而未顧及到一切諸法，在「般若」的
觀照下是「廓然無形」、「如幻如化」的。這種「空心不空色」的
理論，與「般若」思想不相契，故僧肇批評他「得在於神靜（按：
『不滯於外色』），失在於物虛（按：不解諸法『廓然無形，如幻
如化』之理）」，這是非常適當的。

## (七)緣會宗

　　有關「緣會宗」的資料不多，主要是來自吉藏的《中觀論疏》。
吉藏認為于道邃是本宗的始創者，彼宗的主要理論是：

　　　　明緣會故有，名為世諦。緣散即無，稱第一義諦❾。

一切諸法，緣會則生，緣散則滅，此原始佛教所謂「無常」義。
而《中論》所謂「緣生性空」，以明「般若」之旨。所以我們可以
接受「緣會故有，名為世諦（『俗諦』）」的說法，但我們卻不能接
受「緣散即無，稱第一義諦」之論，因為「緣散即無」的「無」
是「不存在」義，非「般若學」所謂「無所得」義，「不存在」的
「無」，仍是「俗諦」，「於一切法，無所取，無所得」，不可說有，
不可說無，始是「勝義諦」，始是「不可說」，「一切法悉得平等」

❾　《大正藏》，四十五，171。
❾　《大正藏》，四十二，29。
❾　同❾。

的「第一義諦」。所以「緣會宗」於「世諦」所說的理論無大過失，但對「勝義諦」（亦名「真諦」、「第一義諦」）之說，則差之遠極。

上文已簡述「六家七宗」的大旨，對兩晉名僧於般若性空在理解上的偏差，也一一窺其大略，總結七宗的主張，湯用彤把他們分成三派❼。

(1)釋本體的空無者──道安以靜寂說真際，竺法琛偏於虛豁之談，皆以般若的「本無」，契同玄學的賤有，故均可併入此派之列。

(2)主色無者──「即色」言「色不自色」，「識含」以「三界為大夢」，「幻化」主張「世諦諸法皆空」，「緣會」申「緣會始有為俗，緣散即無為真」。故此四宗以「色無」為圭臬。

(3)主心無者──唯支愍度力申「無心於萬物，萬物未嘗無」，故有心則滯於外色，無心則自不為外物所繫縛。

如是「六家七宗」既可歸納成三大派別，那麼僧肇〈不真空論〉雖破三家，其實已統攝七宗而無所遺漏了。茲表列如下：

| 僧肇所破三家 | 六家七宗 | 共同主張 |
|---|---|---|
| 心無家 | 心無宗（支愍度） | 主心是無 |
| 即色家 | 即色宗（支道林）<br>識含宗（于法開）<br>幻化宗（壹法師）<br>緣會宗（于道邃） | 主色是無 |
| 本無家 | 本無宗（道安）<br>本無異宗（竺法琛） | 釋本體的空無 |

---

❼　《湯氏佛教史》，上冊，頁277。

　　僧肇少時，「歷觀經史，備盡墳籍」，這反映出僧肇對中國傳統文化，有深厚的根基。及長，則「志好玄微，每以莊、老為心要」，那便難免受當時所流行的「魏晉玄學」所影響了。「後見舊《維摩經》，歡喜頂受」，這是對「般若學」的初步接觸。出家後，「學善方等，兼通三藏」，這是對「般若學」的進一步的認識。冠年，「名振關輔，競響之徒，入關抗辯」，反映出此期的僧肇，一方面難免沾染著時下清談競辯的風氣，一方面對當時的宿儒英彥所主張的玄理有所不滿。後羅什至姑臧，肇自遠從之。及什適長安，肇亦隨入，與僧叡等入逍遙園，助（什）詳定經論。這時僧肇對「般若之學」有更深入的理解，所以慨歎當時「去聖（佛）久遠，（對般若學）文義舛雜，先舊所解（包括『六家七宗』的般若思想），時有乖謬。及見什諮稟，所悟更多。因出《大品》之後，便著〈般若無知論〉」。此時僧肇已漸契般若的本義，而別有會心，漸成體系。及羅什出《中論》，則對龍樹「緣生性空」的般若思想，已握其驪珠，因出〈不真空〉與〈物不遷〉二部大論。僧肇的正統的「般若」思想體系，遂得以完成。

# 學　說

# 一、般若無知說

　　有關僧肇的思想學說，主要見於所著的四論，其次則可以於《維摩經注》反映出一鱗半爪。所以後人（梁陳之間）輯其四論，合成一集，名曰《肇論》，並冠以〈宗本義〉，總攬四論的宗趣。然〈宗本義〉一篇，固為後人所杜撰，內容亦無從超逾四論，若要探求僧肇的思想學說，可以存而不論。其餘四論正足以見僧肇對「般若」的正確看法（尤其是龍樹一系的印度傳統的看法），而糾正時人對「般若」的各種不同的誤解。其中依〈般若無知論〉可以建立僧肇「般若無知之說」，〈不真空論〉建立「不真空說」，〈物不遷論〉建立「物不遷說」，〈涅槃無名論〉建立「涅槃無名說」。不過現存的《肇論》編排，四論之中，以〈物不遷論〉居首，其後依次是〈不真空論〉、〈般若無知論〉及〈涅槃無名論〉。但依梁・慧皎《高僧傳・僧肇傳》所載，則先著〈般若無知論〉，後成〈不真空〉及〈物不遷〉二論，而〈涅槃無名論〉則最為晚出。愚見以為依《高僧傳》的安排，可以反映出僧肇的思想發展歷程，對僧肇個人的理解較有幫助，較為合理❶。所以探討僧肇的學說，

❶　《肇論》諸篇的安排次第，不依《高僧傳》，當然編者有其用心。大抵先談「境」，後談「智」，於「境」之中，又先「俗諦」後「真諦」（固然於論辨內容中，是「即真即俗」、「即俗即真」的，不過就篇章所屬，主要仍是依先「俗諦」後「真諦」的安排），就修行而言，則先談「因」，後談「果」。所以站在一本集子的安排來說，層次是分明的，只不過不能反映出僧肇思想的發展歷程，與以人為主的「哲學家叢書」之體例不太吻合，故不取。

依《高僧傳》的次第，而不依現存《肇論》的內容次第。

# 甲、立說的緣起

「般若無知說」，既從〈般若無知論〉而建立的，則我們不能不對〈般若無知論〉的撰著緣由，有個交待，有個理解。即如我們在本書第二章（即〈著述〉章）所說，僧肇的〈般若無知論〉約完成於公元 405 年前後。慧皎《高僧傳・僧肇傳》載云：

> 後羅什至姑臧，肇自遠從之。什嗟賞無極。及什適長安，肇亦隨入。及姚興命肇與僧叡等，入逍遙園，助詳定經論。肇以去聖久遠，文義舛雜，先舊所解，時有乖謬。及見什諮稟，所悟更多。因出《大品》之後，肇便著〈般若無知論〉，凡二千餘言，竟以呈什。什讀之稱善。乃謂肇曰：「吾解不謝子，辭當相挹。」❷

可見〈般若無知論〉撰著的目的，是有感於「去聖（佛）久遠」，對佛說「般若」的經籍，翻譯來，「文義舛雜」，而中土的高僧名士，對於「般若」本義，「先舊所解，時有乖謬」❸。此大概指「六家七宗」對般若解釋的失誤。今僧肇有機會師事羅什大師，又奉

---

❷　見《大正藏》，五十，365。

❸　此間並沒有指乖謬是誰及如何乖謬，但〈般若無知論〉的本文，下筆便有「夫般若虛玄者，蓋是三乘之宗極也。誠真一之無差，然異端之論，紛然久矣」。以理推之，所謂「異端之論」當指兩晉玄學家，以格義的方法來解釋「般若學」，於是紛然雜陳，無法得其宗要。故此處所謂「先舊所解」，當指「六家七宗」之說無疑。

秦王姚興之命，幫助羅什譯出《摩訶般若波羅蜜經》❹，有賴老師的啟迪，「所悟更多」，所以造〈般若無知論〉，以矯正時人的乖謬。

然則時人的乖謬，謬在何處？《高僧傳·僧肇傳》未有提及。至於〈般若無知論〉，亦只言：「聖智幽微（按：般若難知也）❺，深隱難測，無相無名❻，乃非言象之所得。為試罔象其懷，寄之狂言耳。」表面看來，僧肇這段話只是自謙之辭。但「六家七宗」的高僧名士，或謂「本無空寂」，或「空色不空心」，或「空心不空色」，那就不解「般若」的「無相無名」而強為之說了，則僧肇這段話，也意有所指吧。大抵「六家七宗」之流，未會「般若無相無名」，非一般知識所行境界，而強為之說，強為之解。僧肇感其乖誤，故造此論而矯正之。

## 乙、理論的建立

依唐·元康《肇論疏》的分析，〈般若無知論〉一文，可有三章：第一章敘（撰著）般若（無知論）之因由。第二章正標（般若）無知之宗旨。第三章問答料簡，以一難一解的方式，解答時人對「般若無知」的疑惑❼。

---

❹ 〈般若無知論〉也有一段文字，可與《高僧傳》互相補足的，那就是：「大秦天王……集義學沙門五百餘人於逍遙觀。躬執秦文，與什公參定方等（應指《大品般若》，即《摩訶般若波羅蜜經》）……余以短之，曾廁嘉會，以為上聞異要（按：指『般若』的本義），始於時也。」見《大正藏》，四十五，153。

❺ 《般若經》多處說「般若難知」，如《道行般若經·清淨品第六》，見《大正藏》，八，442。

❻ 般若「無相無名」，見上章，〈早期的般若思想〉一節。

　　本論第一章，有關撰著因由，於上文〈立說的緣起〉一節，已作交待，故今不贅。

　　本論第二章，正標（般若）無知之宗旨，可有五節：

# 一者、標宗

　　「般若無知」是全文宗趣所在。作者為要使學人能接受這個主張，便分三個層面來表達。第一層、引兩本經以證「般若無所知，無所見」。

　　《放光》云：「般若無所有相，無生滅相。」

　　《道行》云：「般若無所知，無所見。」

僧肇引用「因明學」上的「聖言量」❽，以《放光》所陳「般若無相」為因，以《道行》所說「般若無所知，無所見」為果。所以僧肇所提出「般若無知」的宗趣是有經論作「聖言量」為依據的❾。

　　第二個層面，則僧肇自己加「比量」的推演，以證成「般若

---

❼　有關《元康疏》的科判，見《大正藏》，四十五，174-175。

❽　陳那以前的「因明」（按：現可翻為「佛家邏輯學」，古亦翻為「正理論」或「量論」等），大致認為知識（量）可有三種，一者是「比量」（推理之知），二者是「現量」（現證之知），三者是「聖言量」（又名「聖教量」）是「聖者權威之知」，包括經論的言教。後陳那廢「聖言量」而歸入現、比。

❾　《道行》所謂：「般若無所知，無所見。」那是有深意的。此間所謂「無所見」是指「無執取的妄見」，由此反證所謂「無所知」者，是指「無能所相對那種執取之知」，而不是經文所謂「觀照之知」，因為無執取之知，是無相的，無名的，照而常寂，寂而常照的，與世間執諸法實有的「執取之知」是迥然不同的。

是無執取之知」的。推演分二。

(1)凡夫對事物有所認知必具兩個條知：一是能知能見的主
體的智慧，一是所知所見的有形相的客體事物，於此可
得出一假言命題：「如有知，則必有所知的形相。」但經
文告訴我們：「般若活動」是「無形相」的，那末自然可
以獲取「般若是無所知的」這個結論。它的推理形式是
這樣的：

　　如 P 則 Q　　　（如有知則有相）
　　今非 Q　　　　（今般若無相）
　　故非 P　　　　（故般若無知）

質諸現代的「假言推理」，否定後項必否定前項，所以這
個推論是有效的。如果改為涵蘊命題，則成

　　$[(p \rightarrow q) \cdot \sim q] \rightarrow \sim p$

這個論式，此亦一「恆真式」(tautology)，所以推論亦有
效 (valid)。

(2)第二推理，則是：

　　大前提：夫（若）有所知，則有所不知 $(p \rightarrow q)$
　　小前提：依《思益經》，聖心（般若）是無所不知的❿
　　　　　　$(\sim q)$
　　結　論：故般若無知 $(\sim p)$

---

❿　上章我們論述「早期的般若思想」時，也曾述《道行般若經・照明
品》云：「般若其心廣大，無所不知。」見《大正藏》，八，449。這
是從「聖言量」立論，至於大前提的「夫有所知，則有所不知」，依
明・憨山說，「此凡情也」，故知是就「世間極成真實」作依據，見
憨山的《肇論略注》，卷三，頁6，臺北：佛教出版社版。

　　　用公式代入，亦成一「恆真式」：

　　　〔(p → q)・～q〕→～p

　　　若改寫成假言推理，則亦符合「否定後項，必否定前項」

　　　式形，其有效性 (validity) 亦無可置疑。

　　從上述的推理所見，僧肇在第二個層面裏，是有充足的理由，推出「般若無知」這個結論，假若其所依的經論是正確的。(即「般若諸經」所說(a)「般若是無相的」、(b)「般若是無所不知的」這兩個命題是正確無誤，符合客觀真實的情況的話。)

　　至於第三層，我們會追問，《道行般若經》明說：「般若其心廣大，無所不知。」既曰「無所不知」，便是「有知」了，怎可以說「般若無知」呢？依僧肇心意，「知」與「無知」俱有兩種：

「知」 ── ①有形相、有名言概念之知。
　　　　 ②虛心實照，萬法平等之知。

「無知」 ── ①無感無慮，無觀無照，猶如木石的無知。
　　　　 ②有觀有照，但無形相，無執無言的無知。

依此不同的分類，僧肇認為般若經所說「知一切法」，不是指「有形相、有名言概念之知」而是指「虛心實照，萬法平等」的一種「默耀韜光、虛心玄鑒、閉智塞聰、獨覺冥冥，無所執取」的「知」。但這種「虛心實照，萬法平等」之「知」，卻又具有「無形相、無名言、無概念」的特性，故說之「無知」；非謂「般若」「猶如木石」的那樣「無知」。故《思益經》說：「聖心（般若）無所知，無所不知。」就是這個意思──「無所知」者，無「形相、概念、執取」之「知」也；「無所不知」者，有「虛心實照，萬法平等」的那種「默照、玄鑒」勝義之「知」也。於是構成了「終日知而未嘗知」這弔詭之言，其實這才是僧肇「般若無知」的最後宗趣

所在。所以「般若無知」有兩重意義：

　　⑴否定了有形相、有概念、有執取之知。

　　⑵肯定了無形相、無概念、無執取，照而常寂、寂而常照、

　　　默耀韜光，虛心玄鑒、閉智塞聰、獨覺冥冥之知。

## 二者、辨相

　　此節在明辨「般若無知」的相狀。《元康疏》謂此相「非有相
之相，乃是無相之相」❶。何以「聖人」（佛）的「般若」智慧的
活動，能發揮「無相之知」？原因在「聖人」（佛）非但無所執取，
並且常能產生鑒照的作用，所謂「虛其心而實其照」是也，因此
能發揮「終日知（指鑒照之用），而未嘗知（指未嘗有取相之知）」
的緣故。所謂鑒照之用，即上文所描述的那種「默耀韜光，虛心
玄鑒，閉智塞聰，獨覺冥冥」的般若活動狀態。

## 三者、融會

　　「聖人」的般若起用，不取相，無所知，是否不作化度眾生
的工作呢？此又不然。因為僧肇把「般若」作用分成二類：

　　般若┌①聖智──窮盡幽微，不取於相──故無知。
　　　　└②神智──應會機緣，而不動念──故無慮❷。

「般若」的「聖智」無知，這是向內證體之功夫；「般若」的「神

---

❶　見《大正藏》，四十五，177。

❷　明‧憨山大師，依天台圓教「開權顯實」的理論，與「般若二智」
　　相配。他把「聖智」歸到「實智」去，把「神智」歸到「權智」去。
　　結論就是：「無為（實智）不捨有為（權智），權實相彰，齊觀並照，
　　此聖人（佛）之心也。」可參考《肇論略注》，卷三，頁7。

智」無慮，這是向外順化度生的大用。證體、度生，兩不相礙，所謂「神無慮，故能獨王於世表」，「俯仰順化，應接無窮」此度生之大用；所謂「智無知，故能玄照於事外」，「無幽不察，而無照功」此證體的功夫。因此「般若無知」的作用與「諸佛菩薩」普度眾生的功德並不矛盾，故曰「融會」。

## 四者、明體

此節明「般若」智慧的本質特性。僧肇運用「雙遣法」來描述「般若」之體的絕對的超越性。他肯定「般若」是「不有」的，也是「不無」的。說它「不有」，因為「般若」無狀無名，照不失虛，混而不渝。說它「不無」，因為「般若」，靈鑒萬機，虛不失照，動以接麤。如是「般若」亦「虛」（無相無名故）亦「實」（靈鑒萬機故），所以非世俗所行境界，「非有」、「非無」，非語言文字所能表達，無法論定其體相是怎樣的，因此只好說它「存而不可論」而已。

## 五者、總結

「般若」雖無有相之知，但可有無相之知。如《維摩》所說：「無心意而現行。」《放光》所說：「不動等覺（按：即指『般若』，因為在『般若』觀照之下，『一切法悉皆平等』）而建立諸法。」❸所以僧肇總結「般若無知」的旨趣，是欲申明「（般若）不知而自知（寂照而不取相故），不為而自為（無心意而行故）」的道理，

---

❸　此處引支謙譯《維摩詰經・卷一・佛國品》（《大正藏》，十四，519），同此一經（《大正藏》，十四，537）亦有相近之說。至於所引《放光經》則見《大正藏》，八，140。

而非謂「般若如木石般的無知」。

　　僧肇「般若無知說」的理論，已於上文分五節建立起來了，但作者猶恐談玄之士，積習難返，正解無從（按：智者如劉遺民，猶未能達，餘者可知），所以另闢第三章、問答料簡，以釋群疑。

## 第一、有知不矜難 ❹

　　〈般若無知論〉第二章，有

> 智有窮幽之鑒而無知焉；
> 神有應會之用而無慮焉。

的二句，設依此興難，亦有二：

　　⑴神有應會之用，必有會於可會，智有窮幽之鑒，必有知
　　　於可知。既知既會而曰無知無會者何耶？
　　⑵若（謂）忘知遺會（按：聖人雖有知而不自矜，有會而
　　　不自恃──無情執故），則聖人無私於「知」、「會」耳，
　　　豈得謂無知無會耶？

難言「知」與「會」並舉，因為認知活動必有三者然後完成：一者是能知的「智」（今指「般若」之智），二者是所知的「境」（今指「所會」之境），三者認知的「果」（今難者所指的「知」的結果）。有「知」必有「所知」的「會」，所以難文把「有知」、「有會」及「無知」、「無會」並舉，其目的還是以「般若無知」為所

---

❹　按元康《肇論疏》，此第三章，分為「九番四難」（見《大正藏》，四
　　十五，178）然後彼此相配，文繁不取。至於憨山的《肇論略注》，
　　則逐一出難，並標示所難名目，文理調暢，故以彼為依。

難的對象，「有會、無會」不過是輔助性討論罷了。

　　答第一問，僧肇指出「般若無知」者，不是指像「木石無情」
這般的「無知」，而是指不像夫凡「有作有緣」、「有形有相」這種
「惑取之知」而已，所以說之為「無知」，僧肇引《大品般若經》
來作證明：

　　　　真般若者，清淨如虛空，無知無見，無作無緣。

既然「般若之知」是「清淨如虛空，無作無緣，亦無所見，自性
本空」，那便不符合凡情之所謂「知」，故不必像「木石」那般，
然後可以說它「無知」，「般若」有「窮幽之鑒」，有「應會之用」，
只要它體性空寂，也可稱之為「無知」，於理無違。

　　答第二問，僧肇引經，解釋「般若」本身就是「清淨」，並無
「惑取之知」，因為它的所知對象是「無相之真諦」；能知之「智」
既「清淨」，所知之「境」既「無相」，其認知活動的本身就是「知
（指窮幽之鑒）自無知（無惑取之知）」，那末，又何必如難者所
誤解，謂「聖人有知而不自矜，而後說般若無知」呢?

## 第二、二名互違難

　　本節從言語使用上的規律問難。在靜態的思維上，我們都要
遵守「不矛盾律」(Law of Non-contradiction)。如我們說某物是
「A」，則不能說它是「非 A」❶❺。因為物本無名，人立名來指謂

---

❶❺　本文假借了西方邏輯的「不矛盾律」（亦名「矛盾律」，Law of
　　Contradiction）來解析第二個問難，其原因有：一者，使文理較為清
　　晰，二者，僧肇的文章裏確含有此意，但表達有異，文辭未夠明確
　　罷了。

它，如果能依「不矛盾律」來替物立名，那麼便會有「可名之物」與它的名字相應（即所謂「有可名之物當於此名」），因而「即名求物，物不能隱」了。但〈般若無名論〉卻把「般若」加上二名來論謂它：

　　⑴「聖心（般若）無知。」

　　⑵「聖心（般若）無所不知。」

「無知」與「無所不知」是兩個互違的述詞，「聖心（般若）是一」，而運用兩個互違的述詞來論謂它，那就違反了語言運用上的「不矛盾律」了。所以難云：

> 論者欲一於聖心（般若），異於文旨。尋文求實，未見其當。

其不當之處，三者必有其一：

　　⑴若般若是「有知」的，就不能以「無知」來論謂它。（若知得於聖心，無知無所辨。）

　　⑵若般若是「無知」的，就不能以「有知」來論謂它。（若無知得於聖心，知亦無所辨。）

　　⑶若般若既「非有知」，亦「非無知」，則它根本是不能論謂的。（若二都無得，無所復論哉。）

　　僧肇面對這個問難，也分作幾個方面來回答。第一、就「般若」的本質來說，早在第一章中，已經申明「聖智（般若）幽微，深隱難測，無相無名」❻，既是「無相無名」，根本就是不能論謂的。所以難者在上文中的第三種說法，原本是可以接受的。因此僧肇在本節裏便引經重複了這個觀點，說道：

---

❻　見《大正藏》，四十五，153。

經云：般若義者；無名無說。非有非無，非實非虛。
斯則無名之法，故非言所能言也❶❼。

這番話有兩重作用，首先是「般若」有異於一般事物，它是「無名無說，非有非無，非實非虛」的，所以不符合難者所謂「物無以自通，故立名以通物……即名求物，物不能隱」的「名」與「實」的必然相應的關係（按：「名與實既不相應」，則語言的「不矛盾律」對此也失去了約束力了）。其次，「般若」既是「無名無說」，所以根本是不可說，不可論謂。

　　至於答難的第二方面，則僧肇強調了「般若」雖不可說，不可論謂，但得要說，也得要論謂，因為〈般若無知論〉的撰作因由，正是要當時的「高僧名士」對「般若」不能正解，弄致「異端之論，紛然久矣」❶❽，僧肇正要承擔起這文化的義務，把它加以糾正。要把「般若」觀念加以正確地說又非語言不行，所謂：「言雖不能言，然非言無以傳（表）。」因此在「聖人（佛）（則）終日言而未嘗言。」在僧肇則只好運用辯證式或弔詭式的語言加以詮表。（所謂：「今試為子狂言辨之。」即使運用這些方式來詮表，也不會違反一般的語言規律，因「般若」不是一般語言所能詮表的事物，它是超越語言的存在故，與一般事物非同一層面故。）

　　第三方面，僧肇在上述的條件下，正式解答「無知」與「無所不知」對「般若」這超越主體的「二名互違難」：

　　⑴聖心「般若」，微妙無相，不可說為「有知」，只可說為「無知」，目的在顯示「般若」的認知活動是無相而已。

---

❶❼　同❶❻。
❶❽　見本論的第一章，同見❶❻。

(2)但「般若」的認知活動，雖是無相，但卻有了知「無相」
　　的鑒照作用，那就不可說為「無知」，只可說它是「知」
　　（甚或「無所不知」，因為「般若知一切法悉皆平等」），
　　目的在顯示「般若」的認知活動是一種「通鑒」的作用。
歸納起來，從「般若」具「通鑒作用」，所以說它是「知」（甚或
「無所不知」），從「般若」具「無相作用」，所以（依「世俗諦」）
說它是「無知」。從不同角度來看「知」與「不知」可以同時具備
於「般若」之上。因此「知」（甚或「無所不知」）與「無知」對
「般若」來說，並沒有相違或矛盾之失。是故僧肇便運用幾句漂
亮的語言來結束他的答難：

> 是以知即無知，無知即知。無以言異（指既說「知」又說
> 「無」）而異於聖心也（說「般若」亦異而非一）　**⓳**。

## 第三、以緣會求知難

　　前面二難，都是從能緣的「智」起難。至於第三至第六等難，
則反從所緣之「境」起難。「般若」是能緣的智，「真諦」（諸法性
空，無相無形的狀況）是所緣的境，（按：此間所謂「緣」是專指
察照、觀照、鑒察等義，不同於有執取性的認知。）所以一般經典
都說：「不得般若，不見真諦。」故此「真諦」是「般若」的「所
緣境」。既有「真諦」作「所緣之境」，必有「般若」作「能緣之
智」；「所緣之境」與「能緣之智」一交會，必定產生「知識」，怎
可以說是「無知」呢**⓴**？面對此難，僧肇分三節加以解答：

---

**⓳**　見《大正藏》，四十五，154。

**⓴**　原文作「以緣求智，智則知矣」，言簡意賅，但含義隱晦，今演繹為

一者是直釋作答：那就是作者以一句話，直斥所難非理，說道：「以緣求智，智非知也。」意思是指：不得以「真諦」是「般若」所緣之境，及「般若」是「真諦」能緣之智，而證明「般若智」必有「知」的作用。跟著，僧肇引出兩段《放光經》的經文作證：

　　(1)不緣色生識，是名不見色❷。
　　(2)五陰清淨故般若清淨❷。

依《元康疏》，其意是指：「凡人皆緣色生識，所以有見，有見即有『知』；聖人（佛）不緣色而生識，即無所見，無所見即『無知』也。」❷又聖人（佛）緣「五陰」無相，故清淨，因而「能緣」之「般若」亦無相，亦清淨。（按：般若無相，即亦「不知」。）「色等五緣」是「所緣境」、「般若」是「能緣智」，從上述經文可以運用「聖言量」證知有「所緣境」，未必推出「能緣智」必有能「知」的作用。故難者以「真諦」是「般若」的「所緣境」，也不能證明「般若」是有「知」的作用的。

　　二者是以相形作答：首先僧肇指出「能知」與「所知」是一種相待（相對）的關係，所謂：

　　　夫「能知」與「所知」相與（即「相待」）而有，相與（即

---

　　　較易明白的言語。可參考《元康疏》，《大正藏》，四十五，179。
❷　引自《放光般若・問相品》（《大正藏》，八，78）：「須菩提，不以五陰因緣起識者，是為不見五陰。」
❷　引自《放光般若・明淨品》（《大正藏》，八，67）：「佛言，以五陰清淨故，般若波羅蜜清淨。」
❷　見《大正藏》，四十五，179。

「相待」）而無❷❹。

然後再就「真俗二諦」加以說明。就「俗諦」來說，「俗諦」有相有形，以「能知」的「惑智」攀緣有相「色等」「所知」之境，所以便產生了「知」的作用，人雖使其「無知」亦不能得，這便是「知與所知相與（相待）而有」的道理；依「真諦」而言，「真諦」無相無形，雖以「般若」真智，觀照無相「真諦」之境，也不能產生「知」的作用，人雖使其「有知」亦不可得，這便是「知與所知相與（相待）而無」的道理。所以僧肇認為「知」的作用與「無知」的作用，可由「所知」所決定的（原文：「知與無知，生於所知。」），「俗諦」的「所知」有形相，故是「有知」，「真諦」（姑且強其名為「所知」）無形相，故是「無知」。彼難非理。

　　三者、總結作答：「俗諦」所知的「法」（事物）必從「因緣和合」而生，雖有形相（惑智所執）而實非真實；「真諦」性空，無形無相，不從「因緣」所生（亦不為「般若」真智所執取），卻是真實❷❺。因此「般若」真智，雖以真實的「真諦」為所觀照之境（雖強名為「所緣」、「所知境」），但不執取它為「所知」，那末又怎可以說為有「知」的作用❷❻？不過「般若」有觀照作用，所以它只是非如木石這般的「無知」罷了。

---

❷❹　同❶❾。

❷❺　〈般若無知論〉引《中論》大意（因是時《中論》還沒有譯出）說：「物從因緣有，故不真，不從因緣有，即真。」見《大正藏》，四十五，154。

❷❻　原文作：「是以真智觀真諦，未嘗取所知。智不取所知，此智何由知?」同❶❾。

## 第四、有知不取與無知不取俱非難

前節的答難有云:「真智(般若)觀真諦,未嘗取所知;智不取知,此智何由知?」難者便順隨文意,演生他難:「論云不取者,為無知故不取,為知然後不取耶?」二俱有過:

(1)若依因果關係來說,以「無知」是因,「不取」是果,那末「般若」真智非不欲有所取,只由「無知」之故,欲取也不能。這樣「聖人」(佛)便好像「夜遊之人」,緇素(黑白)不分,怎樣配稱聖人呢?

(2)若依先後關係來說,以「有知」在先,「不取」在後,那麼「知」與「不取」便是截然的兩件事,那麼,怎可以「不取」以證「無知」呢?

僧肇運用「雙非」作答。他說:「非無知故不取,又非知然後不取。」前者否定了「無知」與「不取」的因果性,後者否定了「知」與「不執」的次第性,這樣上述的過失都可以一概避免,「知」與「不取」究竟是一種什麼的關係?必須要有一個肯定的答案。那末,僧肇隨即運用了一個「雙即」形式來作答。說道:「知即不取,故能不取而知。」此間所謂「知」並非指「惑取之知」,而是指「觀照之知」;「觀照之知」是「不取相」的,「悉見一切法平等」的。就其「不取相」,與「俗諦」的「惑取之知」相異,故又謂「般若無知」;就其「悉見一切法平等」,這是「真諦」「般若」的特殊認知作用,故名之曰「無所不知」。這更可以回應上文所謂「聖心(般若)無所知,無所不知」了 ❷ 。

---

❷　同 ⓰ 。

## 第五、不取心境俱成斷滅難

論文既曰:「真智觀真諦,未嘗取所知……」那可能是「聖心(般若)不物於物(意謂不取著於物)❷,故無惑取(錯謬的認知)」,依此便會相繼地產生多種過失:

　　(1)「無取則『無是』。」(按:「是」是肯定義)(若無「所取」,則對物便無所肯定。)

　　(2)「無是則『無當』。」(按:「當」是對應義)〔若對物無所肯定,則無物可與聖心(般若)相對應。〕❷

依(1)與(2),難者質問:「誰當聖心,而云聖人無所不知耶?」〔其意應指:既無物可與聖心(般若)相對應,即心與境俱斷滅了,還怎可以說聖心(般若)是無所不知呢?〕

　　僧肇答難,他不否定「不取則『無是』、『無當』」這個判斷,他所要否定的是「無是、無當」妨礙「聖心(般若)無所不知」的可能。原因何在?因為:一者「無是則物無不是」,二者「無當則物無不當」。但此文隱晦,元康釋云:「無是乃是真理也,無當則乃當真理也。」❸意思是說:聖心(般若)對有形相的外物雖無

---

❷　「不物於物」,本出於《孟子》,今僧肇借用。各家疏解不同。《元康疏》解作「不以物為物」,《文才疏》解作「不取」(分別見於《大正藏》,四十五,180、218。明・德清則以為是「不取著」義,較為明確,故取其義,見《肇論略注》,卷三,頁17。

❷　任繼愈的〈般若無知論今譯〉,把「是」字譯作「肯定」,把「當」字譯作「相對應」,頗得僧肇心意,與諸家疏解亦無齟齬,故今從之。(見《世界宗教研究》)又何充道撰〈僧肇三論哲學研究〉亦取這個譯法,見《能仁學報》,第一期,頁367。

❸　見《大正藏》,四十五,180。

所肯定，但對無形相絕對的、無分別的「性空真理」有所肯定，而且是「悉皆平等」地肯定它；聖心（般若）與有形相的外物雖無相應，但卻與無形相的、絕對的、無分別的「性空真理」彼此相應，而且是「悉皆平等」地相應。「性空真理」既是絕對無待的一個整體，所以可以說是「無不是」、「無不當」（即：無有「真理」不予肯定，無有「真理」不與之相應）。但若掉回頭，從「理」以觀「物」，則正由於「般若」聖智肯定一切理，故不能肯定一切物；「般若」與一切理相應，故不能與外物相應。依此便可以作出結論：「物無不是，故是而無是；物無不當，故當而無當。故經云：盡見諸法而無所見。」（按：此間所說的「物」是從廣義言，兼指無形相的「真理」；所說的「見」亦從廣義說，兼指「獨覺朗照」的「觀點」作用。）**㉛** 這是由於所指對象的不同，「是」與「不是」（即「有所肯定」與「無所肯定」），「當」與「無當」（即「有所對應」與「無所對應」），乃至「見」與「無見」（即「有觀照」與「無惑取」）皆不相違，都無矛盾，那麼難者雖說「般若」「無是」、「無當」，何妨說「般若」於「物無不是」、於「物無不當」呢？故彼難非理。

## 第六、捨有入無難

　　難者說：聖心（般若）並非不能對事物有所肯定，只是沒有事物可以給它作肯定。（原文：「聖心非不能是，誠以無是可是。」）縱使沒有事物可以給它作肯定（因為「般若」以無相的「真諦」

---

**㉛** 依日本「中世紀思想史研究班」所撰的《肇論譯註》的註文，此間所引的是《放光般若經》（《大正藏》，八，12）。見《肇論研究》，頁99。

為所緣，不緣「有相」；所緣既無相，故「般若」便無從加以肯定），
但依理應當可以於「無可肯定處」加以「肯定」的，即肯定其「無
可肯定」。（原文作：「雖無是可是，故當是於『無是』矣。」）難者
還說：經文所謂「真諦無相，故般若無知」，這正是因為「般若」
對「有相之知」不加肯定；假若對「無相」之境（即「真諦」）就
直接肯定其是「無相」的，這樣對「般若」有何妨礙呢？

　　僧肇解釋「聖人（佛）對『無相』不加以肯定」的理由說：
假若對「無相境」，肯定其「無相」，（按：一般地說，肯定都是一
種惑智之知，惑智的肯定，既有惑有執，無論「有相」、「無相」
都成為被執取的對象了。）「無相」也成為一種「相」了。（原文作：
「若以『無相』為無相，『無相』即為『相』。」）若依難者的主張，
說「般若」是可以不去肯定「有相」，而改去肯定「無相」，這就
好像「逃峰赴壑」一般，根本是不能免除過患的。

　　僧肇繼續補充：因此（按：指上述難者「捨有入無」的主張
是有過患的），聖人（佛）在俗諦中，對有形相的外物不作執取性
的肯定；處真諦中，對無形相的真理也不作有執取性的肯定。（原
文作：「是以至人處有而不有，居無而不無。」）不過，聖人（佛）
「雖不（執）取於有無，然亦不捨（棄）於有無」，（按：不著有，
不著無；不捨有，不捨無，這便是所謂「二邊不住」的中道精神。）
所以能夠和光同塵地周旋於五趣之中❸，和諧地，恬靜地發揮其
「無為而無不為」的大用❸。

---

❸　「五趣」指天、人、地獄、餓鬼、畜牲等五類眾生。「周旋五趣」，
　　指不捨一切眾生，作他們的良師益友，從苦的此岸，普度他們到樂
　　的彼岸。

❸　此處也是借用《老子》的玄學語言，意思是說「般若」聖智，窮盡

## 第七、般若應會生滅難

自第七至第九等難,是從生滅問題起難的。間者順應上文「(聖者)無為而無不為」的話發表意見:聖心(般若)雖是「無知」,但卻能絲毫不差地應會眾生(按:指應會機緣,普度眾生)。不過(隨緣施化),「可應者應之,不可應者存之」。(按:「存」是存而不應之意❸。)那麼「聖心(般若)有時而生,有時而滅,可得然乎?」(按:「可應則應之」,這是生,「不可則存之」,這是滅。有生有滅,便與「般若」的本質不符❸。)

僧肇首先指出「生滅之源起於凡夫的妄心」,所謂:「生滅者,(起於凡夫的)生滅心也。」繼而回應「聖人(佛)無(妄)心,根本就無生滅」。所謂:「聖人無心,生滅焉起?」不過「聖人(佛)並非如木石的『無心』,祇是無『生滅之心』為心耳」。依同一理趣,僧肇進而把「心」的問題推到「應會」的問題。他說:「聖人(佛)不是不應,只是不以『應會之心』去應會耳。」(按:「以應會之心去應會」,則心有生滅,應會亦有生滅;今「不以應會之心去應會」,則心無生滅,應會亦無生滅。因前節已明,生滅在心。)最後僧肇便可以作出結論:「是以聖人應會之道(方式),則信若四時之質(以喻應會之心,質直如四時的運行,虛寂無相),直以

幽微,不取於相,但神智應會機緣,而不動念,故能無慮而普度一切眾生。其詳可參考本論第二章的第三節,即〈融會〉一節,便得其實。

❸　用元康《肇論疏》的解釋,見《大正藏》,四十五,180。

❸　「般若」非生滅,本書於第三章,第二節,乙部〈早期的般若思想〉處,已詳言之,請參考。

虛無為體，斯不可得而生，不可得而滅也。」既無生滅，與「般若」
的本質無違。

## 第八、惑智俱空難

　　隨著生滅的問題，難者繼續發問：般若無知，惑智性空（「空」
亦「無」義），俱無生滅（按：「無」，則「無生」，「無生」則「無
滅」），那末，「聖智之無（與）惑智之無，何以異之?」假若無異，
「般若」便等同「惑知」（世俗有執取之智），則成大過，故得為難。

　　僧肇分若干方面來作答：

　　第一，分別「聖智之無」與「惑智之無」的差異。他說：「聖
智（般若）之無者（是指於境，寂照）『無知』；惑智之無者（是
指）『知無』（即以名言概念，認知其體性空，『性空』即『無』義，
故曰『知無』）。」所以，在語言上同稱是「無」，但在意義上，則
兩者迥異。其原因是：「聖心（般若）（其觀照作用是）虛靜（的），
（以）無知（故）可（稱為）無，可曰『無知』，非謂『知無』（按：
不取相故）；惑智有知（按：有『惑取之知』），故（雖）有知可無
〔但以其認知其體性空，故亦可（稱為）無〕，可謂『知無』，非
曰『無知』（按：彼有取相故）。」依此可作一小結：

　　　(1)「無知」即是般若之「無」。

　　　　　（只是照境，無名言概念惑取之知故。）

　　　(2)「知無」即是真諦之「無」。

　　　　　（惑智知真諦無妄，實相性空，但有名言概念，仍屬一
　　　　　般知識的範疇**㊱**。）

---

**㊱**　「知無即真諦之無也」句，諸本疏文，解釋各異，今折衷諸說，因
　　　應前文，試為之解。

第二，伸述「般若」與「真諦」的關係。其實在第一部分，
既說明了「聖智（般若）之無」與「惑智之無」的差異，則問題
基本上經已解決了。可是「惑智之無」是參照「真諦」而立的，
為使問題弄得更為清晰，所以僧肇把「般若」與「真諦」的關係，
順演下去：

⑴兩者同不離異，異不離同──「般若」與「真諦」，「言用，
即同而異。」「其本是同，因為心境雙泯，無心於彼此」，但「般若」
為「能照」，「真諦」是「所照」，所謂「般若有照境之力」、「真諦
有發智之功」 ❸。「言寂，即異而同。」（其本是異，能所的作用不
同故，但其寂靜的境界無異故。）依此便可作個小結：

> 是以辨同者同於異（本於異而成其同也）。辨異者異於同（本
> 於同而成其異也）。斯則（「般若」與「真諦」）不可得而（全）
> 異，不可得而（全）同也 ❸。

⑵重釋兩者的「用異」──上文已述「般若」為「能照」，「真
諦」為「所照」，所以說「異故不失於照功」。今從內、外重伸「寂
同用異」。今先說異的方面：「內（般若）有獨鑒之明，外（真諦）
有萬法之實（按：指其體性空，故為真實）。萬法雖實，然非照不
得。內（般若）、外（真諦）相與以成其照功，此則（雖）聖（人）
所不能（使『般若』與『真諦』）同用也。」 ❸

⑶重釋兩者的「寂同」──上文已述「般若」與「真諦」，心
境雙泯，無心於彼此，故寂的狀態相同。今更重伸「寂同」之義：

---

❸　見《大正藏》，四十五，181，元康的疏釋。

❸　同 ❾。

❸　同 ❾。

「內（般若）雖照而無知，外（真諦）雖實而無相，內外寂然，相與俱無。此則（雖）聖（人）所不能（使『般若』與『真諦』）異寂也。」❹⓿

　　⑷引經作結——「般若」與「真諦」既是「寂同用異」，就用言，則「本同以成異」，就寂言，則「本異以成同」。其義可以引經為證，所引者三：

　　　⒜經云：諸法不異❹①。
　　　　釋言：豈曰續鳧截鶴，夷嶽盈壑❹②，然後無異哉。誠以
　　　　　　　不異於異，故雖異而不異也❹③。
　　　（按：此經證「本異以成同」。）

　　　⒝經云：甚奇世尊，於無異法中而說法異❹④。
　　　（按：此經證「本同以成異」。）

　　　⒞又云：般若與諸法亦不一相，亦不異❹⑤。
　　　（按：此經證「般若」與「真諦」「不一不二」。）

## 第九、寂用有二難

　　最後順應前文，難者責言：「論文說：『言用則（般若與真諦）

---

❹⓿　同 ❶⑨。
❹①　此引《般若波羅蜜經》：「諸法無相，非一相，非異相。」見《大正藏》，八，382。
❹②　此引《莊子・駢拇》：「鳧脛雖短，續之則憂；鶴脛雖長，斷之則悲。」
❹③　同 ❶⑨。
❹④　此引《摩訶般若波羅蜜經》：「云何無異法中而分別說異相。」見《大正藏》，八，590。
❹⑤　引經同 ❹④。

異，言寂則（般若與真諦）同」，那末，於『般若』之內，就有『用』與『寂』的差異乎？」（按：如「般若」之內，用寂有異，則有分別，是生滅法，有違「般若」動靜一源的本質。）

　　僧肇首先指出「般若」是「用寂雙泯」的，於是運用「雙即」的語言方式立說：

　　　用即寂，寂即用 ❹ 。

這便否定了「用寂有二」的可能，跟著加以適當的論證。他說：「（因為）用、寂體一，同出而異名。（按：『用』與『寂』同出於『般若』，其體是一，不過就其動者謂之『用』，就其靜者謂之『寂』，所以借《老子》的玄學語言，說『同出而異名』 ❹ 。）更無『無用之寂』而主於用也。（按：非謂離用之外，別有一寂而作為『用』的依據 ❹ 。『般若』猶明鏡，其『明』是『寂』，其『照』是『用』，『明』之與『照』不相離也 ❹ 。此反顯『寂用有二』的不可能。）」僧肇繼而舉實況以明其理，說言：「是以智彌昧，照逾明，神彌靜，應愈動──豈曰明昧動靜之異哉。」 ❺ 這裏指出「寂」與「用」不相離的實況。「智」與「神」都是「般若」的異名；「昧」與「靜」是「寂」的指代；「照」與「應」是「用」的指代；「明」與「動」指「用」的情況。「智彌昧，照逾明，神彌靜，應愈動」，是指「般若」一體，其「寂」的程度逾高，則其「用」的程度逾大。目的

---

❹　同 ⑲ 。

❹　按語主要依德清的《肇論略注》，卷三，頁22。

❹　此釋依《元康疏》，見《大正藏》，四十五，181。

❹　此依德清《肇論略注》（見 ❹ ）而加以修改。

❺　同 ⑲ 。

亦在反映「寂」與「用」不相離，所以用「豈曰：明昧動靜之異哉」作結。最後還引二經以作證：

⑴《成具》云：「不為而過為。」❺

　　（按：「不為」指「寂」，「為」指「用」，「寂用相當」，「寂」非無「用」，且能發揮「過」大的作用。）

⑵《維摩經》敘長者寶積偈云：

　　「無心無識，無不覺知。」❺

　　（按：「無心無識」指「般若」無妄心之「寂」的狀態；「無不覺知」指「般若」大用。亦以經文說「寂用不二」是有「聖言量」為依據的。）

經證已成，既可總結本難之非，亦可總結全文之是：

斯則窮神盡智（指「般若」），極象外之談也（明「寂、用」），即之明文（指本論），聖心可知。（指「般若無知」之旨，自然通達。）❺

## 丙、思想的分析

僧肇建立「般若無知」的學說，對溝通中印思想，是很有貢獻的，今暫且不談，先讓我們探討一下建立「般若無知說」有何作用，如何建立，論證是否有效。

---

❺　引《成具光明定意經》，見《大正藏》，十五，452。

❺　引《維摩經》意，見《大正藏》，十五，537。

❺　同 ❶。

我們知道中國先秦時代，雖有「名學」的建立，但不成體系，所以中國哲學對「認識論」(Epistemology) 的知識素來是貧缺的。我們談物理現象、心理現象、道德價值、宇宙本體、宇宙變化等，但我們卻很少追問：我們怎樣可以認知它們？所獲得的知識，是怎樣構造的？怎樣分類？哪些是有效的認知？哪些不是？……

儒家所關注的是倫理哲學，在知識方面，只從五官對自然界的感知，推而作內心的反省。道家一方面談自我生命體如何與自然界取得一種和諧關係，推而對自我與自然界的本源及生成進行探索，於是產生了本體論與宇宙論，並粗略地談到認知本體這個「道」的方法，《老子》所謂：「為學日益，為道日損。損之又損，以至於無，無為而無不為。」❺這亦不過是證體的方法，無干於知識的建立。所以中國哲人所理解的知識不外兩種：

　⑴感性官能之知

　⑵理性內省之知

可是印度對知識問題，很早便非常關注，甚而有「尼耶也派」(Nyāya School) 根本就以探討知識而成獨立的一個思想派系。佛家雖是印度眾多宗教門派之一，並且標榜正覺為修行的終極，故「佛」便是圓滿覺者，菩薩、辟支、羅漢便是還未圓滿的覺者。因此佛家也同樣對知識非常重視。陳那 (Dignāga) 以前主「三量」（即三類知識），（按：「般若學」流行於陳那之前。）它們就是：

　⑴聖言量——本宗經論所提供的知識

　⑵比量——推理所得的知識

　⑶現量——經驗所得的知識

表面看來，上述「三量」對魏晉哲人不難理解。因為他們也讀《周

❺　見《老子》，第四十八章。

易》、《老子》、《莊子》吧！這樣所得的知識便是「聖言量」；他們也有推理，如「貴無賤有」或「貴有賤無」之爭，「聖人有情」、「聖人無情」之辯，他們都運用了「比量」❺；他們也有五官感性的知識吧，否則怎樣去評品人物的「才性」？這樣他們也運用到「現量」（按：同時也要兼用「比量」）。那末，「三量」對魏晉高僧、名士，何來理解上的障礙？

其實不然。佛家所說的「現量」不只一種，後期的陳那、法稱 (Dharmakirti) 且分為四：

現量 ┌ 五根現量
　　　├ 五俱意現量
　　　├ 自證分現量
　　　└ 聖者現量 ❻

「般若經」流行時，雖未有四類之分，但已有二諦之別：

現量 ┌ 俗諦現量
　　　└ 真諦現量 ❼

---

❺　《肇論》常用「比量」及「聖言量」，那只是「三量」中的兩種，而「般若」的活動則是超越的「現量」，於論文中只可以說，不可以證，離言故，要證由讀者修行得之。

❻　「四種現量」，可參考熊十力《因明大疏刪注》，頁95。

❼　把「現量」分為「俗諦」與「真諦」，「因明」諸論，未詳其說，但依理是可以這樣來分類的。雖然依陳那「集量論」所界定，「以共相為境者是比（量），以自相為境者是現（量）。」而「真諦」無相，但可有「無相之相」，此是「真諦」的「自性」；梵文「性」、「相」可以互訓故。一切真實知識，若不是「比量」攝，必是「現量」攝，除「現量」與「比量」別無其餘（「聖言量」可入現比）。「般若」觀照「真諦空性」，是離言絕慮，不起概念，非「比量」攝，故只可屬

「俗評現量」即由「眼根」對應「色境」有「眼識」生;「耳根」
對應「聲境」有「耳識」生;「鼻根」對應「香境」有「鼻識」生;
「舌根」對應「味境」有「舌識」生;「身根」對應「觸境」有「身
識」生。此「俗諦現量」有形有相,為「比量」作依據,是「惑
智所行境界」,以有執取故。這類的知識,是魏晉人士都曾經驗過,
理解可無困難。

　　至於「真諦現量」,則由「般若淨智」(其實是不與煩惱相結
合的無漏意識)觀照「真諦」(即一切法的性空之理),起一種照
而常寂、寂而常照、無相無形的認知作用。不但具無相的認知作
用,且又隨機契應,應會無窮,普度一切眾生,(按:其作用如何,
「般若諸經」還沒有清楚的說明,到了第三時教,「唯識宗」起,
建立「轉八識而成四智相應心品」❸解說然後朗然,此所謂「了
義」者是也!)「度一切眾生」的觀念,是從「大乘般若教」開出,
成為「大乘佛教」的普遍特色。如是的一種認知作用,魏晉學人,
在理解上必然產生種種的困難,其主因是在中國哲學上徹頭徹尾
就沒有這一種認知的方式,再加上了「魏晉玄學」所給予的「前
攝干擾」,使當時的高僧名士,產生種種的附會穿鑿,舉其大者,
可有下列幾種:

　　　一者:「般若」無相,道家所言的道亦無相,於是以「本
　　　　　　體」的「道」去理解「般若」,「道」稱「本無」,於

　　　「現量」攝。「觀照」是「無知之知」,從廣義來說,實在是「認識
　　　論」或「量論」的範疇。故把「現量」分為「真」、「俗」兩大類,
　　　於理無違。
❸　「轉識成智」之說,可參考由世親與十大家所造,玄奘揉合迻譯而
　　成的《成唯識論》卷九。《大正藏》,三十一,50–57。

是「般若」亦稱之為「本無」、「本無宗」，由是而生。

二者：「般若」無言，「道」亦無言，故以本體的「道」去
　　　等同「般若」；「道」是能生萬法的，所以誤解「般
　　　若」亦是「無在有先，有在無後」這種「『無』能生
　　　萬法」的思想。「本無異宗」即由此而起。

三者：「般若」不捨眾生，其「聖智」有窮幽之鑒而無知，
　　　其「神智」有應會之用而無慮❺❾，故能即靜即動，
　　　雖無往來，亦可以周旋於五趣。於是又與本體之「道」
　　　的「無為而無不為」相混，而不能獲得正解。

四者：「般若」是能緣智，「智」屬「心識」所攝；「真諦」
　　　是所緣境，此「境」由空「色等五蘊」所成，所以
　　　「般若」照「真諦」而無色等之相可得，於是時人
　　　便誤解了「般若」是「空色不空心」的。「六家七宗」
　　　中的「即色」、「識含」、「幻化」、「緣會」等四宗由是
　　　而起，對「般若」的「心境雙泯」之義，不得正解。

五者：「般若」的寂照，是無「惑取之知」的，「惑取之知」
　　　是「心」所攝。時人不辨「心境雙泯」義，以為「般
　　　若」是「空心不空色」的，於是「心無宗」由此而生。

此五種的誤解，不過舉其大者而已。至於「誤解」之源，本自中
國對「認知活動」的理解，歸根到柢就沒有「真諦現量」這一種
認知形態所致，至於「真諦現量」的實際經驗更不足論了。

　　僧肇聰明睿智，洞察時人對「般若」誤解之由，造〈般若無
知論〉，首先運用了「聖言量」及「比量」，建立了「般若無知」

---

❺❾　此借用僧肇〈般若無知論〉，把「般若」分為二智，一者「聖智」、
　　二者「神智」。見本書第四章，第二節，乙部所述。

的理論❻，界定了「無知」是「無所取相」，「無惑取之知」義，論證了「般若無知」的有效性，澄清了「般若」之用有二，一在「聖智」的「寂照」，一在「神智」的應會，以明「般若」「寂而常照、照而常寂」，以及「不捨眾生」的崇高宗教的本懷。跟著編成九難九答，分析了「能觀」與「所觀」是什麼、有何關係等問題，「名」與「物」如何相應、「心」與「境」如何「同源」，「寂」與「用」如何「非即非離」，如是乃至「虛」與「實」、「有」與「無」、「體」與「用」、「生」與「滅」等等疑難──統而言之，可分三大部分：一是有關「般若」智的，二是有關「真諦」境的，三者是有關兩者互相關係的，都給讀者作了個清晰明確的剖釋。則上述五種主要誤解可以冰釋，國人對傳統認知所缺乏的「真諦現量」可以正解，則「般若無知說」的歷史使命也可以有效地達到了。

# 二、不真空說

僧肇的「不真空說」是依他的〈不真空論〉而建立的，在今本《肇論》的四論之中，排列第二。茲分三部分予以論述：

## 甲、立說的緣起

依梁・慧皎所作《高僧傳・僧肇傳》的記載，僧肇完成〈般若無知論〉後，很得廬山慧遠及劉遺民的讚賞，劉遺民還致書僧肇，就「般若無知說」提出了問題，僧肇也慇懃致答。由於當時

❻　其詳可參考本章乙部，茲不重贅。

的交通遲滯，往復便是多年的光景。《高僧傳》又載：

> 肇後又著〈不真空論〉、〈物不遷論〉等，並注《維摩》及
> 製諸經論序，並傳於世。及什之亡後，追悼永往，翹思彌
> 厲，乃著〈涅槃無名論〉❻❶。

由此可見〈不真空論〉是僧肇繼〈般若無知論〉後所成的作品，
但《高僧傳》文，有「及什之亡後……乃著〈涅槃無名論〉」。可
見本論是寫在羅什去世之前。本論之中，又曾引《中論》文字，
《中論》譯於公元 409 年，則本論寫成於公元 409 年之後，可無
疑義❻❷。

　　僧肇為了什麼要造〈不真空論〉，建立「不真空說」？僧傳沒
有說明。不過〈不真空論〉的內文，有記述「六家七宗」中的「心
無」、「即色」及「本無」三宗的理論，並一一加以破斥❻❸，其後
才伸論「不真空」的本義。由此可見〈不真空論〉的寫作目的，
與〈般若無知論〉相同，有感於時人對「般若思想」不能正解，
「異端之論，紛然久矣」，然後才「罔象其懷，寄之狂言耳」❻❹。

　　何以立「不真空說」，可以補救時弊，矯正時人對「般若」的
誤解？那麼我們要探索本論的題義為何。據陳‧慧達《肇論疏》
所言：本論是就「俗諦」說，所謂：

---

❻❶　見《大正藏》，五十，365。

❻❷　其詳可參考本書第二章，有關〈不真空論〉著作年代的一節。

❻❸　僧肇破「三宗」，實已總破「六家七宗」之說，其詳請參考第三章有
　　關「六家七宗」的一節。

❻❹　此借用〈般若無知論〉語，見《大正藏》，四十五，153。而本論（即
　　〈不真空論〉）也有「眾論競作，而性莫同焉」，所指亦同。

　　　此不真空名，所作兩釋：一云，世法不真，體性自空；一
　　　云：俗法浮偽，遣偽之空，亦非真空，名不真空。若以俗
　　　空名不真者，般若之空，應名真空，故〈無知論〉云：「真
　　　波（般）若者，清淨如空。」……今即簡異「真空」，故以
　　　「不真」立言，若以聖智對之，亦名「真空」也❻。

可見慧達主張「不真空」只就「俗諦」來說，
　　⑴世間事物，本自不真，體性自空，故說「不真，（故）空」。
　　⑵俗諦事物，本自浮偽，遣偽之空，亦非真空，名「不真，
　　　（故）空」。
由此得知就「俗諦」來說，萬法或體性自空，或遣偽使之空，（「偽」
則「不真」）故云「不真，（故）空」。至於就「真諦」言，「般若
清淨如（即）空」，則是「真空」。（按：指「真即是空」。）依此「不
真空」實在包含兩重意義：

「般若思想」，要旨在談「空義」，但從「俗諦」如何言「空」？從
「真諦」又如何言「空」？那必須有個明確的分辨，然後不致如「六
家七宗」這樣皆有所偏——或偏於「空無」（本無），或偏於「空
色」（空色不空心），或偏於「空心」（空心不空色）——為使契合
「中道」，澄清「真、俗二諦」所談「空義」的偏差，發揮「般若
思想」的真義，所以僧肇造「不真空論」，立「不真空」的學說。

────────────
❻　見《卍續藏經》，卷一五〇，頁 429。

# 乙、理論的建立

僧肇〈不真空論〉一文，共分兩章：一為〈序文〉，二為〈正文〉。〈序文〉之中又分三節（即：標正宗、破異見、序論意）；〈正文〉之中，由六節構成（即：引教以明空、據理以明空、重引教以明空、重據理以明空、就名實以明空、會結以明空）。茲分述如下：

## 序文一、標正宗

「空」與「不空」，「真」與「不真」都是認知活動的批判結果。認知活動，必由「能緣智」對應「所緣境」所構成。「境」與「智」俱真，則認知才可以如實而不趨於虛妄，因此在「標正宗」裏，必須闡明「真境」是什麼，「真智」是什麼。所以論文明義開章，便指出「至虛無者」是「有物之宗極」，這就是由「般若」玄照所得的「真境」，而暗示有形有相「色等五境」以及「意識」所對的「名言概念」都是假有非實的認知對象❻❻。換言之，在森羅萬象之中，被了知為緣生而無自性的所知境，才是宇宙終極的「真境」。此「真境」不能執其為有，不能執其為無，只有至人聖者，接會無窮的萬象，而不為萬象所束縛，「極耳目於視聽」，而不為

---

❻❻ 所謂「至虛無生」者，《元康疏》認為是「無生」（滅）、畢竟空（之「真境」）。見《大正藏》，四十五，170。
《文才疏》則認為：「有、無、一、異等俱離曰『虛』；『無生』謂緣集諸法，非自（生）、非他（生）、非共（因所生），亦非無因（所生），亦非作者（所生）：無生而生非無也，雖生不生非有也。若此萬象森羅，無非中道。」見《大正藏》，四十五，208。
「有物之宗極」，《元康疏》解作「萬物之宗本」。

聲色所影響，才能認知（觀照）此「真境」的存在，因為他們能
「即萬物之自虛」（調順萬物，而契會其自性本無之體），而其神
明不為萬物所牽累的緣故。「能即萬物之自虛」而「萬物不能累其
神明」的「能緣之智慧」，才是「真智」。依理推知：

　　⑴「真境」：宇宙萬物非有非無的、自虛的「空性之理」❻❼。

　　⑵「真智」：不為萬物所累的神明，亦即「般若」真智❻❽。
「真境」與「真智」既明，僧肇隨即明述以「真智」契會「真境」
的情況，他說：

> 是以聖人（佛）乘真心（「般若真智」）而（對）（空性之）
> 理而（調）順，則無滯而不通。審（處）一氣（「般若」真
> 智）以觀（照）（宇宙萬）化，故所遇而順適。無滯而不通，
> 故能混雜致淳（萬物混雜，其體自虛，故名之「致淳」），
> 所遇而順適，故則觸物而一（「一」亦「淳一」義），如此
> 則萬物雖殊，而不能自異（物本自虛、性空、無相、故皆
> 同歸一相，一相「無異」）；不能自異，故知象非真象，非
> 真象故，則象而非象。然則物我同根（「物」指「境」、「我」
> 指「心智」，此是「心境俱泯」義），是非一氣（「是」者「真
> 諦」，「非」者「俗諦」，「一氣」者不二）。（此）潛微幽隱
> （的境界），殆（殊）非群情（凡夫）之所（能）盡（解）❻❾。

---

❻❼　亦即〈般若無知論〉所說的「真諦」之意。

❻❽　此依《元康疏》說，見《大正藏》，四十五，171，且開章即有「至
　　虛無生……是『般若』玄鑑之妙趣……」之文，可見元康之說是有
　　所本的。

❻❾　此是〈不真空論〉的本文，而以串解出之。見《大正藏》，四十五，
　　152。

此是僧肇合明「智境相契」的真實情狀。可是在此情狀之中，宇宙森羅萬象，都畢竟是「混雜致淳」的。所謂「混雜」是「凡智」所得的境界，可是在「聖智」（亦名「真智」，亦即「般若」）觀照之下，此「混雜」的萬象，其體「自虛」而「無相」，故「不能自異」（不能顯其混雜的各別相狀），既「不能自異」，則那些「混雜」的現象便不是真象，不是真象，所以也可以說，「雖象非象」，而歸於「物我同根，是非一氣」的境界。這就是化「混雜」以「致淳」的理趣所在，也就是聖人（佛）接萬物而「無滯而不通」的緣由所在。若就「真智」（般若）所察照的「真境」來說，則那混雜的萬象「本性自虛」，「不能自異」、「雖象非象」，故不真，「不真，故空」，這便標示出本論「不真（故）空」的宗趣所在。

## 序文二、破異見

異見的產生，是由於在「般若玄鑑」之下的「至虛無生」的「真境」是不易理解的，所以雖說之為「空」，而所說「每有不同」，因此「異見」的產生，便勢所難免了，於是「眾論競作，而性（認識的結論）莫同焉」。

僧肇所要破斥的「異見」共有三家——即「心無宗」、「即色宗」及「本無宗」。茲分別論述如下：

一者、破「心無宗」：依唐代元康《肇論疏》所記，「心無宗」是東晉·支愍度所創而大行於江東，其後釋道恆亦執此說，大行於荊土❼。僧肇先述「心無宗」的宗義，說他們主張「無心於萬

---

❼ 見《大正藏》，四十五，171。元康所據有二：一是《世說新語》載支愍度與傖道人，為討生活於江東，故於「般若之學」，另立新說，名之曰「心無義」；其二是《高僧傳》，述沙門道恆，亦執此義，為

物，萬物未嘗無」，繼而評論其得失。其得在於「神靜」，因為「無心於萬物」，便不會在物上起執；心無所執，所以自得寧靜。其失在於「物虛」，因為他們主張「空心不空色」，於是認為萬物是有，而不懂宇宙萬象都是隨緣而起，其性本空而非實。「心無宗」有如此過患，根本與「般若」緣生性空之理不相契，故首先破之。

　　二者、破「即色宗」：元康《肇論疏》認為「即色」是東晉・支道林所主❼。僧肇亦先敘彼宗的宗義，認為「色不自色，故雖色而非色」是他們的主張；意思是說：物質現象非本自客觀獨立而存在（意指：待緣而有，或由微細的物質現象所合成），故雖名之為物象，而不具獨立的實在性。繼而僧肇加以合理的批判：對物象的應有態度，宜「但當色即色」（只把物象當體看成物象──當然無獨立的實在性），「豈待色色而後為色哉?」（實不必待人賦以物象的特色──如青、黃等色，然後成為青、黃等物質現象，因為心若不計執，實無礙其為物質現象❼。）「即色宗」所能體會的，只有「色不自色」義（《元康疏》謂其「因緣而成」故❼。）

---

　　　竺法汰所不滿，大集名僧，令弟子曇一難之，卒為所破。但元・文才的《肇論新疏》，則祇提及道恆為竺法汰及慧遠所破，而未有言及支愍度說。見《大正藏》，四十五，209。

❼　元康既言僧肇所破的是東晉・支道林的「即色遊玄義」，但又謂支道林的〈即色論〉，並無此語，而他別有〈妙觀章〉，說道：「夫色之性也，不自有色；色不自色，雖色而空。」此說正與僧肇所述者相同。見《大正藏》，四十五，171。

❼　文才《肇論新疏》釋言：「凡是質礙之色，緣會而生者，心雖不計，亦色法也。受、想等法亦應同例。意云：豈待人心計彼謂青黃等，然後作青黃等色耶？以青、黃亦緣生故。」見《大正藏》，四十五，209。

但還未覺解到「色之非色」義，此義應指物象緣生，故本性空，本性是空，故不待「色色而後為色」，亦不因其本性是空，而須泯除其假有之相❼❹。按「即色」之說，本與僧肇「不真空」本極相近，但「即色」只言「色而非色」，但僧肇於「即物之自虛」之中，而不礙其有「假象」的存在。故知「即色」仍偏於「色空」，而僧肇則「即假即空」，「假」則「不真」，「不真故空」，故無所偏，而「即色」之說不得不成為僧肇遮破的對象。

三者、破「本無宗」：唐之元康與元之文才，都說僧肇所破的是東晉‧竺法汰的本無義，因為竺法汰嘗作〈本無論〉，而沒有提及道安的「本無」思想，也沒有提及竺法琛的「本無異」的思想❼❺。僧肇於此直指「本無宗」過患之源，在「情尚於無，多觸言以賓無」（意謂彼宗崇尚「無」為彼宗的主旨，而一切理論，都以「無」為最高的準則），故經中於真諦說「非有」（色非實有義），於俗諦說「非無」（色是假有，不是全無），而「本無宗」無論對破斥「實有」也好，遮撥「全無」也好，通通把它們歸到「無」的最高準則之內，於是變成了全盤否定，「非有，『有』即無；非無，『無』亦無。」這便與魏晉玄學中的「貴無賤有」無異，跟「般若學」，尤其是「中觀」的「非有，非無」的雙遣雙離、不著二邊的思想全無契應。於是僧肇對「般若」的本義，不得不作進一步的闡釋，他說：「尋夫（經典聖言）立文之本旨者，直（只不過）以『非有』（闡釋物象）非真有，（以）『非無』（闡釋物象是宛然有象的，故）

---

❼❸　同❼❶。

❼❹　見《大正藏》，四十五，171、209。

❼❺　有關二家之說，請參考上章丙部〈兩晉的般若學〉談〈本無宗〉的一節。

非真無。」而並非如「本無論者」不但把眾生所執「實『有』之色」否定了去，同時也把非無的「假象之所謂『無』也否定了去。所以僧肇對「本無論」作出批判，說他們的主張，簡直就是「好無之談，豈謂順通事實，即（合）物（之實）情哉?」

即如我們在上一章，論〈兩晉的般若學〉一節中所說，僧肇之破「般若三宗」，實則涵攝著齊破「六家七宗」的旨意。何則？破「心無宗」，以其偏於「色有心無」，不契般若中觀本義；破「即色宗」，實例破「識含」、「幻化」、「緣會」三宗，以其偏於「色無心有」，不契般若正義；破「本無宗」，亦例破「本無異宗」，以其偏於本體的「空無」義，而有違「非有，非無」的般若本旨。其詳於上章已有論述，故此不贅。

## 序文三、序論意

於破「般若三家」舊說偏差後，僧肇在序文的第三部分，闡明其作〈不真空論〉的意義。首先僧肇伸說「名」與「實」的關係。因為論作有賴能詮的「名言」（語言文字以詮表思想概念），而所指者實在是所詮的真理。但「名言」能否如實地詮表其所要詮表的「真理」？僧肇的答案是：「以『物』（之名）物（按：加進）於（有體之）物之上，則『所物』（配以名言之物）而可（說之為）物；（若）以『物』（之名）物（按：加進去）於（無體之）『非物』之上，故（彼）雖（有）物（之名）而（仍是）（無體之）『非物』。（由此可見）『物』不（會）即物（按：加進物之名）而就實（按：才得是真實）；『名』（言）不即物而履真（按：名言不會因為加進物之上而變成為真實的東西）。然則『真諦』（按：真理）獨靜於『名教』（按：名言概念）之外，豈曰文言之能辨哉?」依僧肇之

意，名言根本是不能如實地詮表真理的，因為「物」之所以為物，非由「名」（言），而由於其自身是「有體之物」，故「名」與「實」沒有必然的相應關係。推而言之，真理是不可以表詮的，而只可有賴於雙非雙遣的方法，而讓讀者自己去體驗真理。所以僧肇結以「然不能杜（絕名言）默（然無語），聊復厝（藉）（名）言以擬之（按：藉名言把真理比論出來）」一語，來顯示本論為要糾正「般若舊說」之非，不得已而作吧❼❻！

　　於上述的三段序文之中，僧肇已把本論的宗趣、所破的對象以及撰作的意義，一一交待清楚，下文便是本論「正文」所在，分別用六節以明之。

## 正文一、引教以明空

　　為要證明〈不真空論〉的理論是與佛家思想相契的，僧肇於此便運用了「因明三量」中的「聖言量」來作依據❼❼。此間所引的「聖言量」，前有二論，後有五經。二論是指《摩訶衍論》（按：即《大智度論》）和《中論》。二者都是龍樹論師發揮般若思想的名著，其引文如下：

　　　《摩訶衍論》云：「諸法亦非有相，亦非無相。」❼❽

───────────────

❼❻　唐・元康疏說：「理雖不可言，試以言理也。」見《大正藏》，四十五，172。

❼❼　「因明三量」，謂：一者聖言量，指本宗所信奉的佛陀與論師的言教，二者比量，指三支推論所得的知識，三者現量，謂從直觀所得的知識。「量」就是知識義，見《因明入正理論》等資料。

❼❽　《大智度論》原文作：「若法因緣生，是法性實性；若此法不空，不

《中論》云：「諸法不有、不無者，第一真諦也。」 ❼❾

引《摩訶衍論》，目的在證成形相的「非有」、「非無」。從真諦說，物象的實相非有；從俗諦說，物象的假相非無。所以說「諸法亦非有相，亦非無相」。引《中觀》，目的在證成「般若中道」，不單獨否定「實有」，同時還肯定「假有」的存在。所以說「諸法不有，不無」。

跟著僧肇把引文作進一步的闡釋。他引伸在〈序文〉中所提出「即萬物之自虛」的原則，指出證會般若「不有、不無」的途徑，不在於把客體的萬物予以滌除，亦不在於把主體的視聽予以杜塞，只要「寂寥虛豁」，便能體會真理所在 ❽⓿。要證會真理，僧肇提出了兩個原則，其一是「即物順通」，其二是「即偽即真」。因為「即物順通」者，就是不「滌除萬物」，不「杜塞視聽」，順應「萬物自虛」（於真諦，則如《摩訶衍論》所說「非有相」，於

---

從因緣有。（譬如鏡中像，非鏡亦非面，亦非持鏡人）非自、非無因，非有亦非無，亦後非有無，此語亦不受，如是名中道。」見《大正藏》，二十五，106。僧肇唯取「非有亦非無」句，而改變其文字——《肇論》引文，多取這樣不嚴格方法。

❼❾ 《中論・觀六種品》云：「若使無有『有』，云何當有『無』，『有』、『無』既已無，知『有』、『無』者誰?」

《中論・觀有無品》亦云：「『有』若不成者，『無』云何可成；因有『有法』故，『有』壞名為『無』。」見《大正藏》，三十，7。僧肇唯取「不有、不無」，而改變其文字。

❽⓿ 原文作：「豈為滌除萬物，杜塞視聽，寂寥虛豁，然後為真諦者手?」但下文有「即偽即真，故性莫之易」句，「真」是「真諦」義，故此間的「真諦」一詞，作者取其廣義，不取其狹義，所以轉譯成「真理」解。

俗諦，則如《摩訶衍論》所說「非無相」），這樣便不阻逆「物象」之「非有相」、「非無相」的呈現，故說「即物順通，故物莫之逆」，以此回應上述所引《摩訶衍論》的文字。至於「即偽即真」者，即不離俗諦假有之「偽」，亦不離真諦真空之「真」。（按：假有之「偽」，即《中論》所謂「不無」，真有之「真」，即《中論》所謂「不有」。）這樣便不致改變「物象」本具真俗二諦之性（按：「性」者理也），所以說言：「即偽即真，故性莫之易。」這便回應了前面所引《中論》的文字。能夠做到「即偽即真，性莫之易」，即能用般若智觀照萬象，則萬象的實有雖無，而其假象仍可宛然而有，這就是聖教所謂「非無」之旨意，因為聖教並非認為一切物象俱不存在，而它所要否定的只不過是凡夫所執為真實存在的物象而已。物既不真，於何處可得真物的存在呢？於此僧肇已暗示了「不真故空」的本論旨趣 ❽ 。至於「即物順通，物莫之逆」，意謂依俗諦則彼假相雖有，若依真諦則彼真相卻無。真相既無，所以聖教謂之「非有」 ❽ 。於此可見僧肇反覆為文，目的不過兩點：其一，說明非滅一切相，始為「真諦」，不然便成為「斷滅空」，重蹈「六家七宗」有所偏的窠臼中去。其二，說明不廢俗諦而證真諦，真諦所要否定的，只是凡夫所執的「實有」，而非宛然有象的「假有」。萬物假有，但非真有；不真故空——故本論不如「六家七宗」的從有、無來談般若，而僧肇則改從「真」與「假」的角度來談般若。從「有」、「無」談，易墮二邊，從「真」、「假」說，則高履中道。

---

❽　原文作：「如此，則非無（俗諦之假象的）物也，（只不過說）物非（所執的）真物。物非真物，故於何而可物?」

❽　原文作：「物莫之逆，故雖有而無；雖有而無，所謂非有。」

　　諸法「不有、不無」，非離俗諦而別有真諦之理既明，僧肇連引五經，以廣伸其義：其一、引《維摩經》，經云：「色之性空，非色敗空。」❽ 於此可以證見「般若」之起用是「即萬物之自虛」，而證萬物之「空性」，不必「待宰割（壞滅諸色）以求通（達空理）」，因為萬象緣生，故非真實，當其假體而證知其本非真，不真故空，這便可以與論旨契合。故僧肇注《維摩經》云：「色即是空，不待色滅然後為空。」❹ 其義理與本論無異。

　　　其二再引《維摩經・問病品》，即疾的假象而證知其「不真」❺（「不真」，故「空」）。其三引《超日明三昧經》，即「四大」所成的身體，而證知其「虛而不實」❻。（「不實」，即「不真」；「不真故空」。）

　　　其四、引《放光經》云：「第一真諦，無（佛可）成，無（涅槃）可得；（依）世俗諦故，便有成有得。」❼ 以證知：即俗諦的有佛可成，有涅槃可得，以證會真諦的無成無得。「無成無得」者，

---

❽　《維摩經・入不二法門品》云：「色、色空為二。色即是空，非色滅空，色性自空……則為入不二法門。」見《大正藏》，十四，551。

❹　見《大正藏》，三十八，398。

❺　《維摩經・問疾品》云：「如我此病，非真非有；眾生病，亦非真非有。」見《大正藏》，十四，545。

❻　《超日明三昧經》卷上云：「不有壽，不保命，四大（地、水、火、風所成的身體）空。」見《大正藏》，十五，531。

❼　《放光般若經》云：「須菩提言：有所逮，有所得，不以二世俗之事有逮有得，但以世事，故有須陀洹、斯陀含、阿那含、阿羅漢（此小乘的四果）、辟支佛、有佛。欲論最第一者（即『真諦』，亦名『聖義諦』，亦名『第一義諦』），無有逮，無有得；從須陀洹上至佛，亦無逮，亦無得。」見《大正藏》，五，36。

無實成，無實得義，「無實」即「不真」，「不真故空」。跟著僧肇敷衍「有」與「無」的關係，說道：「夫有得即是無得之偽號，（「偽號」即「假名」，此就俗諦說。）無得即是有得之真名。（「真名」暗示「空性」，此就真諦說。）真名故，雖真而非有；偽號故，雖偽而非無。是以言真未嘗有，言偽未嘗無。（「非有」與「非無」之）二言未始一，（「真諦」與「俗諦」之）二理未始殊。」由此而明「般若正義」，是即俗諦而證知真諦的。

其五，最後引《大品般若經》云：「真諦、俗諦，謂有異耶？答曰：無異也。」❽以證知「真諦」不離「俗諦」，真俗體同，故應「即萬物之自虛」以證見其（諸法）「空性」。所以僧肇按語說：「此經直辯真諦以明非有，俗諦以明非無，豈以諦二而二於物哉？」

本節的主旨，在援引經論說明以「真智」證會「真境」的方法，那就是〈序文〉所提出的「即萬物之自虛」的方法。僧肇於此開而為二，其一是「即物順通」，其二是「即偽即真」。依此可以即萬法的有相之假象，以證見其無相的真境，而不必待諸法壞滅之後，然後才得以「般若真智」證見諸法的空性。所以僧肇一再強調了不離俗諦而有真諦，因而以般若真智以證境時，萬法是「非有相」、「非無相」的，是「非有」而「非無」的。這樣真不離俗，俗不離真的方法，就不會墮入「斷絕空」裏，因而不似「六家七宗」那樣或偏於有，或偏於無，或偏於色，或偏於心。「即俗即真」，就是「即萬物之自虛」，「自虛」者，緣生非實義，萬物既

---

❽　《摩訶般若波羅蜜經・道樹品》云：「『世尊，世諦、第一義諦，有異耶？』『須菩提，世諦、第一義諦無異也。何以故？世諦如（法體），即是第一義諦如（法體），以眾不知，不見是如（法體）故。』」見《大正藏》，八，378。

是本自非實，又何須離有相以求無相，離有以求無呢？又萬物本性「自虛」，「自虛」則「非實」，「非實」則「非真」，故萬物雖有假象而非真象；由「非真」故，說之為「空」。這正是本論「不真（故）空」的主旨所在，祇不過在文字上，僧肇沒有把這層意義清晰明確地闡述出來而已。

## 正文二、據理以明空

依理而言，僧肇指出：萬物本質是有其「不有」的一面（按：以真諦觀萬物，萬物非實有，故言其「不有」。），亦有其「不無」的一面。（按：以俗諦觀萬物，則萬物宛然有象，故言其「不無」。）從「不有」一面來說，萬物雖是假有而非實有，故說「有而非有」、「有者非真有」；從「不無」一面來說，萬物雖非實有，但不是絕對的虛無（按：其物象宛然而有故），故說「無而非無」、「無者不絕虛」。既然萬物的本質具備兩面的特性——「（說）有不即真（有）」，「（說）無不夷跡（非泯絕一切形相）」，那麼，對萬物而言，說有說無，名稱雖異，但其理趣是一致的。（按：這是萬物的一體兩面，俗諦說有，真諦說無，「有」與「無」俱在萬物的自體之中。若用遮詮來說，「非有」以顯「無」（無實境故），「非無」以顯「有」（有假象故）。這不過是對上文作進一步的闡釋。）

跟著僧肇引二經來證成他的主張。其一是《維摩經》，另一是《瓔珞經》。

《維摩經》云：「說法不有，亦不無；以因緣故，諸法生。」❽

---

❽ 《維摩經・佛國品》云：「長者子寶積作偈：說法不有亦不無，以因緣故諸法生。」見《大正藏》，十四，537。

《瓔珞經》云：「轉法輪者，亦非有轉，亦非無轉，是謂轉無所轉。」❾⓿

僧肇引用《維摩》、《瓔珞》二經，證明佛陀之「說法」或「轉法輪」❾❶，亦具「不有」與「不無」的一體兩面。自俗諦而言，佛「非無說法」，亦即「非無轉法輪」，若自真諦而言，則佛「非有說法」，亦即「非有轉法輪」。因為「說法」或「轉法輪」都是由因緣所產生的活動，緣生故空，性不真實，但不礙其假有，故亦「有」亦「無」，此是表詮；若運用遮詮來說，「無」即「非有」，「有」即「非無」。「無說法」即「非有轉法輪」，「有說法」即「非無轉法論」。「有轉」、「無轉」不過是一體兩面，觀點之不同而已，所以把似矛盾的觀點統一起來，便可以獲得「轉無所轉法輪」的超越性的結論。於此有一點我們不要忽略，那就是僧肇正式引經說明「諸法緣生，故不有，亦不無」的觀點。緣生非真實，故不有，此從真諦說，緣生宛然有象，故不無，此從俗諦說。緣生既非真實，「不真」，故「空」，亦能冥合「不真空」的主旨。

除了依經說以「轉法輪」及「說法」來推證「諸法不有不無」外，僧肇還提出兩個例子，再加證明。第一是「斷見」，第二是「常見」，合稱為「邪見」，是佛轉法輪所要破斥的對象，何則：

---

❾⓿　《菩薩瓔珞經》云：「文殊師利三白佛言：『法有生滅？法無生滅？』（佛答）：『一切諸佛所轉法輪，亦有轉，亦無轉。……諸佛正法亦不有轉，亦不無轉。……諸法如空，故無有轉，故無無轉。』」見《大正藏》，十六，108。

❾❶　佛陀「說法」亦名為「轉法輪」。「輪」是古印度的兵器，以喻佛陀所說的「教法」如「輪」，佛陀說法猶轉動「正法之輪」，足以降伏一切邪見。

$$
邪見
\begin{cases}
斷見 —— 應破，諸法非實無故。\\
常見 —— 應破，諸法非實有故。
\end{cases}
$$

如果世間諸法是定無的，則「斷見」主張諸法一向無，便不成「邪見」，便不必有勞佛陀轉法輪去破除了。今佛說法以破之，故知「諸法非無」。這正符合〔(p → q)・～q〕→～p 的「否定後項，則否定前項」的論證：

　　　如諸法定無，則佛不破斷見，

　　　今佛破斷見，

　　∴諸法非定無

如果世間諸法是定有的，則「常見」合理，非是「邪見」，不勞佛陀轉法輪以破之。今佛說法破之，故明「諸法非有」。此亦符合今日邏輯〔(p → q)・～q〕→～p 這個恆真式的推論。

　　　如諸法定有，則佛不破常見，

　　　今佛破常見，

　　∴諸法非定有 ❷

最後僧肇綜合上述的兩個結論而作出判斷說：「然則非有非無者，信真諦之談也。」如此透過嚴格的推論，證明「諸法非有、非無」是可信的真理，以回應段首所主「萬物有其所以不有，有其所以不無」的主張。

## 正文三、重引教以明空

上文論證所知境，從真諦觀之，故「不有」；從俗諦觀之，故

---

❷　〈不真空論〉的原文作：「謂物無耶，則邪見（指斷見）非惑；謂物有耶，則常見為得。以物非無，故邪見（斷見）為惑；以物非有，故常見不得。」

「不無」；不有不無，雙遣雙離，始契「中道」。本文則順前所論所知境的非有非無，進而推證能知之「心」亦「非有」，亦「非無」。所依據的仍是「聖言量」中的一經一論：

> 《道行經》云：「心亦不有，亦不無。」❾❸
> 《中觀》亦云：「物從因緣故不有，緣起故不無。」❾❹

「心亦不有，亦不無」，其文易解，本可不贅。從廣義言之，能知之「心」，既可作論謂的對象，故亦可稱之為「物」，彼「物」（即假名之「心」）是因緣法，本無自性，無性故空，所以說為「不有」，但既已從因緣和合而生起，則宛然而有能知的作用，故亦「不無」。如是能知之心，亦猶所知之物，同具「非有」、「非無」的特質。

跟著僧肇依《中觀》思想，再行論證能知之「心」，與所知之「物」，俱是非有、非無。所運用的方法，仍是「否定後項，則否定前項」的有效推論。

有若真有，則有自常有，不待緣而有，

今有不自常有，待緣而後有，

∴故知有非真有

萬物若無，則湛然不動，不應生起，不待緣而無，

今萬物既有生起，待緣而後無，

---

❾❸ 《道行般若經》云：「舍利弗謂須菩提：何而心亦不有，亦不無，亦不能得。」見《大正藏》，八，425。

❾❹ 《中論》云：「眾因緣生法，我說即是空。何以故？眾緣具足，和合而物生。是物屬眾因緣，故無自性，無自性故空。空亦復空，但為引導，故以假名說。離有無二邊，故名為中道。」見《大正藏》，三十，33。

∴故萬物不無❾❺

由此推知一切法，若心若物，說之為有，實非真有，說之為無，實非真無，「有」、「無」皆從緣生故；緣生故空，待緣而生故不真有，待緣而無故不真無，由「不真」故亦是「空」。「不真空」義，昭然可知。

為了加強文章的說服力，僧肇於「比量」之餘，再引聖教：

> 《摩訶衍論》云：「一切諸法，一切因緣，故應有。一切諸法，一切因緣，故不應有。一切無法，一切因緣，故應有。一切有法，一切因緣，故不應有。」❾❻

引文可分兩層來理解。先從統觀一切法來看，彼由因緣和合而生，故應說明為「有」，但一切之有是依因緣而有，非本自存有，故不應說為「實有」。然後再把一切法，分為「有法」與「無法」來看。（按：以「未生法」及「已滅法」為「無法」；以「現在法」為「有法」❾❼。）「一切無法」，若是未生，緣具即生，故應是「有」，若

---

❾❺ 原文只說：「不無者，夫無則湛然不動，可謂之無。萬物若無，則不應起，起則非無，以明緣起，故不無也。」其推理方式與論「不有」稍異，今為簡化，略成論式，與論「不有」者相似，而不違僧肇的本義。

❾❻ 《大智度論》（亦名《摩訶衍論》）云：「一切法不自在，皆屬因緣生。有人雖見一切法從因緣生，謂為從邪因緣生。邪因緣者，微塵世性等。是故說不見法無因緣生，亦不見法從常因緣塵世性生。」見《大正藏》，二十五，623。

又《肇論》引文末句：「一切有法，一切因緣，故不應有。」於唐・元康《肇論疏》中，作「一切無法……」與上文「一切諸法」（即「諸有法」）相對立言。此與《肇論》本文及其他注本（如：文才《肇論新疏》及憨山《肇論略注》等本）有異。見《大正藏》，四十五，173。

是已滅，緣具之時宛然有象，故亦應是「有」；「一切有法」，既從因緣而有，故不應是「實有」。這樣看來，即有即無，似是矛盾而實非矛盾，故僧肇結言：「尋此有無之言，豈直（按：「直」是「只」義）反論而已哉。」何以經中似矛盾的文義，非只是相反論調而已？（按：意指，經文實非矛盾）僧肇重釋其義。他說：若一切法是「有」，那便是「實有」，而不應說之為「無」，若一切法是「無」，那便是「真無」，而不應說是「有」，但經說「一法應有，應無」，所以看來是互相矛盾。不過經所說的「有」、「無」是別有涵義的，那就是：「言『有』是『假有』，（非是永恆的『實有』，其目的）以明『非無』」。「（言『無』是『假無』，非是永不生起的『實無』，其目的在）借『無』以辨『非有』。」**❾❼** 經文「事一（而）稱二**❾❾**其文似有不同（意指：看似矛盾，似是「反論」），苟（能）領（會）其所同（意指：不相矛盾，不是「反論」處），則無異而不同（意指：一切似矛盾，似是「反論」之處，皆可統一之，而達致不矛盾，不成「反論」的觀點）。」

## 正文四、重據理以明空

　　正文分六，前三段中，主要在申明「一切法非有、非無」的

---

**❾❼**　依文才的《肇論新疏》說，見《大正藏》，四十五，211。

**❾❽**　說「無」之處，〈不真空論〉只言「借『無』以辨『非有』」，文略，今依其說「有」的方式，加以補述。

**❾❾**　前文引《大智度論》：「一切諸法，一切因緣，故應有……故不應有。」所謂「一切諸法」是「事一」，但它具備「應有」、「不應有」那兩種特性，故謂「稱二」。前說「應有」，意指「非實無」；後說「不應有」，意指「非真有」。「非有」、「非無」乃一切法之本性，上文已論述之，今不贅。

所以，但仍沒有清楚明確地點出「不真（故）空」的主旨，以回應〈不真空論〉的題目。本段正文第四，才據理以明之。首先承接「一切法非有、非無」的主張，僧肇說言：「萬法果有其所以不有（緣起性空，故不有），不可得而（實）有；有其所以不無（緣生故不無），不可得而（真）無。」繼而覆疏其緣由所在。因為「欲言其有，（但那個所謂）『有（法）』（卻）非真（實地）生（起，）（緣起有故）；欲言其無，（但）事象既形，（有）象形不即（是真）無。（那麼，一切法便是）非真（無）、非實有，然則『不真空』義，顯於茲矣。」本節就是透過一切法緣起緣生之理，證成「不真（故）空」之義。因為一切法緣起故，有非真有，緣生有形有象故，無非真無；「非真」者，「不真」義，「不真」之故，說一切法是「空」，即題旨所謂「不真（故）空」。跟著僧肇引經以「名」、「實」明空：

> 《放光》云：「諸法假號不真。譬如幻化人，非無幻化人，幻化人非真人也。」**⑩**

一切諸法，都有「假名」，如假號為五蘊之名，假號為人之名（五蘊假體所成），假號為男人之名，假號為女人之名。「假名」非實，非實不真，「不真（故）空」。但彼假名之五蘊、人、男人、女人等，猶如幻化人，不是絕無，以有假象故，然假象不真「不真（故）空」，於是從「緣起法」，得證「一切法，非真有，非真無」；從「假名」如「幻化人」，得證「一切法，非真有，非絕無」。由「不真」

---

**⑩**　《放光般若經》云：「世尊，假令諸法如夢、如幻、如化、如響、如熱時之焰。……佛告須菩提，名字者不真；假號為名、假號為五陰，假號為人，為男，為女。」見《大正藏》，八，128。

故說「不真（故）空」，以契會題旨。

## 正文五、就名實以明空

前文已分別從「緣起」、「假名」及「幻化人之喻」以明諸法「不真（故）空」。今文更就「名」與「實」的關係以論述諸法空義。依世俗而談，一切諸法都不離「名相」，但物之「名」是否能夠與物之「實」相應？若不相應，則我們如何可以認知真物？所以僧肇提出「以名求物，物無當名之實」，因為一物可有多名（如花、蕊、葩等名，可同指一物），多物亦可有一名，（如車之名，可同時指謂牛車、馬車、火車、汽車。）故「以名求物」，實找不到與名完全相應的實物，（如從「筆」之名，實不知所求者是毛筆或是刀筆，或是自來水筆；如是毛筆，亦不知是何種毛筆，如是羊毛筆，亦不知是此筆或彼筆。）故以名求物，必無「當名之實」可得。若反之，「以物求名，名無得物之功」。如「火」之為物，有能燒的作用，但「火之名」，雖千呼百喚，亦不能燒我嘴唇，所以「名」誠不能反映「物」的本有功用。故知「物無當名之實，（所名之物）非（真實之）物也」（按：如龜毛，如兔角，根本找不到跟這些語言概念相當之物與之相應，故龜毛、兔角之為物，只存在於概念之中，而並沒有實物與名相應；進一步來說，一切語言之名皆是相對的，如「筆」與「非筆」相對而立名，他如「長」之與「短」、「多」之與「少」、「高」之與「下」也是一樣，彼名所指謂之物，實非真物，可知矣）。至於「名無得物之功」，則彼名亦「非（有實在功用之）名也」。（「火」之名，不能燒，則彼「名」並不能如實反映物的功用，故非「真名」。）由此我們可以得知「名」與「物之實」根本缺乏必然關係，因此我們便可以推得「名不當

實，實不當名」的結論；「名實無當」，則我們藉賴「名言」這些
語言概念來表達的「實物」可以從哪裏找得到呢？因此僧肇就
有「名實無當，萬物安在」之歎。萬物之實既不可得，則以「名
言」來表達的「物」便不是真實的物，物既不真，「不真（故）
空」。

　　繼而再就名實之辨，援引經論，來加說明，先引《中論》，後
引《成具》：

　　　　《中觀》云：「物無彼此，而人以此為此，以彼為彼，彼亦
　　　　以此為彼，以彼為此。」❶

前文已得知「名」與「物之實」並無必然的關係。名實的關係既
非必然，則物便不能有固定必然的彼此可分，因此僧肇便引《中
論》所謂「物無彼此」為證。祇不過世人迷執，強執此必然為此，
而彼必然為彼，別人亦可持相反意見，強執此為彼，執彼為此。

❶　《中論》，並無此段文字。元康《肇論疏》認為引文「通是《中論》
　　意也」，又謂：「可別指〈觀苦品〉一偈。」見《大正藏》，四十五，
　　174。
　　按《中論・觀苦品》云：「自作苦不成，云何彼作苦？若彼人作苦，
　　即亦名自作。」見《大正藏》，三十，17。
　　又按：佛法中說五受陰為苦，而本品破苦是自作、他作、共作、無
　　因作的論說，認為此四皆不成。因為「真實」是超越語文的境界，
　　一落言詮，便成戲論，即非真實。
　　又按：《中觀・觀有無品》云：「法若無自性，云何有他性，自性於
　　他性，亦名為他性。」可見「自」與「他」（同於「此」與「彼」）是
　　相對而立言，轉一角度來看，「自」亦成「他」，「他」亦成「自」了。
　　可見名言與物象，並無必然關係。

這都是由於前文所謂「實不當名，名不當實」的緣故。依此道理，僧肇作出按語說：「此彼莫定乎一名（按：一名可指多物，多物亦可有一名故），而惑者懷必然之志（按：或以此必然為此，或以此必然為彼，皆妄執所致）。然則彼此初非有（按：萬象諸法，本無差別，故無彼此之分），惑者初非無（按：迷妄的凡夫，由惑智故，於萬象之上定分彼此）。既悟彼此之非有（指對待而言），有何物而可（實）有哉？」（按：名與實本不相當，但凡夫的認知又不能不藉「不能與物相當」的名言來進行，故以不當之名，以認知不當之物，則此物便不可能是真實的了。）

於《中觀》之後，僧肇引了《成具經》所謂：「（光明定意之法，是無所有法，不過）強為其名。」❿又引《莊子》指馬的比況❽，以明語言概念的局限性，不能真正詮表宇宙萬物的實況，則我們要藉語言概念以了解萬物實無可能。所以說：「故知萬物非真，（迷者執計於）假號（以為真）久矣。」只有聖人才能「乘千化而不變，履萬惑而常通」，何以故？因為聖人（佛）能夠「即萬物之自虛，不假虛而虛物也」（意謂：以法自空，不假將空觀，以空法也❹）。跟著引《大品般若》作結：

---

❿　《成具光明定意經》云：「……作是計念者，為應成具光明定意之教法也。是法無所有法，故強為其名。」見《大正藏》，十五，454。

❽　《莊子・齊物論》云：「物無非彼，物無非是（此也）。」又云：「以指（概念）喻（使人明曉也）指之非指，不若以非指喻指之非指；以馬喻馬之非馬，不若以非馬喻馬之非馬。」

❹　此依元康《肇論疏》作案語。但原文是：「以法自空，不假將空觀本空法也。」今改「本」字為「以」字，似較能符合論意。見《大正藏》，四十五，174。

> 甚奇世尊，不動真際，為諸法立處**❿**。

其意是指「非離真而（別有建立真之）立處，立處（之自體，不假名言概念，當下）即真也」，其意亦是「即萬物之自虛」，不必別有所立，而能證會萬物本自不真，「不真（故）空」。

## 正文六、會結以明空

前文已分別從各種不同角度，以「聖言量」及「比量」論證「宇宙萬象本自不真，不真故空」之理。行文至此，僧肇便對「不真（故）空」的主張作個歸結，他說：「然則道遠乎哉？觸事而真。聖遠乎哉？體之即神。」於此會結之處，僧肇重申證會「不真（故）空」的方法，是在「即萬物之自虛」，亦即《大品》所謂「不動真際，為諸法立處。」「非離真而（別有）立處，立處即真。」不過在本段文字裏，僧肇只換了另一番話，說證會「不真（故空）的方法」在「觸事而真」。「觸事」者，便是「即萬物之自虛」，「而真」者，是理解「萬物自虛，本自不真，不真故空」之理。由於「觸事而真」，所以途徑是不遠的，故說：「道遠乎哉？」又由於能夠體會「萬物自虛，本自不真，不真故空」之理，即能發揮般若的真義，即能證會聖者神妙的境界，故說，「體之即神」、既是「體之即神」，所以有「聖遠乎哉」這番勸勉作結的話。

---

**❿** 《放光般若經》云：「是故須菩提，是如來大士之所差特，不動於等覺法為諸法立處。……凡夫、聲聞、辟支佛於等正覺亦復不動。」見《大正藏》，八，140。

又云：「須菩提白佛言：世尊，若實際即是眾生際。菩薩則為建立實際於實際，世尊、菩薩建立實際於實際，則為建立自性於自性。」見《大正藏》，八，141。

# 丙、思想的分析

僧肇在〈般若無知論〉中，透過「般若智」的活動情況，分析了「認識論」裏有關「真諦現量」的問題，糾正了時人在這方面的種種誤解，所以〈般若無知論〉所研討的，屬於「認識論」的範疇。至於僧肇的第二篇巨著〈不真空論〉所探究的卻是所知的對象（即「所知境」）的問題。一種認知的活動，必有「能知」與「所知」兩方面。有關能知的一般情況，已於〈般若無知論〉中交待清楚，至於所知的對象（所知境）是有是無，是虛是實，是存在，是不存在，這是有關「存有論」的問題。對於這些問題，當時般若學者，眾說紛紜，莫衷一是，所謂「六家七宗」是也。他們的主張可分成三組：

一、主張「心無色有」：他們空心不空色，以「心無宗」為代表。

二、主張「色無心有」：他們空色不空心，以「即色宗」為代表，而兼攝「識含」、「幻化」及「緣會」等三個宗派。

三、主張「心色俱無」：他們把一切回歸到宇宙的本體中去，以「本無宗」為代表，同時兼攝「本無異宗」。

如是「六家七宗」理解各異，他們對宇宙萬物所知境，或執為有，或執為無，或回歸「無」的本體中去，都有所偏，不如實了知「非有、非無」的「中道」境界。而僧肇的〈不真空論〉正針對眾家之失，而提出了「宇宙萬物，由於本身不真的緣故，所以名之為空」這個有關所知境的結論，故知〈不真空論〉可歸到「存有論」的範疇。

何以僧肇〈不真空論〉有能力足以糾正「六家七宗」的偏差？

原因很多，最主要的是思想方法不同。「六家七宗」用的多是「表詮法」，如「心無宗」所說的「心無物有」、「即色宗」的「色無心有」、「本無宗」的「有亦無」、「無亦無」。可是僧肇用的卻是「遮詮」方法，如「諸法非有相，非無相」、如「諸法不有、不無」。用表詮只能肯定一邊，如是「有」，就不能同是「無」，用遮詮則可以用「雙非」否定兩邊而直趣「中道」，如「非有」無妨於「非無」，蓋「非有者，非實有」，「非無者，非絕無」，真、俗觀點不同，故「雙非」而不致引起矛盾，此「六家七宗」之所以有所偏，而僧肇「不真空說」所以無所偏，而高履中道的原因之第一點。

「六家七宗」，或從真諦以觀物，故說色空，或從俗諦以觀物，故說物有，或從本體以觀物，故說本無。但僧肇則「即真諦即俗諦」以觀物，則「宇宙萬物非有相，非無相」了。上篇〈般若無知論〉雖就「境之無相」來談，但仍把「智」與「神」同時兼論，所謂「智有窮幽之鑒而無知焉，神有應會之用而無慮焉。」不過，「無知而有用」的說法，還不如〈不真空論〉的直說「即真即俗」來得乾淨利落，所以能不著二邊，而直契中道，此其所以無所偏的第二點原因。

能夠「即真即俗」以觀萬象，則萬象假有的一面與不真虛寂的一面，同時顯現，所以僧肇在〈不真空論〉中，一再反覆提出「即萬物之自虛」以觀物，則萬物之表裏精粗無不明矣，此亦是「六家七宗」所以有偏，而「僧肇思想」所以無偏的第三點原因。

上述三種方法，都是龍樹般若中觀思想的主流。龍樹著作，「六家七宗」諸師未及披閱，而僧肇則廁身於羅什譯場之中，通達中觀學派的著述。故中國般若之學，僧肇比「六家七宗」為純粹，此時勢使焉，非人力所能轉易。

　　至於僧肇如何建立他的「不真空說」，其論證又是否有效，當論述如下：

　　「不真空說」的論證方法，不外是「聖言量」與「比量」的交替運用。第一、從「聖言量」得出「諸法非有、非無」，此是「即真諦、即俗諦」以觀宇宙萬象的結果。從真諦言，諸法之有，不是真有，故云「非有」；從俗諦言，則諸法宛然而有，不是絕無，故云「非無」。因此「即（非無的）萬物之自虛」（按：「自虛」者，「本非真有」義）以觀萬物，則萬物一方面是「非絕無」，一方面又「非真有」；從其「非真有」的觀點來看，而說「萬物是空」，「不真故空」。那末，般若中道所說的「空」，便不是作「無」字解，而只作「不真」解。故說「不真（故）空」。這便可救「斷滅空」那種耽空滯寂的通病。

　　第二步驟，僧肇運用「緣起說」來證成萬物的「不真故空」。因為諸法必須待因恃緣然後得生，故「非真有」，但既已緣生，則又「非絕無」，從萬物「非真有」的觀點來看，則萬物是空，「不真故空」。

　　第三步驟是依佛轉法輪，以破斥「斷見」及「常見」來作「比量」的論證。若萬物本無，則佛不必破「斷見」，今佛既說法以破「斷見」，故知萬物「非絕無」；萬物若本有，則佛不必破「常見」，今佛既說法以破「常見」，故知萬物「非真有」。就萬物「非真有」來說，故知是「空」，「不真（故）空」。

　　第四步驟是運用「名」與「實」的關係來論證。一般評價「物」之為實為虛，是有是無，必須借助名言概念，但如今發現「名不當實（物）、實（物）不當名」，「名」與「實」既無必然關係而互不相應，則如何可以肯定有實物的存在？何況一般群族言語都難

免有其含渾性（如「富有」、如「快捷」），有其歧義性（如「杜鵑」可指花，亦可指鳥）及相對性（如「多」與「少」對，「貴」與「賤」對，「高」與「下」對；甚至名詞亦然，如「花」與「非花」對，「人」與「非人」對；代名詞「此」與「彼」對，「自」與「他」對……如是甲以此為「此」，以彼為「彼」，但在乙來說，則可能以此為「彼」，以彼為「此」了），如是語言實有其極大的局限性，所以都是「假名」，都是「假號」，都難有真確的指謂對象。可是人類卻不能不透過這些沒有真確指謂的「假名」、「假號」來認知宇宙萬象，則我們所認知的宇宙萬物又怎會真確呢？既然所認知的萬物不真，「不真」故說之是「空」，於理調然。

　　上述的四重論證，或「比量」、或「聖言量」都是有效的，是可接受的；因此這四個步驟所推得的結論——宇宙萬象，本自不真，不真故空——便可以確立無疑。僧肇的「不真空說」便得成立。其價值不但足以糾正「六家七宗」對「般若」的諸種誤解，而且從「存有」的觀點，明確論證出宇宙萬象是「存在的」，「不是絕對虛假的」，只不過萬象的存在是在條件制約下的存在，而不是本自具足永恆的存在，所以說它「不真」，說它是「緣起法」，是「變易法」，是「無常法」——由「不真」故，說之為「空」。「色法」固是如此，「心法」亦不例外，亦是「不真（故）空」。

　　尤有進者，僧肇於「不真空說」中，明確界定了「空」的意義。「空」不是「無」，「空」並沒有否定一切現象的存在，它只否定了現象的永恆存在，故「空」只是「不真（實）」義，不真之「空」，根本無妨現象的「假有」。後期「天台」圓教「即假、即空、即中」那套「三諦圓融」的思想，從僧肇的「不真空說」應該得到很大的啟發。

# 三、物不遷說

　　僧肇的「物不遷說」是依他的〈物不遷論〉而建立的，在今本《肇論》的四論之中，排列第一。茲分三部分予以論述：

## 甲、立說的緣起

　　依梁・慧皎所撰《高僧傳・僧肇傳》所載，僧肇完成了〈般若無知論〉後，「又著〈不真空論〉、〈物不遷論〉等，並注《維摩》及製諸經論序，並傳於世。及什亡之後，追悼永往，翹思彌厲，乃著〈涅槃無名論〉」❿。由此可見僧肇「物不遷說」是建立在「般若無知說」之後，「涅槃無名說」之前。〈物不遷論〉一如〈不真空論〉，亦引及《中論》⓱，而《中論》是鳩摩羅什最後的著述，約在公元 409 年。而羅什卒於 413 年⓲，故知「物不遷說」必然建立於 409–413 年之間，可無疑義。按《高僧傳》的記載，這是僧肇的第三篇的論著⓳，至於何以後人編《肇論》時卻把〈物不

---

❿　見慧皎《高僧傳》，《大正藏》，五十，365。

⓱　如說：「《中觀》云：『觀方知彼去，去者不至方。』」見《大正藏》，四十五，151。這明顯是出自《中論・觀去來品》。論云：「已去無有去，未去亦無去。離已去無去，去時亦無去。」見《大正藏》，三十，3。

⓲　依僧肇〈鳩摩羅什法師誄〉，羅什的生卒合為 344–413 年。見《大正藏》，五十二，264。若依塚本善隆考，則為 350–409 年。見所著〈佛教史上肇論的意義〉。載《肇論研究》，頁 113。

⓳　究竟〈不真空論〉與〈物不遷論〉的成文，孰先孰後，已難稽考，

遷論〉列為首篇❿？此無確考，也許本篇所研討的，以「動」、「靜」為主，進而旁及「時」、「空」、「因果」等課題，這都屬於「現象界」的形而上學問題，在佛家「二諦」之中是「俗諦」所攝；「俗」者易入，「真」者難知，由俗說真，故安排於四論之首。這雖屬臆測，但證諸元康的《肇論疏》也可得其端倪；元康說云：

> 此下四論……明教也。四論四章，即明四教。第一〈物不遷論〉，明有，申俗諦教；第二〈不真空論〉，明空，申真諦教；第三〈般若（無知）論〉，明因，申般若教；第四〈涅槃（無名）論〉，明果，申涅槃教。明此四法，申彼四教，釋迦一化，理斯盡矣❶。

其實「有」、「空」、「因」、「果」四法，僧肇都以「般若、中觀」的思想來說，但本篇「明有」，「申俗諦教」卻很明顯。論法理，則不妨「有不離空」、「真不離俗」、「即有即空」、「即真即俗」。但說教，則開示門徑，總是「以俗說真」為方便。依此理趣，把〈物不遷論〉置於篇首，編者未嘗無理。

　　進一步我們要探索僧肇立「物不遷說」的緣由。慧達疏云：「今不言遷，而言不遷者，立教本意，祇為中根執無常者說，故云：『中人未分於存亡』。」❷慧達之說是合乎僧肇的「中觀」精神

---

　　今只依《高僧傳》所述僧肇的著作，列序第三，故說為「僧肇的第三篇論著」（此除《維摩注》及諸經論序而言）。

❿　這只就今本《肇論》而言（包括《大正藏》所收），若依慧達的《肇論疏》，《肇論》目次是一、〈涅槃無名論〉、二、〈不真空論〉、三、〈般若無知論〉、四、〈物不遷論〉，既與《高僧傳》異，亦與今本《肇論》不同。見《續藏經》，第一輯，第四冊，頁413。

❶　見《大正藏》，四十五，166。

的。因為「中觀」不能偏於「有」，不能偏於「無」，不能偏於「動」，也不能偏於「靜」，所以僧肇於完成「般若無知說」與「不真空說」之後，得要繼而建立「物不遷說」，以申明「動靜未始異」的道理，且僧肇所宗的《中論》，都是「以俗說真」，如〈觀因緣品〉、〈觀去來品〉等，都是破俗諦的二邊，會真諦於言詮之外。僧肇先前兩篇著作，都是總論，總說「般若離相」，故無所知，萬有「非真」，不真故空。今正可沿此理路，說明「動非真動」，故「物不遷」❶❶❸，且《中論》第二品正是〈觀去來品〉，破物有去來之說，而〈物不遷論〉亦用其意而引其文，顯然是受它的影響而立說，於總說、總論之後，別說別論，援例於《中論》以申「俗諦」之教。

## 乙、理論的建立

僧肇「物不遷說」是依〈物不遷論〉而建立的。依元康《肇論疏》所作的科判，本論的內容，可分為「序文」與「正文」兩大部分，而「正文」又開成六節以論證「物不遷義」。今依此分判的方式闡析如下：

「序文」之中，亦可分為四節（即：敘常情、明真解、述異同、申論意）：

❶❶❷　見《續藏經》，第一輯，第四冊，頁442。

又疏中所言「中人未分於存亡」，是引〈物不遷論〉語。也許僧肇借用《老子》第四十一章之意：「上士聞道，勤而行之；中士聞道，若存若亡（將信將疑義）；下士聞道，大笑之，不笑不足以為道。」

❶❶❸　錢偉量撰〈僧肇動靜觀辨析〉一文，即用「動非真動」以釋「物不遷義」。今借用之。文見《世界宗教研究》，一九八七年第三期（總第二十九期），頁105。

### 序文一、敘常情

　　一般闇於真理的凡夫，見眾生的「生死交謝」、四時的「寒暑迭遷」，便認為「有物流動」，執著彼物是遷流不已的。依僧肇「中觀」的看法，這都是不契真理的邪執偏見，為要闡釋真理，此種邪執偏見實不能不予以遮破的。

### 序文二、明真解

　　凡情執「有物流動」，僧肇於本節以「予則謂之不然」一語，加以明確的否定，以顯出自己「物不遷」的主旨。跟著作者分別以經教及正理來支持其看法。僧肇首先運用「聖言量」，引西晉・竺法護所出的《大品般若》（名曰《放光》）所說「一切法無去來，無動轉」❶❶❹，以見凡夫所執「有物流動」之非，反證本篇旨趣——「物不遷義」的契合聖教之是。然後作者陳述正理，說明自己立論的觀點，是「不釋（按：『釋』是『離』義）動以求靜」，而是「必求靜於諸動」。能夠「不釋動以求靜」，故「雖靜而常動」；能夠「必求靜於諸動」，故「雖動而常靜」。如是「動而常靜」、「靜而常動」，所以面對「生死交謝，寒暑迭遷」這些現象，便不會有所偏執，愚昧地計執為「有物流動」，相反地，卻可以洞察現象之間動靜不二之理，證會「物不遷」之義。

### 序文三、述異同

　　面對「生死交謝，寒暑迭遷」這同一現象，智者見其「動而

---

❶❶❹　《放光般若經》云：「諸法不動搖故，諸法亦不去，亦不來，亦無有住處。」此見《大正藏》，八，32。

常靜」、「靜而常動」，動靜一如，無所偏執；凡夫則起了「有物流動」的妄執邪見，究其因由，並非「動靜（之理）」有所不同，而只是（「智者」）與「惑者」（按：即前文所說的「常情」）所運用的方法、所依持的觀點有所不同而已。世人往往耽迷於「好異」與「競辯」，於是使「動靜不二」之理也埋沒了，至使智人對「靜躁（按：指『動靜』）之極（則）」（按：意謂「動靜不二最高的原理」），真有「不易言也」之歎。何則？「談真則逆俗，順俗則違真」；「違真則迷性而莫返」，「逆俗則言淡而無味」，遂使智者的言「動靜不二」之理，徒然引致「中人未分於存亡」（按：指「信疑參半」），「下士撫掌而弗顧」罷了。於是「動靜不二」這種「物性」（按：指現象的本具特質），便不易為凡夫所理解，豈不惜哉！

## 序文四、申論意

承上文「談真則逆俗，順俗則違真……」，致使「動靜不二」的「物性」，有「近而不可知」之歎，因而冒著「中人未分於存亡，下士撫掌而弗顧」的可怕後果，於「不能自已」的推動下，「聊復寄心於動靜之際」，把那種「動靜不二」的「物性」說個清楚明白。

「序文」之後，跟著便是「正文」，其間又可分為六節：一者是「引經明物不遷義」，二者是「指物明物不遷義」，三者是「遣惑明物不遷義」，四者是「會教明物不遷義」，五者是「反常明物不遷義」，六者是「結會明物不遷義」。

## 正文一、引經明物不遷義

為要證明「物不遷說」是持之有故的，所以在正文之始，便

引一經一論以為依據。先引東漢支婁迦讖所出的《道行般若經》云：「諸法本無所從來，去亦無所至。」原文本指「佛亦如是」⓯，這是針對「佛從何所來？去至何所？」而作出的答案。佛既無所從來，去亦無所至，那正與僧肇「物不遷義」相契合了。繼而再引龍樹《中論》言：「觀方知彼去，去者不至方。」其原文本出〈觀去來品〉：「問曰：『世間眼見三時有作，已去、未去、去時。以有作故，當知有諸法。』答曰：『已去無有去，未去亦無去，離已去未去，去時亦無去。——已去無有去，已去故，若離去（而）有去業，是事不然；未去亦無去，未有去法故。去時名半去半未去，不離已去、未去故。』」⓰今僧肇取其意而改其文，作為本論的佐證，以合乎自己「即動而求靜」的觀點。故元康疏云：「經云無來無去，論云無去，此之二文，皆即去明無去，非謂離去有無去。即去無去，是謂不遷之義，一論之旨歸也。」⓱「即去明無去」，就是把「去」與「無去」這兩個矛盾統一起來，這亦「中觀」不落二邊思想的基本特色，而僧肇正援引一經一論之文而契會之。

## 正文二、指物明物不遷義

在本節裏，僧肇陳述出：依同一的前提，若從不同的觀點與推論方式，則可推出兩個截然相反的結論。所謂同一的前提，就是「昔物不至今」，這正概括了文初所說的「生死交謝、寒暑迭遷」的事實。顯淺地打個比方，釋迦世尊是古人（按：「物」從廣義言，

---

⓯ 原文云：「空本無所從來，去亦無所至。佛亦如是。」見《大正藏》，八，473。

⓰ 此是青目釋龍樹《中論》文字，見《大正藏》，三十，3。

⓱ 見《大正藏》，四十五，167。

實包括「人物」義），而不能生存到今日，寒冷的冬天過去了，而不能延展到夏天去。這都是「昔物不至今」的共許現象。凡夫以「昔物不至今」為前提，而推得「動而非靜」的「妄執邪見」（就中觀角度看），僧肇則以同一的前提，卻推得「靜而非動」的結論。凡夫的推論是這樣的：「昔物不至今」，則（昔物）「不來」，以其「不來」，故（昔物）是「動而非靜」。文才《肇論新疏》注云：「以凡物遷至昔，唯去不來，故云遷（動）也。」⓲意思是說，凡夫從今日的著眼點以看過去，則過去的人物或事物，雖在某一段時空裏遷流變動而終歸於湮滅，故無從延展到現在，此之謂「不來」；雖是不來，但在過去的一段時空裏卻曾存在過，遷流過，變動過，因此而作出「有物流動」、「動而非靜」的結論，可是僧肇的觀點與推演方式卻不是這樣。他同樣肯定了「昔物不至今」這前提作為推演的依據，不過他從昔日的著眼點來看過去，則過去的人物或事物並沒有延展到現在，所謂（昔物）「不去」，「不去」則無遷流變動，故謂之「靜而非動」。簡言之，他的推演是：「昔物不至今」，則（昔物）「不去」，以其「不去」，故（昔物）是「靜而非動」。

　　何以依「昔物不至今」這同一的論據，在凡夫則推出「動而非靜」、「有物流動」的結論，在僧肇則推出「靜而非動」的「物不遷」的結論，因而形成了「所造（接觸義、依據義）未嘗異，所見未嘗同」的怪特現象呢？關鍵在「不來」與「不去」這兩個用詞；依作者的理解與分析，「不來」是指凡夫採取「從今以望昔」的觀點，期待昔者存在之物可以來今，但由於「生、住、異、滅」規律所限，雖生、住於昔日的一段時空之中，而終歸異、滅而「不

能來」，因而推斷事物的特性是「動而非靜」的。「不去」一詞，則涵蘊著「從昔以望昔」的觀點以觀物（按：下文僧肇再把這觀點明確地闡述去來），故僧肇覺察到昔物唯是昔物，並沒有延展下去，所以推斷事物的性質是「靜而非動」的❶❶❾。如是對真理的了解，一逆一順，一塞一通，苟得其道，當無所滯。

## 正文三、遣惑明物不遷義

上文只就同一前提，推出兩個相反的結論，雖說有逆、順、通、塞之別，但依理還不能說「動而非靜」的「物性」為非，而「靜而非動」者為是，因為兩相乖背，有兩俱不成的可能，故須作進一步的探究。首先，承上文有關凡夫的結論，而判定其為惑計鄙執，以明於理不能成立，這是本節的「明惑分」。因為「動而非靜」，「有物流動」，則必須肯定有物可以從一個時空延展到另一時空去，用僧肇的語言，就是「今物而可往」。（按：從現在的觀點來看物，物必須要能延展到未來，然後可以說它是「動而非靜」，猶如從過去的觀點來看物，物必須要能延展下去然後可以說它是「能動」、「能遷」。）至於「來」、「去」只是看物的主觀用語——從今以望昔，若物有動遷，便說它「來」；從昔以望今，若物有動遷，便說它「去」；從今以望未來，若物有動遷，也說它「去」；故知「來」與「去」都可作「動遷」的代用語。今凡夫既知「往

---

❶❶❾　按：從「昔物不至今」，以見物之「不來」，而得「動而非靜」的結論，此間必須接受物的存在實必具「生、住、異、滅」這四種屬性。從「昔物不至今」，以見物之「不去」，而得「靜而非動」的結論，則必須假定「物必才生即滅」，「而無所住」，推理然後有效。《肇論》文簡，未有及此，故依理補之。

物（按：指昔物，即過去的事物）不來」，而又承認「今物而可往」，（按：「往」即「去」義；若認為「物有動遷」，便不得不承認「今物可延展到（去）未來」，其理見前。）這便是凡夫妄情的迷惑處，因為「往（昔）物既不來，今物何所往」❿？所以只可以歎一句「傷夫人情之惑也久矣，目對真而莫覺」罷了——同時也把凡夫「動而非靜」論證的有效性否定了。

　　繼「明惑分」之後，僧肇開出「明理分」，進一步論證「（事物）靜而非動」，以結成「物不遷義」。他的論證，初分三段，其一：

　　⑴求向（昔）物於向（昔），於向（昔）未嘗無。
　　⑵於向（昔）未嘗無，故知物不去。

其二：

　　⑶責（亦索求義）向（昔）物於今，於今未嘗有。
　　⑷於今未嘗有，以明物不來。

其三：

---

❿　僧肇於此並沒有照顧到「凡情」接受了物有「生、住、異、滅」的特性。物既有「住」，則物便可以延展；「住」的時間短，便有「昔物不至今」那種「不來」的現象。那末，物之「不來」，實無礙其「可住」，只要其「動遷」之「住」與物之「能住」的時間之短長相應便可以。如果把「不來」的概念絕對化了，則根本無有動遷，凡夫雖愚，也不會依據絕對化了的「不來」之「昔物不至今」，去推求「有物流動」、「動而非靜」的結論。也許「生、住、異、滅」這種現象界的特性是佛所說，所以僧肇不忍正面加以否定，故只好避而不談，留待下文舉喻後才用別的概念（「物各住於一世」）加以取代。

　　⑸復而求今，今亦不往。

若從第一段看，我們不能單憑命題⑴，以推得命題⑵；要推得命題⑵，還得要借助於命題⑶。因此，為了方便理解，我們試從第二段的論證開始，然後再回頭到第一段去，同時還以歷史上的釋迦作為實例。依命題⑶，若我們於今天以求索過去的釋迦，則過去的釋迦，實不可得；以不可得故，我們可以證得「（往昔的事）物不來」，則命題⑷便可以成立。

　　再回到第一段的推理，從命題⑴，我們求索過去的釋迦於過去，則過去的釋迦未嘗無；「過去的釋迦未嘗無」，加上命題⑶「過去的釋迦於今不可得」，則命題⑵「過去的釋迦未嘗無」（今日之釋迦未嘗有），故知「物之不去」也可以成立。

　　依第一、二段的結論，我們可以類比今日之物，亦將不往（亦即不去）於未來。則第三段的推論──「復而求今，今亦不往」，也應可成立。

　　如是綜合上述三重論證（按：其實主要是第一、二段），我們得出「物之不去」與「物之不來」，所謂「物不相往來」的結論。物既「不相往來」，則「物不遷動」的旨趣便得建立。「物不相往來」與「物不遷動」的意趣是指：「昔物自在昔，不從今以至昔」（按：指過去的事物只存在於過去，而不能從現有的事物而求得其過去的本原體相，或說它即是過去的本原事物），此其一。「今物自在今，不從昔以至今」，此其二。於是在過去、現在、未來三時之中，過去的事物只存在於過去，現在的事物只存在於現在，未來的事物只存在於未來；如是三世互不相通，物象彼此無所往來，所以說之「靜而非動」，而本論的主旨──物不遷義，亦依此

而得以成立。

「物不遷義」於理已立，僧肇為要強化本論的說服力，一方面引《莊子》之文以為佐證，所謂：「故仲尼曰：『回也見新，交臂非故。』」 **⑫** 以見「物不遷義」，通乎中外，成普遍真理。一方面還運用文學筆調，列舉自然界的現象，亦不離「不遷」的規律，所謂：「旋嵐偃嶽而常靜，江河競注而不流，野馬（遊氣也）飄鼓而不動，日月歷天而不周。復何怪哉?」其義如元康所云：「前風非後風，故偃岳而常靜；前水非後水，故競注而不流；前氣非後氣，故飄鼓而不動；前日非後日，故歷天而不周。」 **⑫** 在闡釋「物不遷義」的同時，亦反映出僧肇所運用的正是他在前文所說之「不釋動而求靜」及「必求靜於諸動」的那種矛盾統一的方法。

## 正文四、會教明物不遷義

僧肇的「物不遷義」，雖有教為依（按：如前引《道行般若經》所云：「諸法本無所從來，去亦無所至。」《中論》所說：「觀方知彼去，去者不至方。」《放光般若經》所謂：「法無去來、無動轉。」），言之有故（按：如正文三的各種論證），但也有不少聖教，是說無常、談動遷的，如《涅槃經》所謂：「人命逝速，速於川流。」 **⑫** 如是常與無常，住與不住，遷與不遷，動與不動，彼此乖角。「物

---

**⑫** 見《莊子・外篇》中的〈田子方〉篇。原文是：「孔子謂顏回曰：『吾終身與汝交一臂而失之，可不哀與!』」交臂之頃，已失前人，古今中外，同此體證，而「物不遷義」，便得成普遍真理。

**⑫** 元康《肇論疏》，《大正藏》，四十五，168。

**⑫** 元康《肇論疏》謂語出《涅槃經》，但僧肇實未見此經，故 W. Liebenthal 認為不可能。見 *The Treatises of Seng-Chao*, p. 48.

不遷義」雖與般若、中觀諸經契合，但與涅槃等說相違，遂使讀者諸惑叢生，疑慮難決。加以聲聞悟無常之理而成道，緣覺觀緣起之法而證真，則諸法（按：指現象界的有為法）流轉，早已教內共許，今反謂之不遷，所以有會違的必要。僧肇以為釋迦對機說法，於是「聖言微隱難測」，故所說諸法，實「若動而靜，似去而留；可以神會，難以事求」。若就了義而談，則「言去不必去」，因為「言去」的目的，在「閑（按：作防止解）人之常想」；「稱住不必住」。（據元康疏，本句意指「經文又言業果不失，是謂住也。」）❷ 因為「言住」的目的，在「釋（按：亦防止義）人之所謂往耳」。如是各有所對之機，故世間事物，「據言教則如動如去，據理則如靜如留」 ❷，言似相違，理不相乖。

　　僧肇繼而援經引論，申說會違之理亦契聖教。如《成具經》所謂：「菩薩處計常之中，而演非常之教。」❷ 這便是用「無常」來「閑人之常想」。《摩訶衍論》所謂：「諸法不動，無去來處。」❷ 就是以「不動」，以「無去來」「釋人之往想」。「兩言一會」，旨在「導達群方」，審其意趣，則彼此並不乖違。若能體會如此用心，則經論「言常而不住」（即不必常），「稱去而不遷」（即不必去），而物象之特性，實「雖靜而常往」，因而「往而弗遷」，「雖往而常靜」，因此「靜而弗留」。這種道理，儒道兩家，亦皆通達。如莊生之所言：「藏舟於壑，藏山於澤，謂之固矣。然而夜半有力者負之而走，昧者不知也。」❷ 《論語》所謂：「子在川上曰：逝者如

---

❷　見《大正藏》，四十五，169。

❷　依元康疏文，見《大正藏》，四十五，168。

❷　《光明定意經》，見《大正藏》，十五，451。

❷　《摩訶衍論》即《大智度論》，見《大正藏》，二十五，427。

斯夫，不捨晝夜。」⑬尋莊子之意，在寓前舟非後舟，前山亦非後山；孔子之意，在明前水非即是後水吧。此正與「往而弗遷」，「靜而弗留」，實為同義。

跟著僧肇再徵引佛教典故，以見「聖人心者，不同（凡）人之所見」。凡人執少年與壯年同是一體，百齡身軀，同是一質，「徒知年往，不覺形隨」；如「梵志出家，白首而歸」，而鄰人仍以為是昔時之人（其實今人已非昔人），這便是不解「往而弗遷」、「靜而弗留」、「各性住於一世」這種真理的緣故。

故知如來「因群情之所滯」，說動靜不二的真理，多方解說以辨其惑，所以「談真，有（物）不遷之稱；導俗，有（物是）流動之說」，其實都是「千途異唱，會歸同致」的呢。世俗凡夫，不加深察，「聆流動者」，則謂「今物可以至昔」，則其為惑，如何得解？若解如來所說義，則當知「言往不必往」，「以其不動」，故事物是「古今常存」的；「稱去不必去」，「以其不來」，故事物是「不從今至古」的。考其真實，物象唯有「各性住於一世」──即「昔物自在昔，今物自在今」，當來之物自在當來。所謂「不馳騁於古今」，即是「物不遷」的本義。

## 正文五、反常明物不遷義

本節是承接上節所申述佛陀說教雖殊，其致為一之理，進而以「反常」的言辭，論述「物不遷」的旨義。所謂「反常」者，反破常人鄙執之謂，若常人執有物可住，「少壯同體，百齡一質」，人之由少至老，同一生命實體，僧肇則破之以「昔物自在昔」，「今

---

⑬ 見《莊子・大宗師》。

⑭ 見《論語・子罕》。

物自在今」，前人已非後人，從其今者非昔，後者非前，唯是幻化而名為「去」，此「去」依理而言，亦並沒有一實物由此至彼，由昔至今，故亦無所遷。常人見「生死交謝」、「昔物不至今」，因而執著有物可「去」，作者則破之以「昔物自在昔」、「今物自在今」、「古今常存」、「各性住於一世」，而此間所謂「住」者，自然也不具「動遷」的意義。如是或言其去，或言其住，所說雖殊，但理趣為一，同為破執而施設故，其義彼此不相違故。跟著僧肇還援引經文 ⓭，以證明自己的說法，亦「正言似反」之類，因常人的「偏解，知去迷住，知住迷去」 ⓭，今從反面而破之，根本是契合於經教的。

　　「正言似反」之旨既明，僧肇便再依正理，重申「物不遷義」。要證明「物不遷義」，即要證明：

　　⑴物無所從來。

　　⑵物無所去。

僧肇的論證是這樣的：「古若至今，今應有古」。（按：如古之釋迦若能延續至於今日，則今日我們應能得親見古之釋迦。）但事實證明「今而無古」，（按：今不得親見古之釋迦。）故知物之「不來」，即⑴「物無所從來」獲得證明。再者，「今若至古，古應有今」。（按：今之賢哲若能倒往於古昔，則於古代早應存在著今之賢哲。）但事實證明「古而無今」，（按：古代並不存在著今之賢哲。）故知物之「不去」。（按：此中「不去」，應有「不能倒往」之意。） ⓭

---

⓭　《普曜經》云：「聖人云……正言若反。」見《大正藏》，三，527。

⓭　用文才《肇論新疏》語，見《大正藏》，四十五，207。

⓭　「今若至古，古應有今」是個條件式的命題，依言陳來理解，則可
　　譯為「假若今之物可倒往於古昔，則古昔亦應有今之物」，然後依事

這便證明了(b)「物無所去」的道理。

　　如是物既無所從來（「不來」），亦無所去（「不去」），則「物不遷義」便得成立。同理，既知「古不至今」、「今不至古」，再從事實得證「求向物於向，於向未嘗無」，（按：見前節語；又：求今物於今，於今亦是有。）故亦得證成「事各性住於一世」，以作為「物不遷義」的補足解析。

---

　　實以見「古而無今」，於是運用條件式命題推理的「否定後項則否定前項」的邏輯方式，因而推出「以知不去」的結論，亦即是「今（而）至古」為不可能。以今天的語文來理解：「今之物，倒往於古昔是不可能的。」這句話本來就是共許的，何必去推證呢？依文才《肇論新疏》說：「今（而）至古」與「古（而）至今」都是「舉執」，「古應有今」與「今應有古」，都是「出違」；「後項」既與事實相違，則「前項」自然不能成立。其目的實不在單獨論證「今（而）至古」為不可能；其目的在於雙證「今（而）至古」與「古（而）至今」俱不可能，以見物無去來，以達到「物不遷」的旨義，如文才所謂「若古今互遷，亦應互有」，今不互有，以見「不遷」。若從意許來看，「今若至古」只是假定之辭，非必有人定有此執，為行文方便而與「古若至今」對舉，以求取後「不來」與「不去」的結論，來作「物不遷義」的依據。再從僧肇所持觀點來看，他是主張「求今於古」的；「求今於古」，今物自然不在古代存在，那就是說在古昔的觀點來看，並無有一物可以從古而去今，所以「不去」，這個「不去」，跟「今若至古，古應有今」，「古而無今，以知不去」的那個「不去」的結論，是完全同義的。不過凡夫多從今日的觀點來看過去，所以僧肇便順應這種「求古於今」的看法，因而建立「今若至古，古應有今」這命題而已。赴實言之，物之「不去」，只就「古以望今」來說，物之「不來」，則就「今以望古」而言，其意義是沒有本質上的區別的，彼此都以證成「物不遷義」為鵠的。（前引文才疏文，見《大正藏》，四十五，207。）

## 正文六、會結明物不遷義

本節分別從「功業（作用）不朽（不失）」與「因果不同時」那兩個角度，來論證「物不遷義」。以結束〈物不遷論〉全文。

所謂「功業不朽」者，主要在歌頌如來的功德，說他「功流萬世而常存，道通百劫而彌固」。這樣說法的本義，並非在建立「常住說」以違反佛家「諸行無常」那種基本精神；依元康《肇論疏》所說：「積功萬世」，意指「前功在於前」；「積道百劫」，「蓋昔道在於昔，不朽不失，彌復堅固也」❸。所以僧肇便借用儒家「成山假就於始簣」❹，以及道家「修途託於初步」❺的理論，以證見「前時之功（作用）」直接影響而助成緊隨其後的業（活動），於是「前功」之望「後業」，便可以表現出「不朽」的特性。跟著僧肇作出按語：「功業在昔而不化（按：消逝義），不化（不消逝）故不遷。……湛然明矣。」

在「前功在於前，昔道在於昔，不朽不失，彌復堅固」的基礎之上，進而依據「因果不同時」，以顯「物不遷」之理。佛家談「因果」，有「異時」與「同時」之別，此間所說的是「異時因果」。譬如禾由穀生，以穀為因，生禾為果，不可同時。沒有前時的穀為因，就沒有後時的禾為果，這是相對立言，所以論文說「因因而果」，又以因果不同時，所以論文說「果不俱因」。「因因而果」

---

❸　見《大正藏》，四十五，170。

❹　《論語・子罕》云：「子曰：譬如為山，未成一簣，止，吾止也。譬如平地，雖覆一簣，進，吾往也。」

❺　《老子》第六十四章云：「合抱之木，生於毫末。九層之臺，起於累土。千里之行，始於足下。」

與「果不俱因」都是世間極成的真理。進而推求，從「因因而果」，可知「因不昔滅」（按：「因」存在於過去而非無）；「果不俱因」，則見「因不來今」（按：過去的因，不能遷移到今世，猶如過去的穀不能遷移到今天的禾上）、「因不昔滅」，亦即前文所謂「昔物自在昔」；「因不來今」，亦即前文所謂「不從昔以至今」。如是「不滅」、「不來」，「則不遷之致明矣。」由此於「因果流轉」的「遷動」之中，可以體證「無動轉」、「無往來」、「事各性住於一世」的「恬靜」，故能達致「洪流滔天，無謂其動」、「乾坤倒覆，無謂不靜」的境界。

## 丙、思想的分析

大乘佛教對宇宙人生的真實問題，一般都是採用二分法來處理，那就是「真諦」與「俗諦」的區別。「真諦」是聖者所證會的真實，所談的是「無分別智」如何證會「無相之境」的問題；「俗諦」是凡夫所證會的真實，所談的是「有分別智」如何證會「有相之境」的問題。僧肇思想，雖云是「真、俗一如」，但這不過是處理問題上的特殊方法而已。就本質來說，僧肇〈般若無知論〉與〈不真空論〉這兩篇著作，大致都屬於「真諦」的探討範圍，所以談「般若」、談「無相」、談「空」、談「不真」；至於〈物不遷論〉所談是「有相境」、談「動、靜」、談「過、未、現三時」、談「功業」、談「因果」，這都全屬現象界內的事物，與前頭的兩篇著作大異其趣，所以如元康的《肇論疏》所說，〈物不遷論〉言有，申「俗諦教」，所以在真俗二諦中，屬於「俗諦」的探討範圍，可以肯定不會有很大的錯謬。

僧肇〈物不遷論〉一篇，從表面來看，是比較能運用純粹推理的方式，以論證「俗諦」中萬物「雖動而常靜」的主張，以明「物不遷動」的旨趣。其間的立論，也可以分作幾個層次：

一、觀點差異的釐清
二、邏輯推理的論證
三、同一性的辯破
四、因果律的闡釋

第一層次：依「昔物不至今」作前提，常人執為「動而非靜」，哲人則見之為「靜而非動」。常人以「昔物不至今」，執為「動而非靜」者，「以其不來」。物不來今，其實可有多種原因：物的本質，或如僧肇所說的「事各性住於一世」（即否定了事物的同一性），故不能來，或由於生、住、異、滅所規範，昔物生已，經過住、異之後，發展到滅的階段，物於時、空的歷程中既已滅去，故不能來。前後兩解，對常人而言，必不會採取第一說，不然僧肇也不必在本論後文加以推出，故於僧肇的心目中，可能是指第二解釋，但沒有明文為證，這是〈物不遷論〉一文所欠周密之處。至於哲人，見「昔物不至今」，便推斷物象是「靜而非動」的；「靜而非動」，僧肇的論據是「以其不去」。為什麼「物會不去」？依僧肇後文的解釋，就是「事各性住於一世」，即否定了事物的「同一性」，亦即後期「瑜伽行派」所宣說的「剎那生滅」的理論。同一前提而可以推出兩個相違的結論——其一是「動而非靜」，另一是「靜而非動」。若用「因明」的術語，這便構成了「相違決定」；為要解決由觀點差異所引致的相反說法，作者得要作進一步的探究❶❸❻。

---

❶❸❻　近人錢偉量在他所撰〈僧肇動靜觀辨析〉一文中（刊於《世界宗教

第二層次：首先，僧肇於卷首暗示常人之所以依「昔物不至今」而推出「動而非靜」的原因，正在於不解「不釋動以求靜」的方法，所以偏於動而不知靜；智者則「必求靜於諸動，故雖動而常靜。」「動而常靜」，故無所偏，而足以領會「物不遷」的旨趣。為要證成「物不遷義」，僧肇安排了兩重邏輯論證。第一重，他依「絕對觀點」以觀察事物，於是發現「昔物」於「昔時」未嘗無；依「相對觀點」以觀察事物，則「昔物」於「今時」未嘗有。以此為前提，進行下列推論：

　　⑴求向物於向，於向未嘗無 ⟶ 故知物之不去。

　　⑵責向物於今，於今未嘗有 ⟶ 故知物之不來。

連合了⑴、⑵兩式，得出事物既「不去」，亦「不來」，這便是「物不遷」的結論。上述推論是否有效，有待我們來個檢證。先就⑵式來說：「責向物於今」而得知「（向物）於今未嘗有」，這是經驗內事，昔日的釋迦固然不得存在於今日，即今之時賢，亦是「交

研究》，一九八七年第三期），認為僧肇「僅僅抓住『昔物不至今』的一面，捨棄了『昔物至今』的一面，這實際上就是把他要論證的結論（物不遷）預先包含在被他割裂了的前提之中了」。我們不能贊同錢氏這種評議，因為如「昔物不至今」這命題是絕對化的，則凡情就根本不能推出「動而非靜」的結論，以與僧肇所推出的「靜而非動」作「相違決定」的對諍。其間必然容許「昔物可以作某種程度的延展」，不過其終究是歸於異滅吧。而且依經驗所得，於萬象森羅之中，確實發現「昔物不至今」的事實，而並沒有發現「昔物至今」的一面，因為嚴格來說，事物確是生生不已，化化不留的，凡能作理性分析者都應能領會。那麼僧肇只以「昔物不至今」為推論的前提而不取「昔物至今」者，其實是沒有什麼太不妥善的地方。至於結論預先涵蘊在前提之中，在形式邏輯上是很自然而合理的事，其實是不能以此而對僧肇有所責難的。

臂非故」，故「日方中方睨、物方生方死」，這是世間極成的事實，殆無疑義。再從「(向物) 於今未嘗有」，推出「(向物) 不來今」，這是有效的推理，因為「於今未嘗有」與「(向物) 不來今」，根本是一事的兩面說法。至於(a)式，「求向物於向，於向未嘗無」，亦是經驗界內的事實，其可靠性同於(b)式的第一項，可是從「於向未嘗無」卻不能有效地推出「(向物) 不去今」的結論，因為「即昔」以論「昔物」的「非無」根本不涉及現在或將來的去住問題，可是僧肇卻推出「故知物之不去」這個結論，那便是無效的推理。不過話說回頭，單就(a)式而言，其有效性雖不能被接納，可是若把(a)、(b)兩式交換結合，那將會有不同的發現：

(b)責向物於今，於今未嘗有 ⟶ 故知物之不來。

(a)求向物於向，於向未嘗無 ⟶ 故知物之不去。

從表析中，我們並不把「物之不去」，認作是「於向未嘗無」所單獨推演出來的；而我們認為「物之不去」，一方面承著上文(b)式中的「於今未嘗有」以為補足，一方面依(a)式中「於向未嘗無」以為前提所共同推演出來的，則其有效性便得到保證。何則？「於向未嘗無」肯定了昔物的存在，「於今未嘗有」否定了昔物有延展的可能——既無延展，又非非無，則昔物的「不去」便獲得可靠的保證。於是「物之不來」與「物之不去」俱可接受，那麼「物不遷義」便可以有效地推演出來。

　　繼第一重論證後，僧肇進行第二重論證，所運用的方法，即現代西方邏輯的假言命題的演繹推理。首先把常人所主張的「有物流動」（即「物有可遷義」）作個分析：假若「物可動遷」是真，依理加以分析，它必須符合下列兩個條件中的任何一個，即：

　　(a)可來（昔物可以來今），或

⒝可去（今物可以去昔，或今物可以遷至於未來）。

跟著我們便可以進行論證：

⒜（設物可來：）

①古若至今，（則）今應有古（共許）。

②（但）今而無古（從經驗證得）。

③以知不來（古不至今）（結論）。

這是「假言論式」中「否定後項必否定前項」的有效推理：

$p \rightarrow q$　（古若至今，今應有古）

$\sim q$　（今而無古）

$\therefore \sim p$　（以知不來）（古不至今）

「古而無今」，便把「物之可來」否定了。繼而進行⒝項的論證：

⒝（設物可去：）

①今若至古，（則）古應有今（共許）。

②（但）古而無今（從經驗證得）。

③以知不去（今不至古）（結論）。

這論式同於⒜項，是有效推理，推知「物之可去」亦不能成立；「物之去於當來」，也可以類知其不可能，故僧肇不再立論。今把⒜、⒝的結論連合起來，可作⒞項的推理。

⒞（總結：）

①物若可遷，則古可來今，或今可去古（共許）。

②但古不來今（⒜項的結論）。

③且今不去古（⒝項的結論）。

④故「物可遷」者是不可能（結論）。

「物可遷義」既被否定，則其相反的命題「物不可遷」便得成立。「物不遷義」既立，則第一層次依「昔物不至今」前提，因而引

出「動而非靜」及「靜而非動」那個「相違決定」的問題，孰是
孰非，也可以透過嚴格的邏輯論證，而得到清晰的分判與解決。

　　第三層次：依上一層次我們不但證成了「物之可遷」為不可
能，而「物不遷義」為絕對可能外，僧肇還可以利用上述兩重推
理所得的結論和共許的某些前提，歸納出另一層的主張：

　　(a)求向物於向，於向未嘗無。

　　(b)（按：同理，當知「求今物於今，於今亦是有」。）

　　(c)物不來今。

　　(d)物不去古。

如是把「古不來今，今不去古」，而「求向物於向，於向未嘗無」
（按：亦當知「求今物於今，於今亦是有」）那若干個概念綜合起
來，僧肇便獲得「昔物自在昔，不從今以至昔」，以及「今物自在
今，不從昔以至今」的結論，且物的自身既不是「無」，那麼可以
一言以蔽之，曰「事各性住於一世」。「事各性住於一世」，用後來
「瑜伽行派」的術語便是「剎那生滅」。物既是「各性住於一世」，
既是只存在於一剎那中，那麼，又怎可以有遷動的可能。我們試
為僧肇越俎代庖，作出下列分析，設：

　　A：昨日的時空

　　B：今日的時空

　　$S_1$：昨日的事物（如桌子）

　　$S_n$：今日的事物（如桌子）

常人說可把桌子從昨天的彼處，搬到今日的此處，必須作出一個

假定，那就是這桌子本質是同一的，雖然它的屬性（如顏色、形態、乃至所在的時間與空間等）容或有某些輕微的變化❿。可是由於「事各性住於一世」，事物只能存在於一剎那之中的緣故，則 $S_1$ 的桌子，當它被人從 A 的時空，搬到 B 的時空之際，它的本質實際不斷起了變化，從 $S_1$ 變為 $S_2$，從 $S_2$ 變為 $S_3$，如是當它搬到 B 的時空之處，已經變為 $S_n$，不再是原來的 $S_1$ 了。既然從 A 到 B，桌子已經由 $S_1$ 變作了 $S_n$，不是原來的桌子。本質既已有所不同，我們又怎可以說它有遷動的可能性呢?此點僧肇受了時代的限制，在〈物不遷論〉中並沒有清楚的說明，但從所援引的例證中，（如:「回也見新，交臂非故」，「人謂少壯同體，百齡一質，徒知年往，不覺形隨」，「梵志出家，白首而歸……非昔人也」，如是乃至「莊子之藏山」、「仲尼之臨川」，皆有前山非後山，前水非後水的意思。在現象界中，萬事萬物，都只是剎那暫住，沒有兩個同一個體的存在。在不同時空之中，看似同是一人，同是一山，同是一水，可是在理性的分析下，他們的同一性是不存在的。）可見僧肇對這道理是通達的;「事各性住於一世」的提出，一方面使「物不遷說」不違反一切有為法都具備生、住、異、滅四相的傳統說法，一方面把一切事物在一切時空中的「同一性」加以徹底的辯破——在中觀學派裏，這也是一個很新鮮、很突出的說法。

❿ 此間借用了廖明活所說: 常人以物的本質是可遷而至今，而屬性則不遷而不至今。但我們卻不同意廖氏所謂「僧肇模糊了『部份不同』與『完全不同』的界限」的那種說法，因為在僧肇的思想體系中，事物是「各性住於一世」的，不必有「部份不同」與「完全不同」的分別。廖氏之說，見其所撰〈僧肇物不遷義質疑〉一文，文載《內明》，第 126 期。

　　第四層次：在上述兩層次中，僧肇已能運用不同方法，有效地建立了「物不遷說」。不過，「昔物自在昔」、「今物自在今」，「事各性住於一世」，這樣把事物的同一性破斥了，則前後三世的事物便不相往來，同一生命個體，少壯與白首果真判為兩人？果真全不相干？若此可立，則善惡因果之說便要出現危機，有違經教，不合實情。為要解決這個疑難，僧肇提出「功業不可朽」的主張。「昔物」雖「在昔」而「不遷」，但它的作用與影響力（義同「功業」），卻是「不朽」的。前時「始簣之土」，其作用卻貫徹到後時所成之山；前時如來成道的功德（攝化作用），也貫徹到後時萬世的眾生。這樣的作用與影響力，由於「在昔而不化」，所以「不朽」。何謂「不朽」？僧肇沒有正面的解釋，不過元康的《肇論疏》卻作了補充：「果以功業不可朽故者……皆前功不朽，後功相續，方成其事……。」❸文才《肇論新疏》也說：「果位反觀，愈見（因位之功業）不朽。」❾可是這樣釋文還欠明確，大抵「功業不可朽」，實與「功業在昔而不化」為同義，只言前昔的功業不滅，存在於前時而起用，無間地直接地引起跟隨著的後一剎那功業的產生，如前波之於後波，才生即滅而彼此推移，沒有前波之生，後浪亦不得起，萬里長江的作用便可以為喻；而並非謂彼功業（作用）足以遷移於當來，只謂前後的功業（作用）相續而起，而在果位以顯其因位的存在而已。是以「不化故不遷」一言，亦有如上述「求向物於向，於向來嘗無，責向物於今，於今未嘗有」的意義，這道理在僧肇分析「因果關係」中，說得更為清晰，更契合「不遷之義」，今試依其所說「異時因果」的關係，表列如下：

---

❸　見《大正藏》，四十五，170。

❾　見《大正藏》，四十五，207。

(a)因因而果 ——→ 因不昔滅 ┐
　　　　　　　　　　　　　　├──→ 故物不遷❿
(b)果不俱因 ——→ 因不來今 ┘

試以穀之生禾為例：以穀為「因」，然後有禾為「果」。世間並無「無因之果」，故從禾（果）之中，得知昔者必有穀（因）的存在。此穀於昔非無，故說為「因不昔滅」，此亦符合前文「求向物於向，於向未嘗無」的說法。但於今的禾（果）之中，實不能現見昔時穀（因）的存在，所謂「因不來今」；這又同於前文「責向物於今，於今未嘗有」義。然後再於「因不昔滅」與「因不來今」的事實，歸證「物不遷義」。在這層論證當中，僧肇不但沒有否定「因果關係」的存在，反而運用「異時因果」作為證例，一方面強化了「物不遷」的理論依據；一方面透過「物不遷說」與「如來功德」、「因果流轉」的不相違性，反證「不遷」之說無違於自教的傳統，無違於世間的真實，一切現象界中，各別生命體的相續，各別器物相似的延續，乃至前因後果、善與福報、惡與非福、做業者與受報者的不相淆混，均可以一一依此解釋而得以通達無礙，而符合「必求靜於諸動，故雖動而常靜，不釋動以求靜，故雖靜而不離動」的旨意。無怪乎結論所說：「然則乾坤倒覆，無謂不靜，洪流滔天，無謂其動。苟能契神於即物，斯不遠而可知矣。」❹

---

❿　廖明活認為「因因而果」與「果不俱因」只可推出「因不昔滅」，而不能推出「因不來今」的命題，除非加上「剎那生滅」的假設。但依我們所理解，上文正談及「成山假就於始簣，修途託至於初步」，可見僧肇此間所說的是「異時因果」。如果是「異時因果關係」，從「因因而果」便可以推出「因不昔滅」，「果不俱因」便可以推出「因不來今」；至於「事各性住於一世」的「剎那生滅說」雖於上一層面經已建立，但並非是本層面推理的必須條件。廖氏之說，猶有待斟酌。文見❼。

　　透過上述四重的論證，「物不遷說」雖然得以建立，可是在僧肇的思想之中，〈物不遷論〉卻並不以建立「物不遷說」為其宗趣。何則？佛教的精粹，實在於破邪而顯正；中觀思想，在於不著二邊而高履中道。所以本論之中，有〈會教明不遷義〉一節，僧肇於此節文中，力申「聖言微隱難測，若動而靜，似去而留。……是以言去不必去，閑（防）人之常想，稱住不必住，釋（除）人之所謂往耳。豈曰去而可遣，住而可留耶」❷？由此可見，凡人執常，故破以「無常」；凡夫執「生死交謝，寒暑迭遷」，以為「有物流動」，故本論便說「物不遷義」。如是以「無常」破「常」，以「不遷」破「遷」。於狀態中，「動」不與「靜」對，於空間中，「此」不與「彼」對，於時間中，「過去」、「現在」、「未來」皆不相對，然後可以不落於二邊，於「動」而見「靜」，「即靜即動」，「即動即靜」，「動靜一如」，互不偏廢，這才是僧肇本論的旨趣所在。

# 四、涅槃無名說

　　僧肇的「涅槃無名說」是依他的〈涅槃無名論〉而建立的，在今本《肇論》的四論之中，排列第四。這篇壓軸之作的真偽，從 1938 年來卻偏偏引起了中外學者強烈的諍論，其詳已見本書的第二章第三節（即〈僧肇著述真偽的諍論〉一節，有關〈涅槃無名論〉那一部分）。由於意見紛紜，但始終沒有足夠的證據，以證明它確實不是僧肇的作品，而本章要探求僧肇的思想，那就不能

---

❶　　見《大正藏》，四十五，151。
❷　　出處同❶。

把它草草刪去。茲分三個部分論述如下：

# 甲、立說的緣起

　　依唐‧元康《肇論疏》所作的分析，〈涅槃無名論〉的內容有二，前表後論❶。所謂「表」者，即〈奏秦王表〉，申說造論的緣起；所謂「論」者，即僧肇敷演姚興之談而建「涅槃無名」之說的「九折十演」部分❶。

　　依〈奏秦王表〉所說，「涅槃之道」，正是三乘（即聲聞、緣覺、菩薩三乘）的最後旨歸（修行宗趣）所在，也是大乘「方等經」探究的最深理趣，所以僧肇「在什公（鳩摩羅什）門下十有餘載，雖眾經殊致，勝趣非一，然涅槃一義，常以聽習為先」。初則「懷疑漠漠」，後則「如似有解」，但「未經高勝先唱，不敢自決；不幸什公去世，諮參無所，以為永慨」。

　　繼而奏表之中，稱譽秦王（姚興）「聖德不孤，獨與什公神契」。那麼「什公雖亡，幸有秦王可以印心」了❶。這自然是封建時代人臣對天子恭維的話，非事實的真確反映。不過秦主姚興，確有一天答書安城侯姚嵩，論及「無為宗極」問題；其間有下面的一段話：

　　　　夫眾生所以久流轉生死者，皆由著欲故也。若欲止於心，

────────────

❶　唐‧元康《肇論疏》，卷下，《大正藏》，四十五，189。

❶　明‧憨山《肇論略注》云：「折謂折辨，有名立難；演為敷演，無名通理。謂其難有九，而演有十也。意蓋以涅槃有名而難，以無名而答，以顯無名之理。」（卷五，頁7，佛教出版社）

❶　同上，頁3。

> 即無復於生死。既無生死，潛神玄默，與虛空合其德，是
> 名涅槃矣。既曰涅槃，復何容有名於其間哉⓮。

如是秦王姚興確已了解「涅槃」是了結生死、潛神玄默、有如虛
空的境界。既「與虛空合其德」，所以「涅槃」便不是語言文字所
行境界，因以謂之「無名」。但秦王姚興「涅槃無名」一語，「理
微言約」，「可以匠彼先進，拯拔高士」，但「懼言題之流（執著言
語名字者），或未盡上（即秦王）意；庶擬孔易〈十翼〉之作……
以弘顯幽旨，輒作〈涅槃無名論〉」。

　　由此可見僧肇撰〈涅槃無名論〉的緣起，有遠因和近因可尋。
遠因在鳩摩羅什門下受業，十有餘年，對涅槃一義，似有所解，
但什公去世，印證無人。近因由於秦王姚興答姚嵩書，論及「涅
槃無名義」，正與己見契合，所以敷衍其說，撰著〈涅槃無名論〉
一文，以建立「涅槃無名之說」。

## 乙、理論的建立

　　立說緣起，已見於〈奏秦王表〉部分；理論的建立，則見於
「九折十演」部分。僧肇本論的結構頗為別緻——他假設「無名」
與「有名」兩人的對辯，以反顯「涅槃無名」的宗趣。「無名」是
「涅槃無名」的建立者，他敷演涅槃非語言文字所能名狀之理，
共分十段，故曰「十演」；「有名」是「涅槃無名」的質難者，他
要折辨「無名」的理論，共計九段，故曰「九折」。「九折」與「十

---

⓮　　見《肇論》、〈涅槃無名論第四〉、〈表上秦主姚興〉，《大正藏》，四十
　　五，157。

演」是交互為文的，所以合稱「九折十演」。

## 〈開宗第一〉

這就是「十演」中的第一節，也是「涅槃無名說」的整套思想的概論所在。首先，僧肇借「無名」的話，說明「涅槃」在漢語是「無為」或「滅度」的意思。所謂「無為」是作「取乎虛無寂寞，妙絕於有為」解；所謂「滅度」則具「大患永滅，超度四流」，「是鏡像之所歸，絕稱之幽宅」義❼。而「涅槃」又分「有餘涅槃」及「無餘涅槃」兩大類❽。「涅槃」既是「無為」義，則

---

❼ 元康《肇論疏》云：「大患者，身也。」如是「大患永滅」應指這個引致無盡過患的充滿煩惱的軀體得到永遠的解脫或銷毀。元康引《老子》為證；《老子》云：「有大患者，為吾有身；及吾無身，吾何患也？」（按：今本《老子》第十三章作「吾所以有大患者，為吾有身。及吾無身，吾有何患？」與元康所引少異。）又「四流」者，元康謂是「欲流、有流、無明流、見流」。「鏡像之所歸」，元康謂可作「諸法體性，畢竟本空，如鏡中像」解，又云：「人皆悟此，即涅槃也。」「絕稱」，應指「絕名言相狀」義。幽宅」者，元康云：「……涅槃，畢竟性空，諸佛齊證，即安隱幽玄之宅也。」見《大正藏》，四十五，192。

❽ 中期大乘佛教，把「涅槃」分為四大類，即自性涅槃（即「真如」自性，宇宙的最後真實），有餘依涅槃（即小乘人證得無學極果，不再輪迴生死，但此生的生命還未結束，所以仍有這個殘餘所依的身體）、無餘依涅槃（小乘人證得「有餘依涅槃」，到這生命結束時，這個殘餘所依的軀體便完全捨棄，再不感招有漏的生命）、不住生死涅槃（大乘菩薩，修行圓滿，得「大菩提」與「大涅槃」，一方面具三身三土，化度一切有情，一方面又不為生死苦惱所束縛，故稱「不住生死涅槃」）。但僧肇之世，般若思想雖已傳入中國，但般若是初期的大乘經典，只說「有餘」、「無餘」兩種涅槃。（按：《金剛經》

應虛寂而無相，既是「滅度」義，則應大患永滅而無體。無相無體，故云「絕稱之幽宅」。但此間何以又有「有餘」、「無餘」的區分？僧肇進一步解釋說：「……而曰『有餘』、『無餘』者，良是出處之異號，應物之假名耳。」論中所謂「出處」者，文才《肇論新疏》認為是「動靜」義，「出名有餘（涅槃），入名無餘（涅槃）」，「應物而有，不應則無，以故為假」❹。憨山注釋更為清晰，他說：「言涅槃者，蓋一真法界法身之真體也。證此法身，是稱為佛。機感必應，即現身說法，故為『出』，緣畢而隱，攝相歸體，故為『處』。」❺（按：憨山所注，是用後出的大乘義理來作解釋，未必完全符合僧肇本意，但大致無訛而方便理解，故並列之。）

　　如是到達涅槃境界者，無論是應物說法的「有餘涅槃」也可，或緣畢而攝相歸體的「無餘涅槃」也可，其本質同是「寂寥虛曠」、「微妙無相」的。由於「涅槃」是「寂寥虛曠」，故「不可以形名得」；由於「涅槃」是「微妙無相」，故「不可以有心知」。「涅槃」既非妄心緣相所能知，亦非名言概念所能得，所以它是「無名」的，是超語言形象的，這是僧肇對「涅槃無名」的第一層論證。

　　「涅槃」之體既是「寂寥虛曠」，則「五目不覩其容，二聽不聞其響」❺，但卻「彌綸靡所不在，而獨曳於有無之表」，於是不能說之為「有」，說之為「無」，說之「可言」，說之「可知」，蓋

　　　屬般若系，也只說「我皆令入無餘涅槃而滅度之」。見《大正藏》，
　　　八，79。）又如《妙法蓮華經・序品》，也記載日月燈明佛說《妙法蓮
　　　華經》六十小劫，結經授記後便入無餘涅槃。見《大正藏》，九，4。

❹　文才，《肇論新疏》，卷下，《大正藏》，四十五，230。

❺　同❹，頁 8。

❺　「五目」即肉眼、天眼、法眼、慧眼及佛眼。「二聽」謂「肉耳」及「天耳」。同上。

所謂「言之者失其真，知之者反其愚，有之者乖其性，無之者傷其軀」——如是「涅槃」不可言，不可知，不可為有，不可為無，所以謂之「無名」。這是第二層論證。

在上述的兩個理證之後，僧肇舉聖者的行事為證。一者、釋迦成道（按：「成道」是有餘涅槃義）之初，寂不說法❶❺❷。二者、文殊問維摩不二法門（按：亦「涅槃」義），維摩默然無言❶❺❸。三者、須菩提談「般若波羅蜜多」，謂：「一切法皆如（幻）化；此中無說者，無聽者，無知者。」爾時帝釋等聽了，化作天花，散在佛陀、須菩提等身上，以示讚歎❶❺❹。僧肇按言：「斯皆理為神御，故口以之而默，豈曰無辯？辯所不能言也。」這是「涅槃無名」的第三層論證。

接著再引經論：「經云：真解脫者，離於言數，寂滅永安，無始無終，不晦不明，不寒不暑，湛然虛空，無名無說。」❶❺❺可見「涅槃無名之說」，正與經文「無名無說」彼此契合，不是妄言杜撰之論。又復引論云：「涅槃非有，亦復非無，言語道斷，心行處滅。」❶❺❻

---

❶❺❷　《大智度論》卷七云：「（如來）得道後五十七日、寂不說法。」《大正藏》，二十五，109。

❶❺❸　見《維摩經》，卷中，《大正藏》，十四，551。

❶❺❹　見《摩訶般若波羅蜜經》，卷七至八，《大正藏》，八，275。

❶❺❺　僧肇所引經文，元康《肇論疏》謂「是《涅槃經》中解脫大意，非全文也。」見《大正藏》，四十五，193。又日本「中世思想史研究班」所撰的《肇論とその譯註》，把僧肇引文與《大般涅槃經》逐詞逐節相校，甚詳，可資參考。見塚本善隆所編的《肇論研究》第一篇，注一六七，頁103。

❶❺❻　見《中觀·觀涅槃品》（《大正藏》，三十，35）及《中觀·觀法品》（《大正藏》，三十，24），但文字則有出入。

既是「非有非無」，「言語道斷，心行處滅」，則「涅槃無名」的意義則最明白不過了。這是第四層的論證。

最後在〈開宗〉的末段，作出歸結：涅槃之體，「沖而不改，故不可為有」；涅槃隨緣應化之用，「至功常存，故不可為無」。於是「有無絕於內，稱謂（語言名相）（泯）淪於外，視聽之所不（能）暨（及）……斯乃希夷之境，太玄之鄉❺，而欲以有無題榜，標其方域，而語其神道者，不亦邈哉？」此僧肇總結前文，以明涅槃之體不可執為實有，涅槃之用不可執為實無；涅槃非有非無、亦無方所，因此不是語言文字所能名狀，所以說之為「無名」。〈涅槃無名論〉的整體思想和主要論證，已在〈開宗〉一章，清楚提挈出來；如下的一十八章，都是本章的反覆引伸而已，故祇需把捉其思想脈絡，作重點式的介紹似已足夠，而不必如〈開宗〉一章，作逐層逐節的分析解說。

〈覈體第二〉

是「九折」中的第一折，假設有異議者「有名」，因前章「無名」所說「涅槃之體，非有非無」而起質難❺。其間可分四節：首節明「名必有實」，所以「有名曰：夫名號不虛生，稱謂不自起。經稱有餘涅槃、無餘涅槃者，蓋是返本之真名，神道之妙稱者也。」這是難者的主要論點：有名必有實與之相應，因為「名號不虛生，

❺　指「涅槃」非視、聽所行境界。《老子》第十四章云：「視之不見名曰夷；聽之不聞名曰希。」又指「涅槃」幽玄而沒有界域。《老子》第一章云：「玄之有玄，眾妙之門。」

❺　「覈體」者，文才疏云：「覈，考覈也。因前說涅槃之體非有無，故今折之。」《大正藏》，四十五，231。

稱謂不自起」，所以「涅槃」之名亦然，不得謂之是「假名非實」。
次節從「有餘涅槃」以成其說。「如來大覺始興，法身初建」，因
果圓滿，名「有餘涅槃」。入「有餘涅槃」即具佛陀一切功德，隨
緣而化度萬有，所謂「窮化母之始物，極玄樞之妙用」，有實有名，
怎可以謂之無名？第三節則從「無餘涅槃」立說。「至人灰身滅智，
捐形絕慮；內無機照之勤，外息大患之本，超然與群有永分，渾
爾與太虛同體。」所以經說：「五陰（的軀體）永盡，譬如燈滅。」
這便是「無餘涅槃」的體性。如是「有餘涅槃」固可以「有名」
名之；「無餘涅槃」既具上述的體性，自然可以「無名」名之，而
「無名」亦是可知可說，亦是「名」的一類。第四節則就效益作
難：透過「無名」的建立，可以使「宗虛者（小乘厭患生死，欣
求涅槃的人），欣尚於沖默（五陰的軀體永盡而得解脫）」。透過「有
名」的建立，可以使「懷德者（大乘崇尚利他功德的人），彌仰於
聖功（以佛為師）」。這是主張「有餘涅槃」與「無餘涅槃」皆可
名狀的實質功效。假若如「無名者」的主張「有無絕於內，稱謂
淪於外！視聽之所不暨（及）……」，那麼，將使「懷德者自絕，
宗虛者靡託」，於是對大、小乘的弘揚，都無法收到應有的效果。

## 〈位體第三〉

是「十演」中的第二節；「位」是安義，是立義。因質難者「有
名」言：若「涅槃無名」，則「懷德者自絕，宗虛者靡託」，故今
重立「涅槃」的體性以安之❺。首先僧肇不同意「有名」者所謂

---

❺　文才的《肇論新疏》及憨山的《肇論略注》均把「位」字作「安」
　　字或「立」字解，所謂「位猶安也，亦立也」。因〈覈體〉有立「涅
　　槃無名說」則會引起信徒「寄懷無所」，故今「立涅槃之體性而安之」。

「名號不虛生，稱謂不自起。經稱有餘涅槃、無餘涅槃者，蓋足返本之真名，神道之妙稱」這種「名必有實」論調，所以提出「無餘涅槃」只是「涅槃之外稱」而不是「妙稱」，「有餘涅槃」只是「應物之假名」而不是「真名」。何則？名言的功效只能局限於某一論題之內，形相的描繪只能局限於方圓等形式之中；而涅槃者，則超乎方圓與論題的局限，所謂「方圓有所不寫，題目有所不傳」，因此「涅槃」方便言之，只是「外稱」，唯是「假名」，故依理說之為「無名」了，此破難者的第一點❿。

尤有進者，「有餘涅槃」的化度眾生，是隨緣施化，所謂「居方而方，止圓而圓；在天而天，處人而人。」以其超出人天的域限，故能隨應人天而施化，這樣的表現是「應而不為，因而不施」，所以能至廣至大，而「不可以有無得之」；「惑者覩神變因謂之有」，實不解「至人寂泊無兆，隱顯同源，存不為有，亡不為無」的道理，如是怎可以「有名」來加諸「有餘涅槃」之上。此破難者的第二點。

至於「有名」以為「至人滅身以歸無，勞勤莫先於有智，故絕智以淪虛」❻，因此見「壽極雙樹，靈竭天棺，體盡焚燎」❷，

---

前者見《大正藏》，四十五，232。後者見《肇論略注》，卷五，頁17。

❿ 跟著僧肇還引《維摩經》與《放光經》為證。如云：維摩詰言：「我觀如來無始無終，六入已過，三界已出，不在方，不離方，非有為，非無為，不可以識識，不可以智知，無言無說，心行處滅，以此觀者，乃名正觀，以他觀者，非見佛也。」引《放光般若經》云：「佛如虛空，無去無來，應緣而現，無有方所。」其目的都在證明「涅槃不可以形名得，不可以有心知」（見〈開宗第一〉），今不贅。文載《大正藏》，四十五，158。

❻ 難者在〈覈體〉的原文是：「至人灰身滅智，捐形絕慮，內無機照之

以為是釋迦入「無餘涅槃」的實況，而不解「法身無象」，「入於涅槃而不般涅槃，以知亡不為無」之理❶❻❸。僧肇譏之為「秉執規矩而擬大方」，其淺陋實無足為辨的。此答〈覈體〉第三點的理論。至於彼以「效果」而論謂「無名」，則僧肇沒有作直接的對答。

## 〈徵出第四〉

　　這章是「九折」中的第二折。「徵」是責義。因「無名」主張「涅槃」者「不可以有無得之」，所以今「有名」者徵責之：「有無二法，攝盡一切，如何有無之外，別有涅槃之體？」❶❻❹彼先以老子「有無相生」為前提❶❻❺，繼而推出「萬有參分，有既有矣，不得不無；無自不無，必因於有」。所以「無」必自「有」轉化而來、而不可說是「非有非無。」他引用小乘一般經論，說「無為法」有三種，即「虛空無為」（大乘則把「真如」之理，喻作虛空）、「數緣盡無為」（大乘譯作「擇滅無為」，以無漏智斷盡一切煩惱與惑）、「非數緣盡無為」（大乘譯作「非擇滅無為」，意非由智慧證得，

----

勤，外息大患之本。」今僧肇取其意而改動其文以出之。

❶❻❷　元康《肇論疏》引雙卷《泥洹經》云：「佛將涅槃，向拘尸國，中途患痾。後至雙樹，遂即涅槃。」元康又自疏云：「佛涅槃後，疊纏綿裏，入金銀槨，次銅次鑕，盛滿香油，以火焚之。此是轉輪聖王之法。」《大正藏》，四十五，195。

❶❻❸　《注維摩經》卷五云：「肇曰：欲言在生死，生死不能汙。欲言住涅槃，而復不滅度。是以處中道而行者，非在生死，非住涅槃。」見《肇論とその譯註》，注文一九七。塚本善隆所編的《肇論研究》，頁105。按：那簡直就是唯識宗的「無住涅槃」的思想。

❶❻❹　見文才《肇論新疏》，《大正藏》，四十五，234。

❶❻❺　《老子》第二章：「有無相生……高下相傾。」

而是緣盡不出，如入「初果」，則「三惡道業」自然而盡）。而「數緣盡無為」（即「擇滅無為」）便是「涅槃」，那麼，怎可以於「有為無為之外」，「別有妙道」，「謂之涅槃」？

## 〈超境第五〉

此為「十演」中的第三節。這是僧肇以大乘義，超越有無之境，以破小乘的執著[166]。以有、無來統攝一切法，此是「俗諦」的境界；而「涅槃」則是「真諦」的境界。故引經為證：「真諦何耶？涅槃道是。俗諦何耶？有無法是。」[167]僧肇作釋說：「良以為有無之數（『名』義）止於六境之內（即只能在色、聲、香、味、觸、法這些現象界運用），非涅槃之宅，故借『出（有無）』以袪（遣執迷）之（妄情）耳。」既如是，何以經典又以「數緣盡無為」（即「擇滅無為」）為「涅槃」？僧肇釋云：「經曰三無為者，蓋是群生紛繞，生乎篤患（執著根塵）；篤患之尤，莫先於有，絕有之稱，莫先於無。故借無以明其非有；明其非有，非謂無也。」所以「以擇滅無為為涅槃」者，是方便「俗諦」之談，破凡夫的有執吧。以「非有非無」為「涅槃」者，是「真諦」之實證，非語言所行境界，故是「無名」而非「有名」。

---

[166] 文才《肇論新疏》云：「超，越也。境即有無六塵之境；微中欲以有無統收涅槃，演中指二法（有、無）俗諦之境。涅槃真諦，卓然超越，以破外宗有無之見。」見《大正藏》，四十五，235。

[167] 鳩摩羅什譯《成實論》卷十一云：「佛說二諦，真諦俗諦。真諦謂色等法及泥洹（即「涅槃」的異譯）；俗諦謂但假名無有自體。」僧肇引經，或出於此而變換其文。見塚本善隆所編《肇論研究》，頁105，注二一〇。

## 〈搜玄第六〉

此為「九折」中的第三折。「搜」是尋義，謂「尋求無名言涅槃之道，妙出有無」的玄理❶❻❽。文中先引「無名」的論意：「涅槃既不出有無，又不在有無。」（即僧肇所謂超越有無之境）繼而質難論言：「不在有無，則不可於有無得之。」「不出有無，則不可離有無求之。」「求之無所，便應都無。」那又怎可以說「涅槃」是「妙道」呢❶❻❾？但涅槃非是不無，而是「千聖同轍，未嘗虛返（即有實指謂）」。那麼「其道（涅槃）既（是）存（在），而曰『不出不在』，必有異旨，可得聞乎」？

## 〈妙存第七〉

此是「十演」中的第四節，以答〈搜玄〉一章中「不出不在，（涅槃如何存在）」的疑難。「不出不在曰妙，體非斷絕曰存」❶❼⓪，故以「妙存」為目，以喻「涅槃無名」的幽妙的存在。先答「有名」的請問（按：彼云：「其道（涅槃）既存，而曰不出不在，必有異旨，可得聞乎?」）。究竟言之，涅槃之道是「無說無聞」的。何則？「言（說）由名（言）起，名（言）以（形）相生」。「涅槃」既是「無相」、「無名」，故亦「無說」，既是「無說」，故亦「無聞」。

---

❶❻❽　其義見憨山《肇論略注》，卷六，頁 1。

❶❻❾　依「不在有無，則不可於有無得（涅槃）」，「不出有無，則不可離有無求（涅槃）」的命題，本可以推論它們彼此之間的矛盾。但「有名」不從此點起難，而難之「求之無所」（豈可以涅槃為妙哉），而要求「無名」作答。

❶❼⓪　見文才《肇論新疏》。彼更謂本節之旨，「亦示無住（涅槃）之深（意）」。《大正藏》，四十五，236。

但若能以不計執之心以察照「涅槃」，也未嘗不可以「因言顯道」❶。僧肇並舉了善吉（即須菩提）及淨名（即維摩詰）等的例子：

(1)善吉有言：眾人若能以無心而受，無聽而聽者，吾當以無言言之。

(2)淨名曰：不離煩惱而得涅槃。

(3)天女曰：不出魔界而入佛界❷。

說明「玄道在於妙悟，妙悟在於即真，即真則有無齊觀，齊觀則彼己莫二，所以天地與我同根，萬物與我一體」。如是則「非復有無」、「能以無言而言，無聽而聽」、「不離煩惱而得涅槃」、「不出魔界而入佛界」。既能「妙悟於玄道」，則「不出不在」而入於「涅槃」亦何有驚怪？佛陀心境俱空，於境則沒有「有無之相」，於心則沒有「有無之知」，如是於外「無數（名相、語言）」，於內「無心」❸，杜絕有無於內外，則「彼此寂滅（心境雙絕），物我冥一，泊爾無朕，乃曰涅槃」。

## 〈難差第八〉

　　此為「九折」中的第四折。上文謂「涅槃之道，心境不二」，平等之理，不應有所差別，何以三乘修證不同？「既曰冥一，則不應有三」，故「有名」興難，謂之「難差」❹。「涅槃既超六境之

---

❶　此用憨山語，見《肇論略注》，卷六，頁 2。

❷　此間僧肇分別引《摩訶般若波羅蜜經》卷七、《維摩經》卷上、《實女所問經》等。見《肇論とその譯註》，注二一四、二一五、二一六。塚本善隆編《肇論研究》，頁 105。

❸　此實回應〈開宗第一〉，「涅槃」「不可以形名得」、「不可以有心知」。

外，不出不在，而玄道獨存，斯則窮理盡性，究竟之道，妙一無差。」這是理之當然。可是《放光般若》卻說：「三乘之道，皆因無為而有差別。」⓭餘經亦載「（佛）為菩薩時，名曰儒童。於然燈佛所，已入涅槃。儒童菩薩，時於七住（即七地菩薩），初獲無生（法忍），（後復修道）進修（八地、九地、十地）三位（然後成佛）」⓮。依經所載，涅槃既有三乘的差別，於大乘中，由住七地得無生法忍，以至進修三位而得成佛，那麼亦有差別。如「無名」所謂：「涅槃一也，則不應有三；如其有三，則非究竟。究竟之道（涅槃）而有升降（高低）之殊，眾經異說，何以取中？」

## 〈辯差第九〉

　　這是「十演」中的第五節，回應上文〈難差〉的質疑，而加以明辨。首先，僧肇重新肯定「涅槃」的本質無有差異，所謂「究竟之道，理無差也」（此就「理」而言）。跟著引《法華經》為證，經云：「第一大道，無有兩正，吾以方便，為怠慢者，於一乘道，分別說三。」⓯並以《法華經‧譬喻品》的「三車出火宅」以為證明⓰。佛說三乘，是方便指引，使出生死。「俱出生死，故同稱無

---

⓭　引文多取自憨山《肇論略注》，卷六，頁5。

⓮　《放光》原文作：「云何說言是須陀洹（按：此意指「小乘初果」），是阿羅漢（無學果），是辟支佛。是三耶？三佛乎？佛言：是皆因無為而有名。」《大正藏》，八，114。

⓯　此文《肇論とその譯註》疑出自《自在王菩薩經》卷下（《大正藏》，十三，932），見塚本善隆編《肇論研究》，頁106，注二二一。

⓰　此引《法華經‧方便品》而變換其文，原文曰：「如來但以一佛乘故為眾生說法，無有餘乘，若二若三。」《大正藏》，九，7。

為」，故曰「涅槃」，但羊車、鹿車、牛車「所乘不一，故有三名。統其會歸，一而已矣」。這裏已廓清「涅槃妙一無差，而分說三」的緣由。但何以《放光般若》又說「三乘之道，皆因無為而有差別」？豈不相違？僧肇解釋說：出生死而證會的「無為」是一，但證會「無為」的人有三種類別（三乘義），故《放光般若》的含意是「此以人三，三於無為（三類眾生，各因其根器而證入無為），非無為有三也」。為使更清晰地顯示其義，僧肇再引《放光般若》為證：「涅槃有差別耶？答曰：無差別。……但如來結習（煩惱的習氣）都盡，聲聞結習不盡耳。」**❾**這裏補述三乘人的差別所在，佛與聲聞、緣覺、斷習雖有盡不盡的分別，但出離生死、證會無為（即「涅槃」義）則無異，如結語云：「群生萬端，識根不一，智鑒有淺深，德行有厚薄，所以俱之（往也）彼岸，（到往彼岸的歷程中）而升降不同（如三獸渡河，各有淺深）。彼岸（指涅槃）豈異，異自我（人）耳。然則眾經殊辯，其致不乖。」故知彼難非理。

## 〈責異第十〉

這是「九折」中的第五折。承上文「無為之理既一」，於是就「如何能證之人有三」而興難**❿**。「彼岸，則無為岸也（即是「涅

---

**❼** 長者大宅失火，但三子耽於玩樂，故分別以羊車、鹿車、牛車引之出離火宅。及離險境，賜以大寶之車。前車以喻三乘，大寶車以喻一佛乘，會三歸一，使一切眾生皆得成佛，乃是佛的本懷。今僧肇把「會三乘歸於一佛乘」轉引到「涅槃」問題上去。見《大正藏》，九，12。

**❾** 見《放光般若》，卷十六，《大正藏》，八，14（但文字則有出入）。

**❿** 解題依憨山《肇論略注》，卷六，頁7。

槃」），我則體（證）無為者也（即是「能證涅槃之人」），請問我與無為，為一為異？」這是難者提出「涅槃的能證之人」與「所證的無為」是一是異。跟著運用進退維谷的兩難法進行推演：「若我即無為，無為即我，則不得言『無為無異，異自我也。』」（按：能證所證既一，應異則俱異，同則俱同，而不得如僧肇所謂「涅槃無差別」，差別在於能證的人。）再從另一角度看：「若我異無為，我則非無為，無為自無為，我自常有為。」（按：能證有異於所證，則所證的涅槃是無為法，而能證的人是有為法了。）那麼，若「我即無為（涅槃）」，無為（涅槃）是一，則我（能證涅槃者）亦應是一，而無三乘人證涅槃的差別；若「我異無為」，則人與涅槃便無關係，於是亦無三乘人證涅槃的差別，所以難者總詰：「然則我與無為，一亦無三，異亦無三。三乘之名，何由而生？」

## 〈會異第十一〉

　　此是「十演」中的第六節。「無名」者就〈責異〉之難而會釋三乘之異。一者，僧肇肯定「我即無為，無為即我」，則能證的「三乘人」與所證的「無為涅槃」相即不異。二者，提出「無為（涅槃）雖一，何乖（無妨於）（能證涅槃的三乘人）不一」的論點。三者，舉喻作證：「譬猶三鳥出網，同適無患之域；無患雖同，而鳥鳥各異。」僧肇以「出網而同適無患之域」比喻「涅槃」，「三鳥」比喻「能證涅槃的三乘人」。眾鳥雖異（或遠或近，或高或低），但牠們的出網無患則是一。「鳥即無患，無患即鳥」，「不可以無患既一，而一於眾鳥也。」四者總結：「三乘眾生，同適無為（涅槃）之境。無為雖同，而乘乘各異。不可以乘乘各異，謂無為亦異，又不可以無為既一，而一於三乘也。然則我即無為，無為即我；

無為豈異，異自我耳。——無為雖一，而幽鑒（證涅槃）有淺深……以未盡無為（二乘人結習未盡）故有三耳。」

## 〈詰漸第十二〉

這是「九折」中的第六折。旨在詰難前文「以未盡無為（未盡則須再修，故有「漸修」義），故有三（的差別）」那種說法。「有名」認為證「涅槃」時，「二乘得盡智，菩薩得無生智。是時妄想都盡，結縛永除……理無餘翳」。那麼，三乘斷惑、證理皆同，則不應取果有異❶，以致有「人三，三於無為（涅槃）」之說。跟著分別引大乘經典二則為證。

⑴是諸聖智，不相違背，不出不在（「不在」原文作「不生」），其實俱空。

⑵無為大道，平等不二❷。

「無為大道」（涅槃），既是「平等不二」。那麼「不體（證）則已」，若能「體（證），（則）應窮微」。但前文說「未盡無為，故有三耳」，這便未到悟的境界，怎可說能證涅槃？

## 〈明漸第十三〉

此是「十演」中的第七節，以「結習不可頓盡，無為不可頓證」這種漸修功夫，答上文〈詰漸〉的質難❸。僧肇指出難者雖

---

❶ 難者不解小乘只從「人空」以證入無為（真如），大乘則兼從「法空」證入，故說「結縛永除」、「理無餘翳」，其實不然。

❷ 依元康《肇論疏》，前經是引《放光般若》，後則為《正法華經》。《大正藏》，四十五，198。

明「無為（涅槃）無二」之理❶，但不解「結（煩惱）是重惑」，需要漸修，不能頓盡，所以理解上出現偏差，以為三乘因此盡除。跟著僧肇列舉佛典中兩個譬喻以為例證：

　　⑴三箭中的，有淺深之殊。

　　⑵三獸渡河，中渡無異，而有淺深之別❶。

三乘眾生，雖同修「四聖諦法」，雖終究「同升（證）無為（涅槃）」，但「智力不同」，其斷結（煩惱）是有差異的，如同是一的，甲箭中而不入（按：「中」喻「證涅槃」），乙箭入而不過，丙箭入而過之。又如同修「十二因緣」，三乘猶如象、馬、兔的渡河，「中渡無異」（以喻得證涅槃），但兔者浮而渡，馬者觸沙而渡（上喻小乘），香象（喻佛）盡底蹋而渡，所謂：「絕偽即真，同升無為，然則所乘不一者，亦以智力不同故也。」繼而再引《老子》「為學日益，為道日損」之文，以見「證無為（涅槃）」，亦如「為道日損」，不可以頓然得之，必「要損之又損，以至於無」。斷結漸修的功夫不可廢，語近可解❶。

## 〈譏動第十四〉

　　此為「九折」中的第七折。此節遠接〈難差第八〉：「儒童於

---

❸　文依憨山《肇論略注》，卷六，頁11。
❹　按：前引《放光》、《法華》之文，所謂「聖智不相背」、「無為大道，平等不二」都是從理上說，不是從事上修行去習上說。
❺　喻出《鞞婆娑論》，見《大正藏》，二十八，445。
❻　文中並引《放光般若經》，云：「二乘之智如螢，菩薩之智如日。」智用之喻可解，故略而不贅。

然燈佛所，已入涅槃，……（以）時於七住（七地）初獲無生忍，進修三位。」近接上章斷結漸修，「要損之又損，以至於無」。於是「譏判菩薩進修涉動」，為本節的大旨。因為菩薩雖至七地，猶需進修積德，然後成佛。「進修本（因也）於好尚，積德生於涉求。好尚則取捨情現，涉求則損益交陳。」如是既以「取捨為心」、「損益為體」，那時的心理活動，還在擾動未息的狀態，如何可以「體絕陰入」而證入「心智寂滅」的「無為涅槃」境界？

## 〈動寂第十五〉

此為「十演」中的第八節。前章「譏動」，故今答之以「動寂」，「動」即是「寂」，故云「動寂」❿。僧肇先引般若系經典，主「聖人無為而無不為」以為前提❿，然後把「動靜一如」之理，逐點推演出來，以見「譏動」的愚謬。一者，「無為」是靜，「無不為」是「動」，今「聖人無為而無不為」，那麼便「動而常寂」、「寂而常動」。二者，「寂而常動」，故「物（心也）莫能一」（意謂「漸修」以「進修三位」）；「動而常寂」，故「物（境也）莫能二」（意謂「能證無為涅槃」）。如是「逾動逾寂」、「逾寂逾動」，「動靜一如」，故雖「漸修」，無礙其對「無為涅槃」的體證。

跟著再引《道行經》云：「心亦不有，亦不無。」❿「不有，故心想都滅；不無，故理無不契。理無不契，故萬德斯弘；心想

---

❿　此依元康《肇論疏》釋題。《大正藏》，四十五，196。

❿　此本出《老子》第三十七章語，但《放光般若經》卷十六亦云：「佛言：適無所為，故行般若波羅蜜。」意亦相當。見《大正藏》，八，113。

❿　見《大藏經》，八，425。

都滅，故功成非我。」如是則菩薩漸修，「積德雖涉求」，但「亦非有心，亦非無心，任運而已」❿。那麼「積德涉求」亦無礙於證會「無為涅槃」，所以《大智度論》云：「儒童曰：昔我於無數劫，國財身命，施人無數；（若）以妄想心施，非為施也。今以『無生心』，五華（同「花」）施佛，始名施耳。」❿是故「心彌虛，行彌廣，終日行，不乖於無行」。因此「菩薩住盡不盡平等法門，不盡有為，不住無為」，則「譏動」所謂「取捨為心，損益為體」不能體證寂滅的「無為涅槃」之說，實不應理❿。

## 〈窮源第十六〉

這是「九折」中的第八折。窮究「能證涅槃之人」與「所證涅槃之法」二者誰先誰後。隨一為源，二俱有過，故曰「窮源」❿。「有名」認為「必先有眾生，後有涅槃」，前說「漸修」、「損之又損，以至於無」故。如是涅槃便有始終，「有始必有終」故。但經云：「涅槃無始無終，湛若虛空。」❿如是則「涅槃」非修學而後成就的了。此則前後相違，不知如何取中？

---

❿　此數句，借用憨山《肇論略注》語，卷六，頁15。

❿　取《大智度論》卷十六，而改換其文，見《大正藏》，十六，180。

❿　文中尚引《放光》、《賢劫》、《成具》、《禪經》及《思益》等經，恐繁從略。

❿　釋題，主要以文才《肇論新疏》為依。《大正藏》，四十五，240。

❿　引文早見於〈開宗第一〉。依文才《新疏》則謂出於《大涅槃經》卷二十一。見❺。但當時《大涅槃經》還未譯出，恐是諸經的通說，而文意與《大涅槃經》相近而已。

## 〈通古第十七〉

　　此是「十演」中的第九節。「通」是「同」義❿。涅槃之體無
始無終，三乘悟此，以「即理之智」，證得「即智之理」，豈有古
今不同的差異？故曰「通古」。（有「古今同一」之義。）「至人空
洞無象」，故「會物以成己」。諸法寂然之理，即是「涅槃」。所以
「非理不聖，非聖不理」，故「聖者」（至人）與「涅槃寂然之理」
是不異的，所謂「聖不異理」，《大品》所謂：「般若不可於色中求，
亦不離色中求。」又謂：「見緣起為見法，見法為見佛。」這都顯示
出「物（理）我不異」的大用❿。而「涅槃之道，存乎（能證之
智與所證之理之間的）妙契，妙契之致，本乎（智與理）冥一」。
「智」與「理」冥然為一，則「物（理）不異我（智），我（智）
不與物（理）」。所以「智」之與「理」，「進之弗先，退之弗後，
豈容終始於其間哉」？如是「能證之智」與「所證之理」，契合為
一，無先無後，而「涅槃」的存在亦無始無終，唯能證者得之，
而古今無二，故彼難非理。

## 〈考得第十八〉

　　此是「九折」中的最後一折。「考」是「稽考」義❿。三乘眾
生既「不離諸法而得涅槃」（見《放光般若》），然則眾生是於「五

---

❿　見文才《肇論新疏》。見❺。
❿　見《大品般若·散花品》，《大正藏》，八，278，而本論亦引《放光
　　般若》，云「不離諸法而得涅槃」。（見《大正藏》，四十五，161。）
　　以於論證先後古今作用不大，故未加引述。
❿　見文才《肇論新疏》，《大正藏》，四十五，242。

蘊假體」之內得涅槃，抑「五蘊假體」之外得涅槃？若「五蘊外
得」，這便違教，若「五蘊內得」，教理俱違（涅槃是從五蘊中解脫
出來）。從「如何得」起難，故曰「考得」。首先引經定理，經云：

　　⑴眾生之性，極於五陰（五蘊）之內。

　　⑵得涅槃者，五陰都盡，譬猶燈滅🄰。

　　「五蘊」是眾生的假體，離「五蘊」則別無眾生。難者認為
證「涅槃」之時，「眾生之（體）性，頓盡於五陰（五蘊）之內」，
而「涅槃之道，獨建於三有之外」🄱，「五蘊」亦不離「三有」而
存在，如是內外有別，「涅槃」如何證得？所謂「邈然殊域，非復
眾生得涅槃也」。這是「順經則違理難」。難者又設「果有涅槃可
得」，則也有兩種困難：一者、涅槃既建於三有之外，而眾生又有
涅槃可證，則「眾生之（體）性，不止於五陰（五蘊）」了，這是
「順理則違經難」；二者、眾生之體性，「必若止於五陰（五蘊）」，
則證得涅槃之時，「五陰（五蘊）不必都盡」，此亦違經，故也屬
於「順理則違經難」。如是要建「證得涅槃」的理想，種種困難，
有待解決。

## 〈玄得第十九〉

　　此是「十演」中的最後的一節，也是全文最後的一章。要解
決上述問題，僧肇提出了「不存得相以證得涅槃」；「不存得相而
得，曰『玄』」，故本節以「玄得」來命名🄲。文分四段：一者、

🄰　文與《大般涅槃經》卷二十九相近，見《大正藏》，十二，537。
🄱　「三有」是指「三界」，即「欲界」、「色界」與「無色界」。凡夫「五
　　蘊」是存在於「三有」之內的，而不能存在於「三有」之外的。

明難者所以有上述種種問題之由。涅槃真理，由離一切名言相狀而能顯現；分別妄偽，則由執著名言相狀而產生，所以「著則有得，離則無名」。難者以「有得為得，故求於有得」，所以產生種種矛盾，種種困惑，「吾（僧肇）以無得為得，故得在於無得」，所以種種矛盾、種種困惑，都自不生。二者、明涅槃泯絕諸相，不可以有得求之。因為「涅槃之道，妙盡常數（謂：泯絕一切法數、一切形相，融冶二儀（天地）……未嘗有得，未嘗無得（寂然無相故）」。所以經曰：「涅槃非眾生，亦不異眾生。」維摩詰言：「若彌勒得滅度（涅槃）者，一切眾生亦當滅度（涅槃）。」❷❶ 所以「一切眾生本性常滅，不復更滅」（按：指一切眾生本具能證涅槃的本性），那麼，只要「滅度在於無滅」（不執滅度有得的形相，都應證得無名無相的涅槃）。三者、正答所難。依真諦而言，「能證涅槃的眾生」，以性空故，非執為實有的眾生；「所證的涅槃」，以離相故，亦非執實的涅槃。如是能所俱無執無相，則「眾生非眾生，誰為得之者」（即無能得之人）?「涅槃非涅槃，誰為可得者」（即無所得之法)?「考得」之難，迎刃可解。跟著，僧肇引《放光經》以為證：

(1)菩提從有（心，而）有（所）得耶？

答曰：不也。

(2)菩提從無（心，而有所）得耶？

答曰：不也。

---

❷⓪⓪　同 ❶❾❼。

❷⓪❶　前引似近《大般涅槃經》卷二十二（《大正藏》，十二，495）：「……是故知如來非眾生，亦非非眾生。」後見《維摩經》，卷上，《大正藏》，十四，545。

⑶（菩提）從有（心及）無（心，而有所）得耶？

　　答曰：不也。

⑷（菩提）離有（心，及）無（心，而有所）得耶？

　　答曰：不也。

⑸然則都無（所）得耶。

　　答曰：不也。

「涅槃」無相，「不可以形名得」、「不可以有心知」，故「無所得故為得也」，是故「得無所得也」。若以「有心」以求「有所得」，對涅槃終歸要落空的。四者、顯「涅槃」玄得之體與無方的大用。「涅槃」之體，超越心境，「在於絕域，故不得以得之」；能證的「妙智」，「存乎物外，故不知以知之」，此所謂「大象隱於無形，故見不見以見之」。「大音歷於希聲，故不聞而聞之」❷。至於「涅槃玄得之用」，則「能囊括終古，導達群方，亭毒（養習）蒼生」。如是「則三乘之路開，真偽之途辯，賢聖之道存，為名之致顯矣」。

## 丙、思想的分析

　　要整體探討僧肇「涅槃無名說」的思想體系，我們對〈涅槃無名論〉的整體結構，宜有一個鳥瞰式的回顧，因為「無名說」是依〈無名論〉而建立的；假若不能把捉〈無名論〉的整體思想，也就無從明白「無名說」的重點內容。現在就讓我們把〈涅槃無名論〉的「十演九折」所探討的問題，以表列方式陳述出來：

---

❷　此借《老子》第四十一章：「大方無隅……大音希聲，大象無形，道隱無名。」以譬況於「無相涅槃」。

| 十　演 | 九　折 | 所探討的內容 |
|---|---|---|
| 開宗第一 | | (1)是全文總綱所在。<br>(2)「涅槃」是無為義、是滅度義。<br>(3)「涅槃」分「有餘」、「無餘」兩類。<br>(4)「涅槃」無為，故「微妙無相」、「不可以形名得」、「不可以有心知」，所以不可名狀，故曰「無名」。 |
| 位體第三 | 覈體第二 | 討論「涅槃體性」名與實是否相應的問題。 |
| 超境第五 | 徵出第四 | 從「真、俗二諦」及有為、無為談「涅槃體性」。 |
| 妙存第七 | 搜玄第六 | 討論「無名相的涅槃」所以能超出有無而存在的原由。 |
| 辯差第九 | 難差第八 | 討論「涅槃之道，心境不二，而三乘修證而有差別」的原由。 |
| 會異第十一 | 責異第十 | 從「能證之人」與「所證之境」以討論三乘涅槃的差異問題。 |
| 明漸第十三 | 詰漸第十二 | 從「無為」與「結習」的關係，討論「漸修是否需要」的問題。 |
| 動寂第十五 | 譏動第十四 | 從「涅槃的修證」，探討涅槃是動是寂的問題。 |
| 通古第十七 | 窮源第十六 | 考究「能證涅槃之人」與「所證涅槃之法」誰先誰後的問題。 |
| 玄得第十九 | 考得第十八 | 討論「五蘊假體」如何可以證得涅槃的問題。 |

　　從上述表解所見，得知〈涅槃無名論〉的結構，是以〈開宗第一〉為全篇內容的總綱，把涅槃的定義、類別、特色提擧出來，然後自〈覈體第二〉開始，一共運用了九對難辯的方式，把〈開宗第一〉所提出的內容加以逐步深化，同時透過「有名」與「無名」的意見交流，帶出了一些在〈開宗第一〉所沒有提出的新觀

念，如「涅槃的三乘差異」與「涅槃的修證」等問題，並一一加以解析。現在就讓我們分別從涅槃的定義、類別、特質與修證等四個方面，來探討僧肇的「涅槃無名」學說的梗概。

## 涅槃的定義

僧肇暗示「涅槃」一詞為梵文外來語，在漢文語系中，並沒有一個相當的詞語可以對譯。（按：「涅槃」是 nirvāna 的音譯，初譯亦作「泥曰」、「泥洹」、「泥畔」等，亦有作「涅槃那」、「般涅槃」等。nirvāna 本是吹熄義，後引伸作「生命之火焰的熄滅，個體生命或欲望煩惱的止息」解。）❷❶❸於是依其語義別創新詞，或翻為「滅」或翻為「滅度」或翻為「不生」、「無為」、「安樂」、「解脫」、「圓寂」、「寂滅」等等不一而足。僧肇於意譯中，拈取「無為」與「滅度」二義來加界定。所謂「無為者，取乎虛無寂寞、妙絕於有為」，那就是把「涅槃」與「有為」的現象界對立來說明，現象界是有名有相的，涅槃是無為、無名、無相的，「不可以形名得」、「不可以有心知」，所以是一種「虛無寂寞、微妙無相」的境界，此涅槃的第一層意義；所謂「滅度者，言其大患永滅，超度四流」。那就是把「涅槃」來指謂我們有「欲流」、「有流」、「見流」、「無明流」等充滿煩惱的軀身，得以永恆地、徹底地銷毀的境界，此後不再在生死苦海中浮沉，所以是三乘修行的最後歸趣。所以僧肇便運用了「斯蓋是鏡像之所歸，絕稱之幽宅」這兩個譬喻以作涅槃含義的結語。

---

❷❶❸ 見 *Sanskrit-English Dictionary*, Oxford University Press, 1970, p. 557.

## 涅槃的類別

在〈開宗第一〉，僧肇便把涅槃分為「有餘涅槃」與「無餘涅槃」兩大類別，此是原始佛教以後的分法。原始佛教中的《雜阿含經》只把涅槃說為「貪欲永盡、瞋意永盡、愚癡永盡、一切諸煩惱永盡」❷⁰⁴。僧肇在世之日，《阿含經》固已翻出，而一些談二種涅槃的大小乘經論亦已面世，故把涅槃作二分法的處理也是自然而合理的事。不過，僧肇並沒有從「有漏依身」的有無來加分辨，而主要是把「有餘」與「無餘」一起來談的，所以說它是「出處之異號」、「應物之假名」。「出處」即「動靜」，其「抱一湛然」是「靜」之體，其「至功常存」，是「應物」的「動」的用，即體即用，動靜一如，便統攝了兩種涅槃的質性。從〈覈體第二〉推演下去，僧肇把「涅槃」等同於「法身」，等同於「菩提」。如云：「如來大覺始興，法身初建」，都同指「涅槃」。「法身」者，即所謂：「至人寂泊無兆，隱顯同源，存不為有，亡不為無。」又即所謂：「吾無生不生，雖生不生，無形不形，雖形不形，以知存不為有。」這完全是超現象的境界。至於「大覺」者，即指「菩提」，所謂：「菩提之道，不可圖度，高而無上，廣不可極，淵而無下，深不可測，大包天地，細入無間，故謂之道；然則涅槃之道，不可以有無得之明矣。」此種「此彼寂滅，物我冥一」之境，同時又是「應而不為，因而不施」，即體即用之境，於是在僧肇的思想中，「涅槃」又與「菩提」無異。不但與「法身」無異，與「菩提」無異，且可以說臻於「無住涅槃」的境界——雖然「無住涅槃」這個名相是相宗後起的，僧肇當世還沒流行——如引文所謂「入於涅槃

❷⁰⁴　《雜阿含經》，卷十八，《大正藏》，二，126。

而不般涅槃」，然後再加按語：「以知亡不為無」。並且斥小乘以釋
迦在雙樹壽極為入「無餘涅槃」之非。所以僧肇申明入涅槃者：「智
周萬物而不勞，形充八極而無患，益不可盈，損不可虧，寧復痾癘
中逵，壽極雙樹，靈竭天棺，體盡焚燎者哉?」這就顯然是指釋迦
的軀體雖已謝滅，但他的法身還是常住，所以嚴格來說，他還是沒
有入「無餘涅槃」，這種思想在當時確是一大進步，但僧肇也不是
憑空杜撰，而是有經論思想作依據的。如《維摩經》卷中有云：

> 住於涅槃，不永滅度，是菩薩行❷⓪❺。

而僧肇的注文中也有這樣的解說：

> 欲言在生死，生死不能污；欲言住涅槃，而復不滅度。是
> 以處中道而行者，非在生死，非住涅槃❷⓪❻。

由此可見「非在生死，非住涅槃」這套思想是根源於「般若學」
的。僧肇從「般若學」發展到「涅槃學」，自然不會也不能把思想
停滯於「有餘」、「無餘」兩種涅槃而感到愜意的呢。

## 涅槃的特質

　　僧肇的〈涅槃無名論〉的〈開宗第一〉裏，雖提出「有餘涅
槃」與「無餘涅槃」兩大類別，但「涅槃無名說」的精神不在分
辨兩者體、相、性、用的差異，而在於強調把「涅槃」作為一個
統一的、完整的觀念來研究。所以謂「涅槃一也」、「不應有差」
便是此意。因此談涅槃的本質，一者說之為「無為」、一者說之為

---

❷⓪❺　見《大正藏》，十四，545。
❷⓪❻　見僧肇的《注維摩經》，卷五，《大正藏》，十八，380。

「滅度」。說為「無為」，則「涅槃」的特質就應無形無相，所以說它是「寂寥虛曠，不可以形名得，微妙無相，不可以有心知」；它不是五官的所知對象，所以「大音希聲，大象無形」，「五目不覩其容，二聽不聞其響」；不可稱它為有，亦不可稱它為無，所謂「涅槃之道，不可以有無得之」；所謂「存不為有，亡不為無」，那麼，涅槃「果出有無之域，絕言象之徑」了；由於「涅槃」是「無為法」，所以屬「真諦」而非「俗諦」，是「真諦」故，涅槃便「不出不在」、「非法」、「非非法」、「玄道在於妙悟，妙悟在於即真」、「天地同根、物我一體」、「能所雙忘、心境俱寂」，於是在「俗諦」相對境界泯絕之下，「涅槃」是「言語道斷，心行處滅」的，這種非語言形相所行境界，依此僧肇便歸納出「涅槃無名」的結論，亦是他的思想宗趣所在。

　　再者，僧肇又把「涅槃」說為「滅度」；所謂「滅度」者，意指「五陰（假體）永滅，則萬累（煩惱）都捐」的境界。但僧肇所說的「滅度」，並非專指小乘「灰身滅智」的「無餘涅槃」，而是指謂「體用兼賅」的清淨「法身」，所以他說：「欲以智勞至人，形患大聖，謂捨有入無，因以名之，豈謂採微言於聽表，拔玄根於虛壤者哉？」[207]如是清淨「法身」，有體必有用，所謂：「抱一湛

---

[207]　〈位體第三〉也說：「子乃云：『聖人患於有身，故滅身以歸無；勞勤莫先於有智，故絕智以淪虛。』無乃乖乎神極，傷於玄旨者也。」依文意，它與本句同義，皆反對「滅度」是「灰身滅智」之說。見《大正藏》，四十五，158。
　　又僧肇雖不贊同「灰身滅智」的「無餘涅槃」，但他卻並沒有明確地建立「三身三土」的「無住涅槃」的學說；其原因可或有二：一者、受時代的限局，「三身三土」之說，還未傳翻過來；二者、僧肇宗於「般若」，從「般若學」以入於「涅槃學」，但「般若」不重於形相，

然，故神而無功；神而無功，故至功常存。」全累都捐，法身體用不二，則證得涅槃的人，便可以「無心於動靜，無象於去來，無感而不應」。涅槃之用，用於無心而感應，所以一方面可以「萬機頓赴而不撓其神，千難殊對而不干其慮；動若行雲，止猶谷神」；一方面又不為時空所限制，所謂：「至人居方而方，止圓而圓，在天而天，處人而人。原夫能天能人者，豈天人之所能哉？果以非天非人，故能天能人耳。」「能天能人」，故不限於空間，「至功常存」，故不限於時間。故「其為治（化度之功），應而不為，因而不施。因而不施，故施莫之廣；應而不為，故為莫之大」。「涅槃」之用，雖然是至廣至大，至功常存，但其終究是以無為的「般若」為體；「般若無知，對緣而照」而已，因此，同時不可為有，不可為無，「有無絕於內，稱謂（名言形相）淪於外」，同是「不可以形名得，不可以有心知」，所以也符合「涅槃無名」的主旨。

## 涅槃的修證

在〈涅槃無名論〉中，僧肇並沒有專章來探究「涅槃的修證」的問題，因為本論核心問題是「涅槃可否名狀」，而不是「涅槃如何修證」。不過在「十演九折」的對辯過程中，則不能不涉及到一些修證的問題。在〈難差第八〉一章中，便透過「有名」者引《放

> 如《注維摩經》卷二所說：「夫至人空洞無象，應物故形。形無常體，況國土之有恆乎？夫以群生萬端，業行不同，殊化異彼，致令報應不一。……然則土之淨穢，繫之於眾生，故曰：『眾生之類，是菩薩佛土』也」。性、相宗趣的不同，亦於此可見。這一解釋，反映了僧肇的堅持要反對在五道眾生、穢土染行之外，別建立佛國淨土之說。因此〈涅槃無名論〉，對「三身三土」也無所建立。見任繼愈主編《中國佛教史》，卷二，頁 516–517。

222 ‧ 僧 肇

光般若經》的方便，點出修證涅槃的途徑是有「聲聞」、「緣覺」
及「菩薩」等三乘的差別的。按：「聲聞乘」證得「阿羅漢果」便
能證入涅槃，「緣覺乘」證得「辟支佛果」亦能證入涅槃。若《大
智度論‧次第學品》中，便把「十地」（即見道後直至成佛的十個
階段），與「四聖」（即阿羅漢、辟支佛、菩薩、佛陀）相配，第
七地名「已辦地」，即聲聞乘修行者「所作成辦，不受後有」，而
得阿羅漢果、證得「涅槃」的階段；第八地就直接名為「辟支佛
地」，即緣覺乘修行者而得辟支佛果、證得「涅槃」的階段❷⓪⑧。至
於「菩薩乘」的修行者，臻於七地（亦名「七住」），初獲無生法
忍（謂真智安於不生不滅的理體而不動，是七、八、九、十地所
悟得）❷⓪⑨，已入涅槃，但還需進修三位，始得成佛❷①⓪。讀者會問：

❷⓪⑧ 見《大正藏》，二十五，664。

❷⓪⑨ 《大智度論‧發趣品》云：「云何菩薩無生忍？為謂法不生不滅不作
故。」見《大正藏》，二十五，416。

❷①⓪ 依《大智度論‧次第學智》所載，「菩薩地」在第九地，至第十地（「佛
地」）始得真正成佛（見❷⓪⑧）；今就第七地初得「無生忍」，方便言之，
說為「已入涅槃」，彼此似有矛盾。但鳩摩羅什所出《十住經‧遠行
地第七》云：「菩薩住是七地……一切煩惱不發起故，不名有煩惱者；
貪求如來智慧，未滿願故，不名無煩惱者。……菩薩住是地……顯
照無生法忍……已能過一切聲聞、辟支佛地。……今住此地，於念
念中，能入寂滅（按：即『涅槃』義），而不證寂滅（涅槃）。……
菩薩如是以大願力故，得智慧力故，從禪定智慧，生大方便力故，
雖深愛涅槃，而現身生死。……以願力受生三界，而不為世法所污，
心常善寂。……雖現身一切世間，而心常在出世間法。」（見《大正
藏》，十，518–519）由此可見第七地菩薩，煩惱已全不現行，證得
無生法忍已超過一切聲聞及辟支佛。已能證入涅槃，而以願力智慧，
仍受生三界。依此修行所得成就，故〈涅槃無名論〉說菩薩七地已

上述三乘所證涅槃與如來所證的有什麼區別？僧肇的答案是：就涅槃作「無為」與「滅度」的意義來說，彼此都能達到預期的目標，雖然像三獸渡河，各有淺深，但其到達終點卻沒有分別，所以他們所證的涅槃都無差異；不過就「結習」（指一切煩惱惑見的習氣）來說，則有「盡」與「不盡」的區分，所謂「如來結習都盡，聲聞（按：自然包括辟支及七、八、九地的菩薩）結習不盡」，那麼就難免各有差異了。差異所在，於內則「結習」有盡不盡之別，於外則「幽鑒」（即度生起用言）有淺深的不同。所以「二乘得盡智」，到「無餘涅槃」便唯有「智滅身灰」，無漏功德於焉止息；菩薩到了七地，雖未成佛，但得「無生智」（即「無生法忍」），為完成無邊度生的大願，故可入「涅槃」而不入涅槃，所以繼續修行，待進修三位圓滿，然後成佛。此亦三乘之中，菩薩與聲覺、緣覺之間，其修證亦有差別。

　　由於菩薩的修證，即使到了七地，猶需進修三位，始得成佛，於是引起了頓悟與漸修的問題。依《世說新語‧文學第四》梁‧劉孝標的注文所載，支道林有「頓悟於七住（七地）」之說❷。支道林何所據而云焉，今文獻不足徵，也許七地菩薩初證「無生法忍」，是修行上一大躍進❷，所以說為「頓悟」。但在僧肇來說，

入涅槃，從本質來說，實無誇飾之意，從出處來說，亦有經論可作依據。

❷　《支法師傳》曰：「法師研十地，則知頓悟於七住。」見徐震堮著《世說新語校箋》，頁121，中華書局，一九八七年版。

❷　僧肇在《注維摩經‧佛國品》中，也說：「七住已上，心智寂滅，以心無心，故無德不為。」又說：「既得法身，入無為境，心不可以智求，形不可以像取。」（見《大正藏》，三十八，329）可見僧肇也特別重視第七地，不過他卻沒有認為那是「頓悟」之所得者。

他卻認為七地是漸修的，而七地之後，進修三位，更非漸修莫辦。所以在〈明漸第十三〉章中，反覆申說：一者、「結是重惑」，故不可以頓盡。二者、一切有為，「窮才極慮，莫窺其畔；況乎虛無之數（按：指對涅槃的修證），重玄之域，其道無涯，欲之頓盡耶」？三者、引《老子》修學的方法，以見「為道日損」的漸修工夫，乃是入於「無為」的共通法門。所謂「為道者，為於無為者也。為於無為而『日損』，此豈頓得之謂？要損之又損之，以至於無損耳。」至於無損，即是修行圓滿，到達成佛的境界。菩薩對「涅槃的修證」，尚需「損之又損」的漸修工夫，而求妄想都盡，結縛永除，修行三十七道品的二乘行人，又怎可以不漸修而得證入「涅槃」的境界呢❷⓭？

---

❷⓭　湯用彤與其高弟石峻皆疑〈涅槃無名論〉非僧肇所作，其中湯氏強調〈涅槃無名論〉實不應持支道林的「小頓悟」說，而攻擊竺道生的「大頓悟說」，這是他的最有力的論據。而公開的「頓漸之爭」更是僧肇歿後之事，不可能在僧肇時代發生。但當我們完成「涅槃的修證」這節的分析後，我們有幾點的發現：一者、〈涅槃無名論〉有關「頓漸之爭」不同於謝靈運與釋慧觀之爭。因為後者各有專論（謝氏《辯宗論》張大竺道生「大頓悟」之說，而慧觀著《漸悟論》以相抗衡），故為漸為頓而公開作辯。然前者則討論到七地菩薩初證無生法忍時，本可入涅槃，而以大願故，仍生於三界，有待進修三位，然後成佛，於是引出有漸修的需要，且更有經論為依（如前所引僧肇乃師羅什所出的《十住經》、《大智度論》等），非僧肇所杜撰，亦與僧肇的其他著述（如〈物不遷論〉有「尋化以階道」之說，又如《注維摩經》有「七住已上，心智寂滅」之談），彼此若合符節。既主「七住證無生法忍」，而又不談頓漸問題，則行文便不完備。若因談而懷疑〈涅槃無名論〉非僧肇之作，似不應理。二者、僧肇處處強調「漸修」（如從「結習重惑」非漸修不辦，如是乃至引《老子》

的「損之又損」的方法），而並沒有提出「小頓悟」之說，若依慧達《肇論疏》所述「支道林……及僧肇均屬小頓悟」，而不從〈涅槃無名論〉直接找根據，卻說有違僧肇餘論的主張，因而有疑〈涅槃無名論〉非出於僧肇之手，此亦有欠公允。三者，湯氏言〈涅槃無名論〉所反對的正是竺道生的「大頓悟」說，卻沒有引文加以辨證。即使「有名」所立，與竺道生的「大頓悟」說近似，但都是由於菩薩七地初證無生而與二乘涅槃有異所引起，這是從文義推展而出，非立意仿效「大頓悟」說而加以辯破；若謂「大頓悟」後出，而強言〈涅槃無名論〉因之，於是時代有差，故是可疑者，此說亦有待商榷。此等論諍，葛藤甚多，聰明的讀者，自可鑑別。

# 總　論

# 一、僧肇思想內容的特質

　　僧肇思想的內容，固可從其所著的〈般若無知論〉、〈不真空論〉、〈物不遷論〉與〈涅槃無名論〉等四篇專著反映出來，並自成一個頗為完整的思想體系，然而從其所撰的《維摩經注》❶亦可見其思想面貌，不過《維摩經注》所反映的思想與《肇論》思想互相印證則可，而欲求其自成一獨立的體系則不可。如〈般若無知論〉主張般若無相，「無所知，無所見」；而〈物不遷論〉則力申「法無去來，無動轉」。此等義，亦見所注《維摩經》中「若來已更不來，若去已更不去，所以者何？來者無所從來，去者無所至；所見者，更不可見」等句的疏釋：

> 明無來去相，成淨名（維摩）之所善也。夫去來相見，皆因緣假稱耳。未來亦非來，來已不更來，捨來已不來，復於何有來去？見亦然耳。其中曲辨，當求之諸論也❷。

前由「明無來去相……」者，明般若不取於相，故「不來相而來，不見相而見」。此與〈般若無知論〉所謂「聖心（般若）無知，故無所不知」彼此契合。中句「若來已，更不來……何有去來」者，同於〈物不遷論〉「觀方知彼去，去者不見方」義。末句「其中曲辨，當求之諸論也」者，即指〈物不遷論〉所引《中論》的原文。

---

❶　今收在《大正藏》卷三十八，題名為《注維摩詰經》，而內容則不僅錄僧肇對《維摩經》的釋文，也兼錄鳩摩羅什、竺道生等名家的釋文。

❷　〈文殊師利問疾品〉，《大正藏》，三十八，370。

由此可見《維摩經注》足與《肇論》相表裏。不過為經文所限，無從自成體系，故此不擬再贅❸。

「法不孤起，必待眾緣」，故僧肇的思想，也非孤起，而是承繼魏晉玄學與魏晉般若學發展而來的。僧肇在《肇論》所談的有與無、有名與無名、道與自然、動與靜⋯⋯都是魏晉玄學的課題；《肇論》中所探討的有相、無相、有知、無知、真諦、俗諦，如是乃至境與智、真與幻等等都是魏晉般若學所探索的問題。至於談「緣生性空」、「涅槃非有非無」等等觀念，無不承傳自乃師鳩摩羅什所出的《維摩》、《中論》等經論的中觀思想。僧肇的貢獻有三：一者、把這些原來流行的觀念加以釐清，加以開拓，使從印度傳來的那一套般若思想得以趨於清晰，趨於明確；二者、把印度傳統的般若思想與中國固有的老莊思想，甚或部分儒家思想❹，加以會通❺，而把中印文化會流之後而推進了一步；三者、整合四論而成的《肇論》，無論從內容或形式而言，都能自成體系，因而在文化史上建立了中國式的佛學。這三個特色將會在本章以下各節，嘗試分別加以論述。

---

❸　此指《中論・觀去來品》：「已去無有去，未去亦無去，離已去無去，去時亦無去。」見《大正藏》，三十，3。

❹　如〈物不遷論〉的引用《論語・子罕》兩則，一則是：「子在川上曰：逝者如斯夫，不捨晝夜。」一則是：「子曰：譬如為山，未成一簣，止，吾止也。譬如平地，雖覆一簣，進，吾往也。」

❺　「會通」不等於「格義」。格義者是以中國學術的本有名相，附會於印度佛學之上，以便於理解。會通則儒、釋、道平等看待，客觀地分別其異同，取其義理相同者而論述之，而不致引起思想上的混淆；依此之故，僧肇常用「三玄」的術語，卻沒有跟印度傳統的佛學思想發生相違的地方。

就以僧肇的「般若無知說」而言，其中「般若」的觀念早已流行於當世，如「六家七宗」都已從不同角度嘗試把「般若思想」加以明確的解釋。可惜「中觀思想」還未傳來，所以都有所偏而不能正解。般若經中只說一切法空，如幻如化，但卻沒有詳細分析「空」的真正意義，也未有分析所以為「空」之緣由。至於「無知」早在《老子》書中便涵蘊著這個觀念，如第四十一章所謂「大音希聲，大象無形」。既已謂之「希聲」，當無所聞；既已謂之「無形」，當無所見。無見無聞，當無所知。所以「無知」這觀念也是中國傳統的觀念。不過老子所指的「無知」是就本體論而言，謂宇宙本體的「道」，是視之不見，聽之不聞，故不可以名狀。或單就能知的角度看，則中國傳統哲學也談及主體心靈的靈明虛照，如孟子之以「日月有明，容光必照」喻心，荀子之言「大清明」之心，王弼所言的「寂然至無」，而能「虛通」之心，郭象之言於玄冥中觀物之「獨化」之心。這都或單就所知的一面以言無，或單就能知的一面以言照，均不似僧肇的從認識論的角度，以無所取著的能知的心，以觀照即有即空、即動即靜這種無相真諦所對之境，用以闡釋「般若」那種無惑取之知的智慧本質或體性，來得深切而著明。般若智慧，不如一般的惑取之知，有所取相，故無所知，無所見，所謂「無知」，所謂「無見」，只明般若無「惑取之知」，無「惑取之見」，但非如木石一般的無知無見；般若的寂照之功用是肯定的。所以僧肇的結論說：「般若可虛而照，真諦可亡而知，萬動可即而靜，聖應（應物度生）可無而為；斯則不知而自知，不為而自為矣。復何知哉！復何知哉！」這樣寥寥數十字，便能把般若的本質與體性說得清晰不過，所以唐君毅先生說：「僧肇之言般若，似只有一泓清水，不似印度之言般若心者，如

大海中之有蛟龍起伏。然亦無彼之汗漫無涯，難見要領之失也。」❻

　　僧肇所處時代的文化責任是對「般若問題」的澄清，因為時人對魏晉玄學與般若學混淆不清，僧肇所謂：「頃爾談論，至於虛宗(般若學的六家七宗)，每有不同……故眾論競作，而性莫同焉。」雖然在〈般若無知論〉中，僧肇已運用了認識論的方法，分析了般若的體性，但般若既無惑取之知，則其所智照之境，究竟是有是無？是真是偽？那是不能不加以分辨清楚的，因此僧肇便依存有論的角度，建立「不真（故）空」之說，一方面回應魏晉玄學所談有無問題，一方面矯正當時般若學的偏差。當時的偏差可分成三組：一組以「心無宗」為代表，有偏於「心無色有」；一組以「即色宗」為代表，有偏於「色無心有」；一組以「本無（異）宗」為代表，有偏於「心色俱無」。僧肇非之，因為他們都有所偏，有所偏則「滯而不通」，無從理解般若的真義。僧肇則不偏於有，不偏於無，而能「即萬物之自虛」，以察照萬物的自性。那就是說：「即物順通」，而言物之雖有而無，而不偏於有；由「性莫之易」，以言物之雖無而有，而不偏於無，如是即「萬物之自虛」以觀萬象的「即有即無」，這是般若學的「中道」，不特足以矯正六家七宗的過謬，亦能更進於王弼之以虛無為用，以滅私忘身，去智去偽，亦有進於郭象之言游於獨化。「即有即無」者，亦等於「即偽即真」。般若談空，說萬象的如幻如化；「中觀」則進而雙遣於有、無，所以說「不生不滅，不常不斷，不一不異，不來不出」❼。僧肇作〈不真空論〉，題意雖說「即物自虛」，以見其「不真（故）空」，但內容卻不是偏於「不真」與「空」的一邊，而其實是亦沿

---

❻　見唐君毅著《中國哲學原論——原道篇》㈢，頁 998-1008。

❼　見《中論・破因緣品》，《大正藏》，三十，1。

用「中觀」雙遣雙離的方法，如以「緣生性空」證諸法的「不有不無」，如論所引：「物從因緣故不有，緣起故不無。」但僧肇的思想，有超過「中觀」的雙遣而進乎相即的境界，如所引言：「說法不有，亦不無。」又云：「轉法輪者，亦非有轉，亦非無轉。」從「真諦」言，諸法皆空；從「俗諦」言，諸法是有。依僧肇的思想，已發展到「即真諦、即俗諦」的境界。「即真即俗」，故知萬物「即有即無」、「即偽即真」。所以唐君毅先生說：「僧肇亦或先習老莊之書與王郭之注，而後會之于佛義。故能言之透闢而無滯，而大有進于般若經論言有無之論者，多曲折迴環之論辯，而或欠清通簡要者也。」❽

　　透過〈般若無知論〉與〈不真空論〉，般若的體、相、性、用的正確觀念大致已臻於清澈澄明，但般若是聖者的智慧，非凡人的智慧，那末前文所謂「般若可虛而照，真諦可亡而知，萬動可即而靜，聖應可無而為」，如是乃至「即真即俗」、「即偽即真」、「即有即無」等境界，對凡人而言，都變成了「貧子談金、癡人說夢」，無補於實際。所以在「談真則逆俗，順俗則違真」的情況，嘗試運用儒、釋、道三家的種種典籍，與日常接觸的種種因緣、種種譬喻，乃至推理上的種種方式，利用「昔物不至今」的同一前提，作順逆兩面的演述，使凡情都能正確地掌握「動靜」、「時空」、「因果」等等「物性」，以達到破斥凡人的種種執著與思想的偏差。至於各種的演述與論證歷程，已詳見第四章第三節的文字之中，今不重贅。此間擬引述唐君毅先生的一句話，以見僧肇本論的一大貢獻，那就是：「今觀僧肇之論，初乃直下就常人之俗見所及（如：『生死交謝、寒暑迭遷，有物流動，人之常情』以及『昔

❽　見唐君毅著《中國哲學原論──原道篇》㈢，頁 991–997。

物不至今』的共同前提），即俗以見真，而證之于經中之聖言，以使常人亦有契於聖心。」❾蓋僧肇能就常人當下所意想到有物流動的偏見，透過推論，直下說到人之可以「不釋動以求靜，而求靜於諸動，乃于動見靜，而見動靜一如。是即于世所謂遷中見不遷，變中見常，於今昔之時間中見超時間，于因果中見超因果，于世間中見出世間之佛道之功流萬世，道通百劫」，而不必如《中觀》三論的需要「先破斥一客觀而外在化的『遷動』、『時間』、『因果』之觀念。……（而能使）人即可直接由對其『物之遷動』之觀念，有一透澈之反觀，而一念即見得此不遷之義」❿，因而達致論文所謂「苟能契神於即物，斯不遠而可知」的效果。此種「純由能知所知之相對關係中，以論物之動靜之性之說，而為中國昔所從未有之一論物性之方式也」⓫。

　　僧肇前述三論的學說，或從認識論以談般若的「知即無知」，以談物性的「動而常靜，靜而常動，動靜一如」，或從存有論以談萬象的「即真即俗」、「即有即無」、「即偽即真」。這都是能知所知的有關問題。不過東方的哲學不尚空談，而尚實踐，故僧肇在澄清般若學中的能知所知的問題後，必得要進入修養論中的能證與所證的問題，猶若儒家之必須歸到成聖成賢，道家之必須歸到神人至人，然後始得圓滿。因此僧肇的學說，於釐清了能知所知的問題之後，也必須進於能證所證的範疇，然後他的思想體系才得完備，於是便有〈涅槃無名論〉之作。般若是能證的智慧，涅槃

---

❾　見上，頁986。

❿　見上，頁987。

⓫　中國之論性，多從人之「生之謂性」而談，與僧肇的討論「物性」者迥異。見唐君毅著《中國哲學原論——原性篇》，頁195–201。

是修行人所證得的精神境界,故知般若與涅槃也具有「能」與「所」的關係,那就是般若為能證,涅槃為所證,二者是不可分割的一體兩面,故論云:「非理不聖,非聖不理。」理便是般若,聖便是涅槃。能證的般若既是無相,既是無知,離一切語言概念,所證的涅槃與般若為一體,則自然也不應是形相所行境界,故曰「無名」。所以論言:「夫涅槃之為道也,寂寥虛曠,不可以形名得,微妙無相,不可以有心知。」所以「涅槃無名」之說,根本就是無諍之論。我們此間所要說明的,只是僧肇怎樣把「涅槃」這個概念加以開展而已。一如在第四章所述,小乘只就「有餘」、「無餘」兩個角度談涅槃,要求「灰身滅智,捐形絕慮,內無機照之勤,外息大患之本」,如是「五陰永盡」、「不受後有」,以為修養的最終目的。可是僧肇是從般若以入涅槃,般若之學是悲智雙修者,故以「不捨眾生」、「度一切有情」為其職志。因此〈般若無知論〉也大談應會(應機以度生)之道,所謂「聖應可無而為」,所謂「真諦無兔馬之遺,般若無不窮之鑒,所以會而不差,當而無是」。談般若能證之因,既以應會度生的利他為用,則談涅槃那所證之果,自然不能以「灰身滅智、捐形絕慮」而滿足,所以僧肇在本論之中,把「涅槃」與「無為」(按:自然是「無不為」)、「菩提」、「法身」(按:此法身兼攝體用二邊,非如唯識家的僅言真如本體)等等具積極度生意義的詞彙為同義。讓我們先看本論幾則文字:

⑴佛如虛空,無去無來,應緣而現,無有方所。

⑵至人居方而方,止圓而圓,在天而天,處人而人。原夫能天能人者,豈天人之所能哉!

⑶其為治也,應而不為,因而不施。因而不施,故施莫之

　　　　廣；應而不為，故為莫之大。

　　(4)菩提之道，不可以圖度，高而無上，廣而不可極。……
　　　　然則涅槃之道，不可以有無得之。

　　(5)至人寂泊無兆，隱顯同源，存不為有，亡不為無。

　　(6)入於涅槃而不般涅槃；以知亡不為無。

　　(7)法身無象，應物而形；般若無知，對緣而照。

　　(8)所以應化無方，未嘗有為，寂然不動，未嘗不為。

由此可以理解僧肇所指證得「涅槃」的「佛陀」、「至人」，都具「法
身」而與「菩提」相應，因而都能發揮「應化無方」的大用，由
於應化無方之故，能化身為天為人；由於無為而施應，故施應莫
之廣，莫之大，高而無上，不可有極。這都是中後期大乘佛學所
談佛陀「化身」度生的無盡功德，今僧肇於〈涅槃無名論〉中，
提早說了出來。再者，僧肇所指的「涅槃」，是「隱顯同源，存不
為有，亡不為無」，於是「佛陀」、「至人」都能「入於涅槃而不般
涅槃」，那就顯示佛陀度生的無邊功德是不受時間所限制的，這又
與中後期的「不住生死涅槃」的思想不謀而合⓬。此等處，固然
顯示僧肇的聰明睿智，有進於當時的「般若學人」，另一方面，也
反顯出僧肇對涅槃的積極度生大用之重視而表達出他的極其強烈
的意願，這也許是中印文化交接所產生的融通的結果吧。

　　如是「物不遷說」之言即動而靜，「不真空說」之言即偽即真，
「般若無知」之言能證，「涅槃無名」之言所證，則僧肇的思想實

────────────

⓬　僧肇在《注維摩經》云：「欲言在生死，生死不能污；欲言住涅槃，
　　而復不滅度。是以處中道而行者，非在生死，非住涅槃。」見《大正
　　藏》，三十八，380。

已涵包當時佛學的主要內容而有所發展,因而構成融會梵華的《肇論》的獨立而頗為完備的思想體系。

# 二、僧肇思想的表達方式

僧肇的著作,除了經序、論序、經注及誄文有約定俗成的較為固定的形式,不必於此深究外,其他表達個人思想的專著,確實運用了很突出的表達方式,值得我們去分析,去探討。首先是語文方面,僧肇深受六朝文風的影響,四論的文辭表達,都極為華美,雖然由於同義詞的過多變換,而使讀者不易掌握其確切的詞義(如:聖心、真心、聖智同指般若;聖人、至人同指如來),然一般說來,總能運用比喻、映襯、借代、排比、對偶、拈連、引用等等技巧,使其文辭,不僅達意而已,且能給予讀者一種浪濤起伏的優美而流暢的感覺,文質相稱,內容與形式的一種和諧無間的結合,《肇論》文字,實在可以當之無愧。

《肇論》除了文辭優美以外,它的命題更具高度的感染能力,吸引著讀者,要先讀為快。比如說,一般人無不懂得智是能知,而境是所知;般若屬智的一類,理應具能知的作用,僧肇偏偏以「般若無知」來命題,以期達到他所謂「正言若反」的作用;其餘〈不真空〉、〈物不遷〉、〈涅槃無名〉等篇,也無一不具極大的懸疑性,使讀者去尋求、去探索其說法與一般人的差異何在,能否自圓其說,能否給人一種突破性的啟發。所以這種具爆炸性的命題,只有杜甫所謂「語不驚人死不休」,差可比擬。

論文是立正破邪之作,是思想性的文字,能否正確地、有效

地把自己的思想表達出來，那就直接影響著該篇論文的成敗。正確的思想可構成知識，佛家因明古學主要把知識分為三大類別——即直觀之知的「現量」，推論之知的「比量」與權威之知的「聖言量」。僧肇在世之日，這些術語雖未出現，但僧肇的著作，實質上已經反覆地運用著其中的「比量」與「聖言量」，至於「現量」是離名言、絕思慮的，所以在思想的表達方面是用不著的。

　　僧肇是佛家弟子，他的主流思想是承繼鳩摩羅什的「中觀學」而來的，因此，在他的作品中所引用的「聖言量」，自然不是以般若經論為主，如《道行》、《放光》、《大品》、《維摩》等經，《中論》、《大智度論》等論。由於僧肇的思想是會通梵華之故，所以在「聖言量」的引證方面，除卻佛家典籍之外，也兼取儒家和道家之作，如《周易》、《論語》、《老子》、《莊子》，乃至《列子》、《淮南子》的思想或文字都時有引及，以發揮「觀其會通」的作用。不過僧肇的引用古人的典籍，多取其意而改其文❸，甚或只標「經云：⋯⋯」便了❹，所屬何經，亦不明言。這也許是古人行文的通習，得意忘言，得魚忘筌，此之謂歟？

　　至於僧肇作品的「比量」推理是多樣化的，亦有與現代西方邏輯相契合之處。僧肇最喜用的方式是把兩個彼此相違的述詞所

---

❸　如《菩薩瓔珞經》卷十三（《大正藏》，十六，108）云：「文殊師利三白佛言：法有生滅，法無生滅。一切諸佛，所轉法輪，亦有轉亦無轉。⋯⋯諸佛正法，亦不有轉，亦不無轉。⋯⋯諸法如空，故無有轉，故無無轉。」但〈不真空論〉引這段經文時，只說：「《瓔珞經》云：『轉法輪者，亦非有轉，亦非無轉。』」唯得其意，目的已達，而不求一字一句的同一。

❹　如〈不真空論〉所引：「故經云：『色之性空，非色敗空。』」並沒有申明出自何經。（其實是出自《維摩經》的。）

構成的「雙遣」或「相即」的命題標示出來，然後加上溯因式的推證；或陳述一系列的論據，而後結到一個「雙遣」式或「相即」式的結論。茲以〈般若無知論〉的某些思想表達方式為例：

## 形式一

　　為要標示「般若無知」，所以論中先提「（般若）實而不有，虛而不無」這個由雙遣「有」、「無」而構成的中心命題，然後加以追溯式的論證，如謂：「何者，欲言其有，無狀無名（所以謂之不有）；欲言其無，聖以之靈（所以謂之不無）。……」此是依果溯因法。

## 形式二

　　先舉因，後歸結。「夫有所知，則有所不知。以聖心（般若）無知，故無所不知。不知之知，乃曰一切知。故經（《思益經》）云：『聖心無所知，無所不知。』信矣。」此是舉因。「是以聖人虛其心而實其照，終日知而未嘗知也。」此是結論，這個結論也有其特色，那就是把「終日知」與「未嘗知」此二相違的述詞相即而成──所謂「即知即無知」。此是以因推果法。

## 形式三

　　在〈不真空論〉中，也已經運用了現代西方邏輯的「假言命題」推理方式，如云：「夫（萬象之）有若真有，有自常有，豈待緣而後有哉。」（按：共許萬象緣生而有）今可分成兩個「假言三段論式」：

　　㈠大前提：如 P 則 Q　　　　（萬象若真有，則自常有）

小前提：　今 P　　　　　　　（汝許萬象真有）

結　論：　故 Q　　　　　　　（故汝應許萬象自常有）

⒝大前提：　如 P 則 Q　　　　（若萬象自常有，則不待緣而
　　　　　　　　　　　　　　　　　後有）

小前提：　今 P　　　　　　　（依 A 推得：汝萬象自常有）

結　論：　故 Q　　　　　　　（故汝應許萬象不待緣而後
　　　　　　　　　　　　　　　　有）

如是運用兩重的「假言推理」，推得「若許萬象真有，則不必待緣
而後有」，「不待緣有」便有「世間相違」、「自教相違」等過。此
是「假言論式，肯定前項則肯定後項」的推理方法❶。

## 形式四

在〈不真空論〉中，另有一節也是運用「假言推論」的，如
云：「萬物若（實）無，則不應起（不應依因緣而生起），起則非
無。（既依因緣生，故非實無。）」其論式如下：

大前提：　如 P 則 Q　　　　（萬物若無，則不應起）

小前提：　今非 Q　　　　　　（今物生起）

總　論：　故非 P　　　　　　（故萬物非無）

---

❶　至於「形式二」的引例中，亦有運用「假言推論」，如云：「夫有所
　　知，則有所不知，以聖心無知，故無所不知。」

　　　　大前提：　如 P 則 Q　（若有所知，則有所不知）

　　　　小前提：　今非 P　　　（今聖心無知）

　　　　總　論：　故非 Q　　　（故聖心無所不知）

　　其實此種「否定前項，而否定後項」推論是沒有效的 (invalid)。僧肇
　　受時代的限制，難免犯了過失，讀者當審察之。（不過僧肇再加引經
　　來補充。）

這個推理不同於第三式，因為二者雖同屬假言推論，但第三式是「肯定前項，則肯定後項」；本論式則是「否定後項，則否定前項」。兩個論式都是有效推論 (valid inference)。也可寫成：

　　(a) $((p \rightarrow q) \cdot p) \rightarrow q$

　　(b) $((p \rightarrow q) \cdot \sim q) \rightarrow \sim p$

依涵蘊命題的推論，兩者都是「恆真式」(tautology)，依此形式來推理都屬有效。

## 形式五

　　僧肇也擅用「進退維谷」(dilemma) 的兩難推理，如在〈涅槃無名論〉中，為「有名」設難云：「請問我與無為，為一為異？若我即無為，無為亦即我，不得言『無為無異，異自我也』；若我異無為，我則非無為，『無為自無為，我自常有為』。」當三乘的修行者（即文中所謂「我」）證會涅槃（即文中所謂「無為」）的時候，不外兩種情況：一者，「我即無為」，二者，「我異無為」。這種非一即異，非異即一的二分法，窮盡一切情況，更無第三。如是從「我即無為」，便可以推「無名」所主張「無為無異（涅槃本身沒有差異），異自我也（差異在三乘人證涅槃的深淺不同）」這種說法的不合理。若「我異無我」，則可推出「無為自無為，我自常有為」的結論，這結論使「無名」之說犯「自教相違」之過。此間的「兩難法」，僧肇運用頗為自如❶❻。

---

　❻　這種「兩難推理」，在形式運用上雖頗靈活，但「有名」在第一難的推理上，實際是有毛病的，即「我即無為，無為即我」縱使是真，也不能推出「無為無異，異自我也」是假。正如〈會異第十一〉的「無名」答辯所說：「譬猶三鳥出網，同適無患之域，無患雖同，而

## 形式六

除上述各種表達思想的形式外，還有一種「超越形式」，那就是說，依世間「俗諦」而言，萬物若非有，便是非無，如經所云：「有無二法，攝一切法。」若此二分法是對的，則僧肇便不能說「涅槃非有、非無」，因「非有」是「無」，「非無」是「有」（依「排中律」言），「有」與「無」不可以並存（依「矛盾律」言），那麼「涅槃非有、非無」怎說得通？對付這些問題，僧肇運用了「超越的方法」，那就是超越「俗諦」而從「真諦」以看事物的方法。他說：「論稱出有無者（按：意謂本論所稱『涅槃非有、非無』），良以有無之數（名也），止乎六境之內（按：是有、是無乃現象界『俗諦』之言）；六境之內，非涅槃之宅，故借出（非有、非無也）以袪（遣）之（按：涅槃不是俗諦所行境界，是超越俗諦（即真諦）的境界，故可以運用雙遣雙非來表達它）。庶悕道之流，髣髴幽途託情絕域（依真諦也），得意忘言，體其非有、非無，豈曰有無之外，別有一有而可稱哉？（依超越的真諦而強稱涅槃非有、非無，故不可以『有名』名之。）」

審察僧肇思想的表達形式，實隨機而契應，變動而難測，上言六類，不過舉其顯著常用者而言，實不足以窮盡其變化。《肇論》四篇，應機而作，從內容言，契機而契理，從形式言，如「天花

鳥鳥各異。……如是三乘眾生，俱越妄想之樊，同通無為之境。無為雖同，而乘乘各異。不可以乘乘各異，謂無為亦異；又不可以無為既一，而一於三乘也。然則我即無為，無為即我，無為豈異，異自我耳。」

落不盡，處處鳥銜飛」。雖曰千古絕唱，豈虛美之言哉?

# 三、僧肇對中國文化的影響

　　僧肇四論與《維摩經注》的完成，在中國文化史上作出了會通梵華的貢獻，正如唐君毅先生所言:「中國佛家學者之能承佛家之宗旨之重因緣，而即因緣說空，以發明印度般若宗之義，而又會通之於魏晉之王、郭之玄學之論者，蓋唯有僧肇之數論，可以當之。」❶蓋僧肇的思想，既承魏晉玄學而來，又不滿於時賢對般若學的曲解，故逢鳩摩羅什東來，他便接受了「中觀學派」的「緣生性空」的觀點，對般若的精神，契心而無礙，終於獲鳩摩羅什法師許之為「秦人解空第一」。於是鍼砭時弊，著成〈般若無知〉等四論，一者、使般若之學，擺脫了魏晉玄學的影響，得從「緣生性空」的觀點，以獲得正確而清晰的解釋❶；二者、把時賢或偏於「色有心空」、或偏於「心有色空」、或偏於「心色俱空」的「六家七宗」之失諸正鵠的「魏晉般若學」加以矯正；三者、從「格義」而趨於「會通」，不把般若附會於「三玄」，不把「三玄」而附會於般若，於是能使印度文化與中國文化得以交流而觀其會通，結出有進於「魏晉玄學」與「魏晉般若學」的一朵反映時代思潮的奇葩。這便使僧肇成為「中國佛學」的先驅者。

---

❶　唐君毅著《中國哲學原論——原道篇》(三)，頁 985。

❶　勞思光著《中國哲學史》卷二云:「僧肇乃中國最能闡明般若空義之人；般若之學在中國之發展，至此亦可說已有確定成果，其後般若雖暢於南中國，然其理論固未嘗超過僧肇。」見該書頁 266。

「中國佛學」是中印文化交流的產物，由於它不是橫的移植，而是經過思想互相的交涉、比較、融會等等相摩相盪的歷程，然後出現於世，其思想內容總流注著中國文化的血脈，所以不能不承認：「中國佛學」是中國文化的一部分。僧肇思想既開「中國佛學」的先河，那麼，最少就佛學的範疇而言，他理應對中國文化有肯定的影響。何則？僧肇雖不能像玄奘法師主持佛典翻譯事業，但他卻是鳩摩羅什譯場中的主要助譯之一。出《維摩詰所問經》後，更造了《維摩經注》，對國人發揮了很大的影響❶。至於《肇論》的撰著，更開國人演述佛理的成功者之先河。雖然在僧肇之前，有支道林〈即色遊玄論〉等作，但不契理，且早散佚，唯僧肇的四論獨存。至於慧遠的《沙門不敬王者論》等，於學理亦不成體系。故自四論面世之後，竺道生的〈善不受報義〉、〈頓悟成佛義〉、〈二諦論〉、〈佛性當有論〉、〈法身無色論〉、〈佛無淨土論〉、〈應有緣論〉等相繼問世，其中「正言若反」的命題風格亦與《肇論》同趣。僧肇的〈涅槃無名論〉，如本章第一節所言，是由「般若學」過渡到「涅槃學」之作；而竺道生上述諸論，由於《大般涅槃經》譯出之故，使「涅槃學」得以大弘於世，然僧肇啟導之功，似亦不能抹煞。

僧肇對中國佛學影響最大的，莫若對「三論宗」的建立。三論宗是依「中觀學派」的《中觀》、《百論》、《十二門論》而立宗的，此外並依《般若》、《維摩》、《法華》諸經及《大智度論》等，

---

❶　《維摩經》是中國知識分子最常讀的佛典之一，對中國的文學（如：《文殊問疾變文》）、藝術（如：李公麟的「維摩演教圖卷」）甚至唐代大詩人竟有以「維摩詰」為名為字者（王維），其影響之大，由是可見。

這些都是鳩摩羅什所譯出者，而僧肇不特是乃師羅什的助手，並且為《百論》作序，為《維摩》造注，更重要的是運用「中觀學派」的思想與方法，著〈般若無知〉等四論，然後「般若之學」始得正解。時僧肇與僧影、僧叡、僧導，在北方關中等地大弘羅什三論思想，稱為「關河之學」。後姚秦覆亡，長安復陷於兵燹之中，三論之學亦趨於式微。及至齊梁有栖霞僧朗，入關內習羅什、僧肇的教義，得「關河舊說」，傳之江南；至嘉祥吉藏，集三論的大成。三論宗義，在中國的南方便得以大大的流行❷。由此可見三論宗的承傳，在中國應該是：

鳩摩羅什——僧肇……僧朗——僧詮——法朗——吉藏❷

於此可知僧肇對中國佛教中有關「三論宗」的建立，是處於一個多麼重要的地位。無怪集三論宗的大成的嘉祥吉藏，在所著的《百論疏》中，對僧肇作了極崇高的推許。他說：

若肇公（指僧肇）名肇，可謂玄宗（三論宗或名空宗）之始❷。

所謂「玄宗之始」，應在三論與般若的學理上說，而非僅就宗派的建立上說。

僧肇對三論宗的貢獻，諸證俱在，無從置疑，此外對中國禪宗的建立，也應能產生啟發的作用。因為禪宗的精神，無論是菩

---

❷ 其中有關三論承傳的考證方面，可參考湯用彤所著的《隋唐佛教史稿》，頁 107–126。較簡明而依傳統說法的，可參考日人中村元等著《中國佛教發展史》，中卷，頁 287–289。

❷ 此表依黃懺華〈三論宗〉一文而轉錄，見《中國佛教》，卷一，頁 279。

❷ 《大正藏》，四十二，232。

提達摩的主張「藉教悟宗」的「漸修」法門，或是六祖慧能主張
「行一直心」、「見性成佛」的「頓悟」法門，其思想核心仍不離
「般若」；如《道行般若經》所謂「般若是諸佛之母」，於「六種
波羅蜜多中」，以「般若波羅蜜多」最為重要，最為第一，所以慧
能的《六祖壇經》中，便有〈般若品第二〉的專章，闡釋空義，
闡釋悟義，闡釋不著境、直了成佛義。這些精神無不與僧肇的般
若思想彼此符契。就修行而言，僧肇從「般若學」以入「涅槃學」；
涅槃之道，主張漸修以除去「結習」，然後可以悟入涅槃解脫之門，
此與禪宗早期的「漸修」法門不相違拗。又在〈涅槃無名論〉中，
正式提出了「悟」的名稱，如〈妙存第七〉云：

> 淨名（維摩）曰：不離煩惱而得涅槃。天女曰：不出魔界
> 而入佛界。然則玄道在於「妙悟」，妙悟在於即真，即真則
> 有無齊觀，齊觀則彼己莫二。……❷❸

文中實含有「頓悟」的成分。僧肇依《維摩經》的經義，主張「般
若」不著於相，離惑取之知，故能直觀煩惱的自性亦緣生非實，
即偽而即真，所以能「不離煩惱而得涅槃」，「不出魔界而入佛界」。
這與南禪的空義、頓悟義、不著境義、直了成佛義等，實有相通
相似的地方。《壇經》所謂：「前念著境，即凡夫，後念離境，即
佛。」此與僧肇所引《維摩》、《女問》的精神並無太大的差異。且
僧肇四論，都能從「雙遣雙離」，以進於「相即相入」的融通境界，
如所謂「即動即靜」、「即真即俗」、「即有即無」、「即偽即真」……
不離日用常行的俗諦而別有真際，這與禪宗的從行、住、坐、臥
而悟入佛性，彼此理趣，亦相遙契。所以無怪乎禪宗大德所編的

❷❸　《大正藏》，四十五，159。

《景德傳燈錄》也把誤傳的〈僧肇臨刑偈〉，收錄在該書的第二十七卷之中❷。則僧肇對禪宗這枝中國文化奇葩的深遠影響，自可不言而喻。

❷　宋・道原纂《景德傳燈錄》卷二十七〈諸方雜舉徵拈代別〉有這樣的記載：「僧肇法師遭秦主難，臨就刑說偈曰：四大元無主，五陰本來空，將頭臨白刃，猶似斬春風。」其中真偽，作者已於第一章第四節加以剖辨，可參考，今不贅。

又《景德傳燈錄》本卷兼錄有時人談論《肇論》者多則，讀者可自披閱。見《大正藏》，五十一，434–435。

# 年　表

㈠僧肇事跡雖見諸梁・慧皎的《高僧傳》，但其中有關年代問題，有很多地方使人懷疑，所以諸家說法，頗有差異。今以《高僧傳》所載為主，而以日人塚本善隆及間野潛龍的推算為輔，後者之說加上括號，以資區別。

㈡年表的上限始自鳩摩羅什的誕生，下限則終於法顯的譯出《大般泥洹經》，因為僧肇的學說受鳩摩羅什的影響最深，故年表應自羅什始，而僧肇又從「般若學」開出「涅槃學」，故以法顯的譯出《大般泥洹經》作終結。

㈢本表編製所依據的文獻及資料如下：

　⑴東晉・僧肇的〈鳩摩羅什法師誄〉。

　⑵梁・慧皎的《高僧傳》。

　⑶梁・僧祐的《出三藏記集》。

　⑷隋・吉藏的《中觀論疏》。

　⑸任繼愈《中國佛教史》附錄一：〈西晉、東晉十六國譯經目錄〉、附錄三：〈中國佛教史年表（西晉、東晉十六國）〉。

　⑹日本・間野潛龍：〈東晉思想史年表〉。

　⑺上海辭書出版社編印的《辭海》所附錄的〈中國歷史紀年表〉。

　⑻〈大正新修大藏經勘同目錄〉。

　⑼其他有關的經序等。

※　　　　※　　　　※　　　　※　　　　※

**東晉康帝二年甲辰 (344)**

　　——鳩摩羅什生於龜茲。

**東晉穆帝六年庚戌 (350)**

　　——鳩摩羅什隨母出家，習「毘曇學」。

**東晉穆帝八年壬子 (352)**

　　——氐人苻健據關中，都長安，即為前秦。

　　——鳩摩羅什至罽賓，習《中阿含》、《長阿含》、《增一阿含》
　　　　等。

**東晉穆帝十年甲寅 (354)**

　　——東晉殷浩北伐失敗。

　　——桓溫率師四萬攻前秦，大敗前秦太子苻萇五萬大軍，兵
　　　　至灞水，直指長安；苻健派使東晉，請受官爵，桓溫被
　　　　迫退兵。

　　——道安在太行恆山立寺傳教，慧遠出家師事之。

**東晉穆帝十一年乙卯 (355)**

　　——苻健死，苻堅立，勵精圖治。

　　——鳩摩羅什隨母返回龜茲。開始接觸《中論》、《百論》及
　　　　「般若經典」。

**東晉哀帝興寧一年癸亥 (363)**

　　——鳩摩羅什在王宮受戒，習《十誦律》。

**東晉廢帝五年庚午 (370)**

　　——苻堅滅前燕慕容氏，自鄴遷王公百官及鮮卑四萬戶於長
　　　　安，又遷關東豪強及諸夷十五萬戶到關中。

**東晉簡文帝二年壬申 (372)**

　　——苻堅遣使及僧，送佛像經文往高麗。

## 東晉孝武帝寧康元年癸酉 (373)

——苻堅取蜀，滅前涼，佔領黃河流域及長江上游廣大幅員，
　　江北一帶盡入前秦版圖。

——東晉桓溫卒，謝安等輔政。

## 東晉孝武帝寧康二年甲戌 (374)

——（日人塚本推論：僧肇生）

## 東晉孝武帝太元四年己卯 (379)

——苻堅陷襄陽，送道安至長安，優待之，組織佛經翻譯工
　　作。

## 東晉孝武帝太元八年癸未 (383)

——苻堅遣呂光征龜茲，欲迎鳩摩羅什東來。

——苻堅大舉侵晉，淝水一役為東晉謝玄、謝石所大敗，回
　　師洛陽，再返長安。

## 東晉孝武帝太元九年甲申 (384)

——僧肇生於長安。

——呂光攻破龜茲，俘獲鳩摩羅什，悉苻堅淝水兵敗，自立
　　為大涼天王，都姑臧。羅什亦留居姑臧，不能來長安。

## 東晉孝武帝太元十年乙酉 (385)

——姚萇殺苻堅，取長安，自稱秦帝（史稱後秦）。

——道安卒於長安，年七十四歲。

——竺佛念從前秦至後秦在長安等地譯經,出《十住斷結經》、
　　《菩薩瓔珞經》等。

## 東晉孝武帝太元十六年辛卯 (391)

——僧伽提婆，應慧遠之請，在廬山譯出《阿毘曇心論》，後
　　往建業，譯出《增一阿含經》及《中阿含經》等。

## 東晉孝武帝太元十八年癸巳 (393)

——（日人間野潛龍推論：僧肇冠年，與耆宿英彥，對辯關中，聲名大噪。）

——姚萇卒，姚興立。

## 東晉孝武帝太元二十一年丙申 (395)

——劉遺民入廬山，隨慧遠俱隱。

## 東晉安帝隆安二年戊戌 (398)

——（日人間野潛龍推論：僧肇出長安，赴姑臧，師事鳩摩羅什。）

## 東晉安帝隆安三年己亥 (399)

——法顯出長安，往天竺求法。

## 東晉安帝隆安五年辛丑 (401)

——後秦姚興派兵攻降涼王呂隆，自姑臧迎鳩摩羅什至長安，在逍遙園從事譯經事業。

——僧肇亦隨乃師返回長安。

## 東晉安帝元興元年壬寅 (402)

——鳩摩羅什在長安開始翻譯大小乘經論，僧肇、僧融、僧叡、竺道生等為助譯。譯場設於逍遙園。始翻《彌陀》、《思益》等經。

## 東晉安帝元興二年癸卯 (403)

——鳩摩羅什翻譯《摩訶般若波羅蜜經》（即《大品般若》）。

——慧遠自廬山致書羅什，討論大乘甚深教義。

## 東晉安帝元興三年甲辰 (404)

——鳩摩羅什所出《摩訶般若波羅蜜經》校正完成，《百論》亦已譯出。

——僧肇作〈百論序〉。

## 東晉安帝義熙元年乙巳 (405)

——鳩摩羅什譯出《大智度論》。

——僧肇作〈般若無知論〉。

## 東晉安帝義熙二年丙午 (406)

——鳩摩羅什譯出《妙法蓮華經》、《維摩經》、《成實論》等，並自逍遙園遷入長安大寺。

——鳩摩羅什譯出《梵網經》（但學者疑其非實）。

——僧肇作〈梵網經序〉（但學者疑之）。

## 東晉安帝義熙三年丁未 (407)

——竺道生往廬山，以僧肇所作〈般若無知論〉示劉遺民，激賞不已，並與慧遠披閱。

——僧肇作〈維摩經序〉，著《維摩經注》。

## 東晉安帝義熙四年戊申 (408)

——鳩摩羅什譯出《小品般若》、《十二門論》等。

——廬山劉遺民致書長安僧肇，討論〈般若無知論〉的義理。

## 東晉安帝義熙五年己酉 (409)

——鳩摩羅什譯出《中論》。

——僧肇答書劉遺民，解說般若無知義。

——（一說鳩摩羅什於此年卒於長安。）

## 東晉安帝義熙六年庚戌 (410)

——僧肇作〈不真空論〉及〈物不遷論〉。

——劉遺民卒。

## 東晉安帝義熙八年壬子 (412)

——法顯回國，把所見寫成《佛國記》。

## 東晉安帝義熙九年癸丑 (413)

——鳩摩羅什卒於長安大寺，年七十歲。

——佛陀耶舍與竺佛念譯出《長阿含經》。

——僧肇為《長阿含經》作序。

——秦主姚興答書安成侯姚嵩，有關「涅槃無名」問題。由此觸發，僧肇著〈涅槃無名論〉，並上表秦主，請勑令繕寫，班諸子姪。

——由鳩摩羅什圓寂，僧肇作〈鳩摩羅什法師誄〉。

## 東晉安帝義熙十年甲寅 (414)

——僧肇卒於長安，年三十一歲（若依日人塚本善隆的推想，僧肇生於公元 374 年，則僧肇卒年便是四十一歲。）

## 東晉安帝義熙十二年丙辰 (416)

——慧遠卒於廬山東林寺，年八十三歲。

——後秦姚興卒，其子姚泓繼位。

## 東晉安帝義熙十三年丁巳 (417)

——東晉劉裕，揮軍北伐，自彭城西進，直搗長安，滅後秦，民心大快。破城之後，留子劉義真守長安，自回建業。

## 東晉安帝義熙十四年戊午 (418)

——法顯譯出《大般泥洹經》六卷。

——劉裕拜為相國。

——長安大亂，夏主赫連勃勃迫劉義真，陷長安，稱帝。

——劉裕殺安帝，另立瑯琊王司馬德文為帝。

## 東晉恭帝元熙元年己未 (419)

——劉裕篡東晉，改國號為宋。

# 引用書目

一、書 籍

1. 《周易》。

2. 《論語》。

3. 《老子》。

4. 《莊子》。

5. 《列子》。

6. 何晏，《論語集解》。

7. 何晏，《列子注》。

8. 王弼，《周易注》。

9. 王弼，《周易略例》。

10. 王弼，《老子注》。

11. 郭象，《莊子注》。

12. 班固，《前漢書・董仲舒傳》。

13. 陳壽，《三國志・魏書・鍾會傳》。

14. 魏收，《魏書・釋老志》。

15. 房玄齡，《晉書》。

16. 李延壽，《北史》。

17. 魏徵，《隋書・經籍志》。

18. 劉義慶，《世說新語》。

19. 鄭樵，《通志・藝文略》。

20. 求那跋陀羅譯，《雜阿含經》。

21.瞿曇僧伽提婆譯，《中阿含經》。

22.佛陀耶舍共竺佛念譯，《長阿含經》。

23.瞿曇僧伽提婆譯，《增一阿含經》。

24.支婁迦讖譯，《道行般若經》。

25.無羅叉譯，《放光般若經》。

26.鳩摩羅什譯，《摩訶般若波羅蜜經》。

27.鳩摩羅什譯，《維摩詰所說經》。

28.鳩摩羅什譯，《思益梵天所問經》。

29.竺法護譯，《佛說普曜經》。

30.竺法護譯，《寶女所問經》。

31.聶承遠譯，《超日明三昧經》。

32.支曜譯，《成具光明定意經》。

33.鳩摩羅什譯，《十住經》。

34.竺佛念譯，《菩薩瓔珞經》。

35.鳩摩羅什譯，《妙法蓮華經》。

36.玄奘譯，《解深密經》。

37.龍樹著，鳩摩羅什譯，《中論》。

38.龍樹著，鳩摩羅什譯，《大智度論》。

39.提婆著，鳩摩羅什譯，《百論》。

40.訶梨跋摩著，鳩摩羅什譯，《成實論》。

41.僧肇，《肇論》。

42.護法等著，玄奘譯，《成唯識論》。

43.陳那著，法尊譯，《集量論釋》。

44.商羯羅主著，玄奘譯，《因明入正理論》。

45.僧祐，《出三藏記集》。

46.慧皎，《高僧傳》。

47.寶唱，《名僧傳》（日・宗性，《名僧傳抄》）。

48. 法經,《眾經目錄》。

49. 費長房,《歷代三寶記》。

50. 道宣,《大唐內典錄》。

51. 智昇,《開元釋教錄》。

52. 僧祐,《弘明集》。

53. 道宣,《廣弘明集》。

54. 慧能,《六祖壇經》。

55. 僧肇,《寶藏論》。

56. 僧肇,《注維摩詰經》。

57. 慧達,《肇論疏》。

58. 元康,《肇論疏》。

59. 文才,《肇論新疏》。

60. 德清,《肇論略注》。

61. 塚本善隆,《肇論研究》,日本:法藏館,昭和二十九年。

62. Walter Liebenthal, *Chao Lun, the Treatises of Seng-Zhao*. Hong Kong University Press, 1968.

63. 徐梵澄(譯注),*Three Theses of Seng-Zhao*. Beijing: Chinese Social Science Publishing House, 1985.

64. 吉藏,《中觀論疏》。

65. 吉藏,《百論疏》。

66. 灌頂,《大般涅槃經玄義》。

67. 安澄,《中論疏記》。

68. 道原,《景德傳燈錄》。

69. 梁啟超,《佛學研究十八篇》,臺灣:中華書局,民國二十五年。

70. 熊十力,《因明大疏刪注》,上海:商務印書館,民國二十五年。

71. 湯用彤,《漢魏兩晉南北朝佛教史》,北京:中華書局,1955。

72. 黃懺華,《中國佛教史》,臺灣:普門精舍,民國四十九年。

73.侯外廬，《中國思想通史》，北京：中國史學社，1957。

74.呂澂，《中國佛學源流略講》，北京：中華書局，1979。

75.郭朋，《隋唐佛教》，山東：齊魯書社，1980。

76.呂澂等，《中國佛教》㈠，北京：知識出版社，1980。

77.呂澂等，《中國佛教》㈡，北京：知識出版社，1982。

78.方立天，《魏晉南北朝佛教論叢》，北京：中華書局，1982。

79.湯用彤，《隋唐佛教史稿》，北京：中華書局，1982。

80.中村元，《中國佛教發展史》，臺灣：天華出版社，民國七十四年。

81.任繼愈，《中國佛教史》卷一、卷二，北京：中國社會學出版社，1982–1985。

82.牟宗三，《才性與玄理》，臺灣：學生書局，民國六十九年。

83.唐君毅，《中國哲學原論——原性篇》，香港：新亞書院研究所，民國五十七年。

84.唐君毅，《中國哲學原論——原道篇》㈢，香港：新亞書院研究所，民國六十三年。

85.勞思光，《中國哲學史》第二卷，香港：友聯出版社，1985。

86.馮友蘭，《中國哲學史新編》第四冊，北京：人民出版社，1986。

## 二、論　文

1.石峻，〈讀慧達《肇論疏》述所見〉，《圖書季刊》，新第五卷第一期，北平：國立北平圖書館，民國三十三年。

2.方立天，〈僧肇〉，《中國古代著名哲學家評傳》㈡，山東：齊魯出版社，1980。

3.郭朋，〈鳩摩羅什〉，《中國古代著名哲學家評傳續編》㈡，山東：齊魯出版社，1982。

4.廖明活，〈僧肇物不遷義質疑〉，《內明》，第 126 期，香港：內明雜誌社，1982。

5.周叔迦，〈最上雲音室讀書記〉，《法音》，1985 年版第三期，北京。

6.何充道，〈僧肇三論哲學研究〉，《能仁學報》，第一期，香港：能仁研究
　　所，1983。

7.錢偉量，〈僧肇動靜觀辨析〉，《世界宗教研究》，第三期，1987。

# 人名索引

# 名詞索引

## 七　畫

# 外　文

## 墨子　王讚源 著

　　本書首章闡述墨子的生平與人格，以及《墨子》書的重要性。接著說明墨子的宇宙觀、知識論、方法論。其名實原理以及語意學和語言哲學，與現代英國牛津學派的理論相吻合。五至九章探討墨子的治國理論。十章將貴義、兼愛與企業管理思想作結合，並詮釋墨子的現代意義。本書提出許多獨到的見解，發人深思，期能使讀者了解墨子的時代意義，及其不朽的精神。